U0527759

图文中华史学

清史讲义

孟森 ◎ 著

人民东方出版传媒
东方出版社
The Oriental Press

图书在版编目（CIP）数据

清史讲义 / 孟森 著 . — 北京：东方出版社 ,2024.9
ISBN 978-7-5207-3896-5

Ⅰ.①清… Ⅱ.①孟… Ⅲ.①中国历史 – 研究 – 清代 Ⅳ.① K249.07

中国国家版本馆 CIP 数据核字（2024）第 060197 号

清史讲义

（QINGSHI JIANGYI）

作　　　者：	孟　森
责任编辑：	王夕月　徐洪坤
出　　版：	东方出版社
发　　行：	人民东方出版传媒有限公司
地　　址：	北京市东城区朝阳门内大街 166 号
邮　　编：	100010
印　　刷：	三河市同力彩印有限公司
版　　次：	2024 年 9 月第 1 版
印　　次：	2024 年 9 月第 1 次印刷
开　　本：	650 毫米 ×920 毫米　1/16
印　　张：	18
字　　数：	200 千字
书　　号：	ISBN 978-7-5207-3896-5
定　　价：	88.00 元
发行电话：	（010）85924663　85924644　85924641

版权所有，违者必究

如有印装质量问题，我社负责调换，请拨打电话：（010）85924602　85924603

总序

图文中国文化系列丛书

中国文化是一个大故事，是中国历史上的大故事，是人类文化史上的大故事。

谁要是从宏观上讲这个大故事，他会讲解中国文化的源远流长，讲解它的古老性和长度；他会讲解中国文化的不断再生性和高度创造性，讲解它的高度和深度；他更会讲解中国文化的多元性和包容性，讲解它的宽度和丰富性。

讲解中国文化大故事的方式，多种多样，有中国文化通史，也有分门别类的中国文化史。这一类的书很多，想必大家都看到过。

现在呈现给读者的这一大套书，叫作"图文中国文化系列丛书"。这套书的最大特点，是有文有图，图文并茂；既精心用优美的文字讲中国文化，又慧眼用精美图像、图画直观中国文化。两者相得益彰，相映生辉。静心阅览这套书，既是读书，又是欣赏绘画。欣赏来自海内外二百余家图书馆、博物馆和艺术馆的图像和图画。

"图文中国文化系列丛书"广泛涵盖了历史上中国文化的各个方面，共有十六个系列：图文古人生活、图文中华美学、图文古人游记、图文中华史学、图文古代名人、图文诸子百家、图文中国哲学、图文传统智慧、图文国学启蒙、图文古代兵书、图文中华医道、图文中华养生、图文古典小说、图文古典诗赋、图文笔记小品、图文评书传奇，全景式地展示中国文化之意境，中国文化之真境，中国文化之善境，中国文化之美境。

这是一套中国文化的大书，又是一套人人可以轻松阅读的经典。

期待爱好中国文化的读者，能从这套"图文中国文化系列丛书"中获得丰富的知识、深层的智慧和审美的愉悦。

王中江

2023 年 7 月 10 日

前言

1931年，孟森先生被北京大学聘请为历史系教授，讲授"满洲开国史""明清史料择题研究""明清史""清史研究"四门课程，并兼管北京大学所藏内阁大库档案的整理。孟森先生充分利用这些资源，刻苦钻研，此后七年间，成书数百万言，先后在《心史丛刊》《清初三大考实》《明清史论著集刊》等期刊上发表了有关明清史及其他断代史论文近百篇。除此之外，孟森先生还专门著书《明清史讲义》，以满足教学需求。后来，因对史实考订叙述多有创见，评议精辟独到，《明清史讲义》被中华书局等多家出版社出版，长期作为各大高校的历史教材使用。

《明清史讲义》共分为四编，前两编为《明史讲义》，后两编为《清史讲义》。孟森先生除了参考自己所撰有关的论题外，还多次求证官修正史和野史，以求完备。此次出版，限于原著体例的巨大，遂将其拆分为《明史讲义》和《清史讲义》。

此次出版，《清史讲义》兼顾学术性与通俗性，编选成《清史在史学上之位置》《清史体例》《开国》《巩固国基》《全盛》《嘉、道守文》《咸、同之转危为安》七章。另外，本书在兼顾学术性的同时，还帮助读者简明地梳理出清史的脉络，以达到通识目的。

最后，在呈现方式上，《清史讲义》等"读画"系列图书紧跟时代步伐，用新媒体思维做书，在书中配有大量精美图画，附有其作者、年代、版本、收藏地等信息，并进行了生动、详细的图画内容解读。阅读本书，既是读书，也是读画！不仅可以领略古籍之美，还能看到古画所承载的文化内涵。

目 录

第一章 清史在史学上之位置 001

第二章 清史体例 005

第三章 开国 011
　第一节 太祖 013
　第二节 太宗 020
　第三节 世祖 029

第四章 巩固国基 057
　第一节 圣祖嗣立至亲政 058
　第二节 撤藩 065
　第三节 取台湾 081

第六章 嘉、道守文

第一节 内禅 177

第二节 鸦片案 178

第七章 咸、同之转危为安 204

第一节 太平军（上） 235

第二节 太平军（中） 237

第三节 太平军（下） 247

第四节 太平军成败及清之兴衰关系 257

273

第四节 移风俗 ... 086

第五节 兴文教 ... 095

第五章 全盛

第一节 世宗初政 ... 101

第二节 雍正朝特定之制 ... 102

第三节 武功之继续——取准噶尔 ... 107

第四节 武功之继续——取回疆 ... 124

... 146

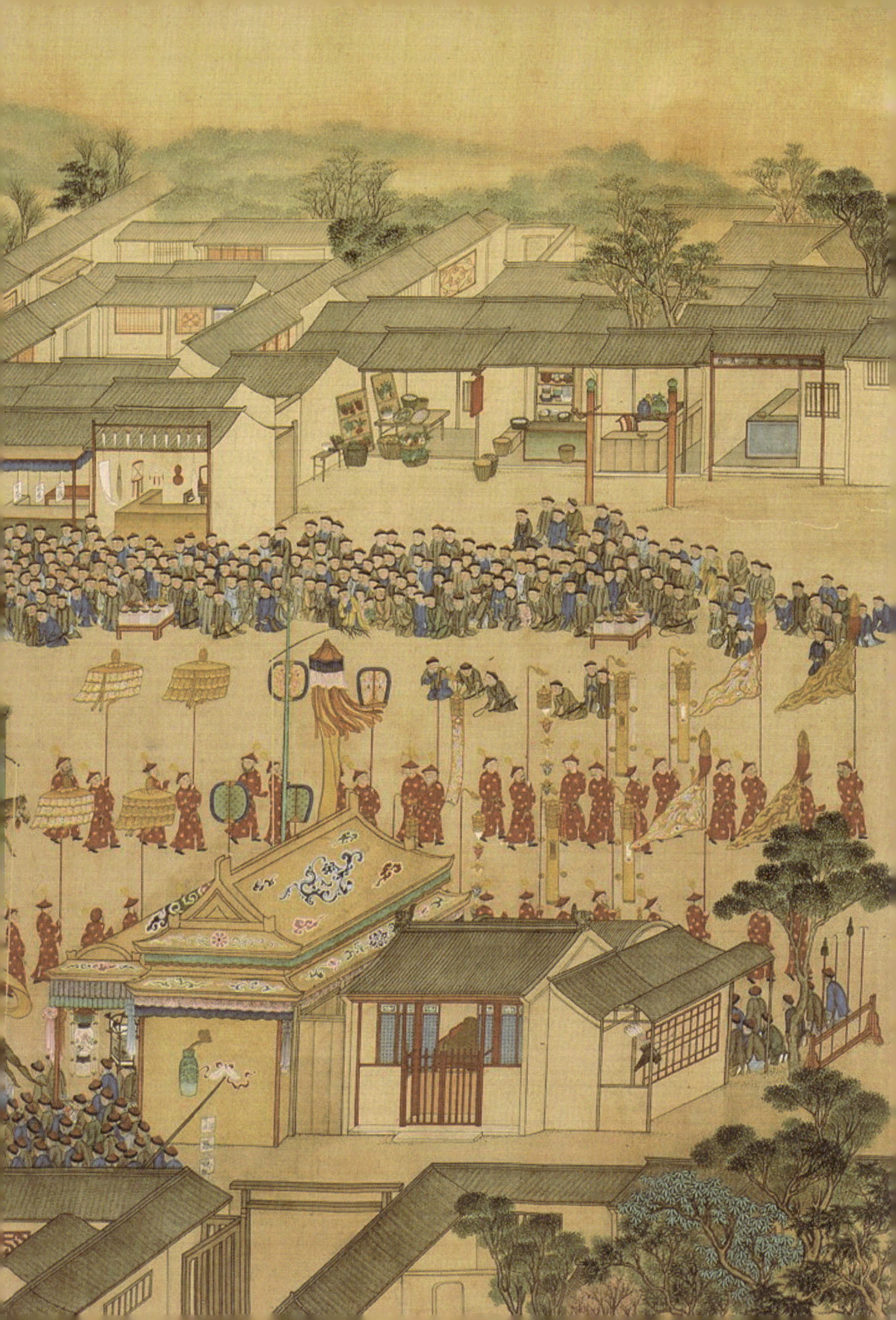

第一章 清史在史学上之位置

清未有史也,而有《史稿》,《史稿》为辛亥革命后政府所修。若以革命为易代之限,则《清史稿》与史有同等效力。然革命后同为民国,而政府之递嬗,意义有不尽同。故前一期政府之所修,又为后一期政府之所暂禁,今犹在审查中,卒蒙弛禁与否未可知。要之,吾辈今日之讲清史,犹未能认《清史稿》为勒定之正史也。则于史学上,无一定之史书可作根据。但论史之原理,一朝之经过,是否有为修正史之价值?能统一国土,能治理人民,能行使政权,能绵历年岁,则能占一朝正史之位置,意义全矣。政府之意,亦非谓清不当有史,但未认《清史稿》即为《清史》。然则于清一代史料之正确者,悬设一正史之位置处之,史料极富。《清史稿》为排比已有具体之一大件,亦应在悬设正史之位置中,参加史料之一席。真正史料,皆出于史中某一朝之本身所构成,谀闻野记,间资参考,非作史之所应专据也。

清之于史,自代明以来,未尝一日不践有史之系统。中国史之系统,乃国家将行一事,其动机已入史,决不待事成之后,乃由史家描写之。描写已成之事,任何公正之人,必有主观。若在发动之初,由需要而动议,由动议而取决,由取决而施行,历史上有此一事,其甫动至确定,一一留其蜕化之痕迹,则虽欲不公正而不能遇事捏造。除故意作伪之别有关系者外,国事之现象,如摄影之留真,妍媸不能自掩也。有史之组织,清代明时未尝间断,故有史之系统未尝差池。民国代清,独未尝留意此事,及今而始议保管档案。保管档案,乃抱残守缺之事,非生枝发叶,移步换形,而皆使之莫可逃遁之事也。中国有史之系统，严正完美，实超乎万国之上。由科钞而史书，由史书而日录，而起居注，而丝纶簿，清代又有军机处档。具此底本，再加种种之纂修，《实录》又为其扼要。分之而为本纪，为列传，为方略，为各志各表，史已大备。易代后就而裁定，其为史馆自定者无几矣。《清史稿》即就此取材，故大致当作清史规范。而其原件之存在，因印刷之发达，流布尤多。故以此大宗史料归纳之为《清史》。而此《清史》之在史学上位置，必成正史，则无可纠驳矣。

近日浅学之士，承革命时期之态度，对清或作仇敌之词。既认为仇敌，即无代为修史之任务。若已认为应代修史，即认为现代所继承之前代。尊重现代，必并不厌薄于所继承之前代，而后觉承统之有自。清一代武功文治，幅员人材，皆有可观。明初代元，以胡俗为厌，天下既定，即表章元世祖之治，惜其子孙不能遵守。后代于前代，评量政治之得失以为法戒，乃所以为史学。革命时之鼓煽种族以作敌忾之气，乃军旅之事，非学问之事也。故史学上之清史，自当占中国累朝史中较盛之一朝，不应故为贬抑，自失学者态度。

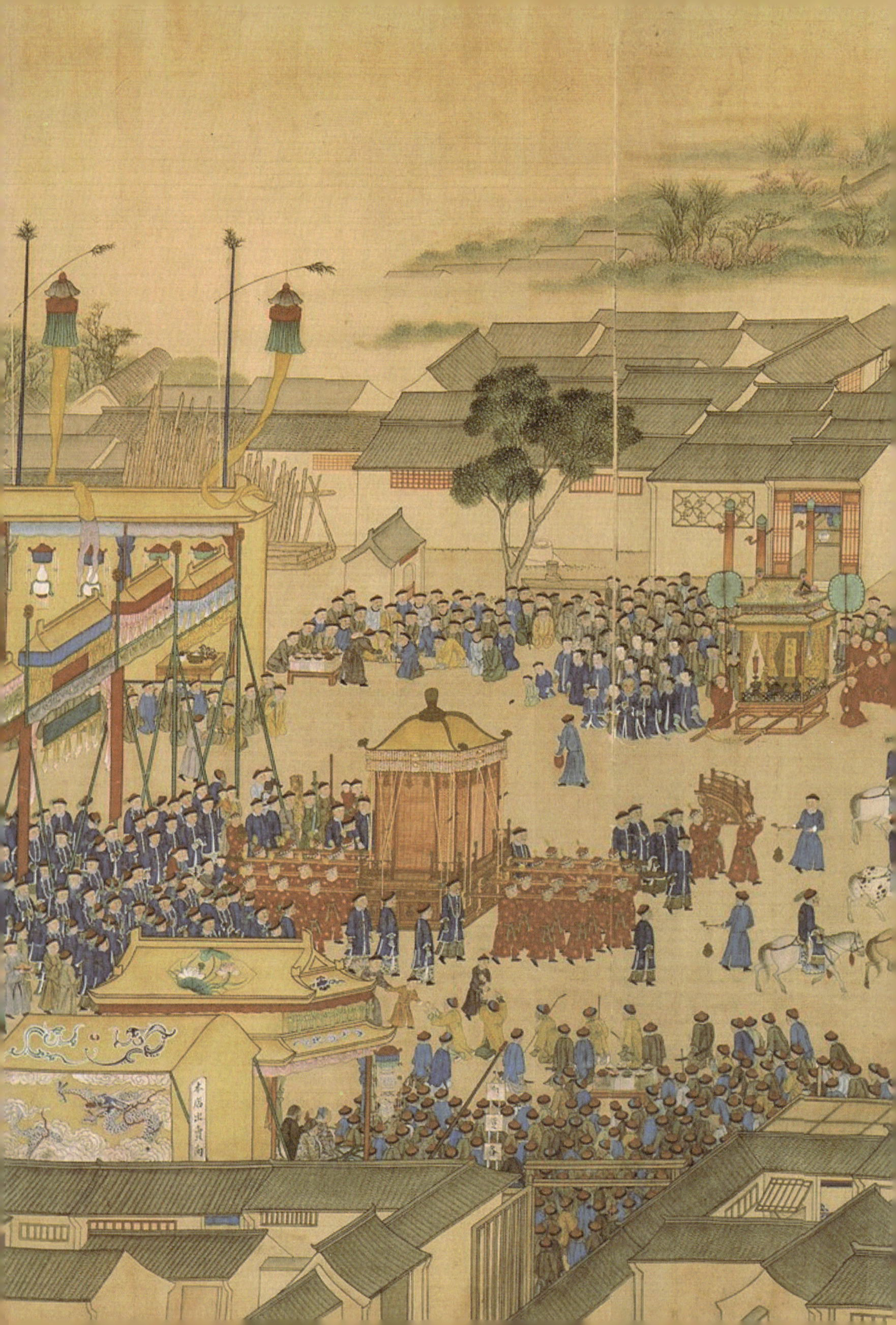

第二章 清史体例

清史今皆只可谓之史料，未成正史。惟《清史稿》为有史之轮廓，后有修订，大约当本此为去取。则《清史稿》之与前史异同，其为斟酌损益之故，即吾辈治清史所应讨论者也。

纪、志、表、传，四大总类，仍前不变。纪有十二，最后为《宣统纪》；据金梁《校刻记》，言初拟为《今上本纪》，后改定。《今上本纪》之名，自为不合，称《宣统纪》亦属变例。

宣统乃一国纪年之号，非帝身所独有，若称宣统帝，犹为宣统朝之帝，否则以逊国而称逊帝，亦尚相符。古有易代而前代之君存在者，修史时其君已亡，则由后代为之追谥，而即以谥入史，若汉之献帝，元之顺帝，皆是。清逊帝独在，而《史稿》已成，无谥可称，似当以逊帝名纪。

志目十六：

曰《天文》　　　《灾异》

《时宪》　　　《地理》

《礼》　　　《乐》

《舆服附卤簿》　《选举》

《职官》　　　《食货》

《河渠》　　　《兵》

《交通》　　　《刑法》

《艺文》　　　《邦交》

其《交通》《邦交》两志，为前史所无，今以时政重要，专为作志。其《灾异》则所以变前史之《五行志》。《时宪》即历，清避高宗讳，改《历书》为《时宪书》，其实《时宪》乃清历之名。历代历皆有名，且或一代数名，而历之公名不变。清改明之《大统历》为《时宪历》，至历字成讳遂去之。《史稿》作志，《历志》竟称《时宪志》，亦属不辞。假如明之《历志》，岂可作《大统志》。但文字因避讳而流变，其例亦多，姑不论。第其志中全载《八线表》，篇幅占全志三之二。夫《八线表》为步天济算之用具，习算者人人挟之，且充用之《八线表》，亦无须密至七八位。清修《明史》，已用新法列图，即具八线之法，而不必尽推其数，今何必于志中括其用具？若果为便用计，则岂不更有《八线对数表》乎？学校习算之生皆挟一表，书非难得，史志又非便人工作之文，不应浪费篇幅。以《灾异》变前史之《五行》，不可不谓为进步，又仿明《五行志》，削事应之附会，似皆取长去短；然所载事目，仍拘于五行之分项，岂非矛盾？夫果以灾异而后志，则必有关于国计之盈绌，民生之登耗，若水旱、饥馑、疾疫之类，载之可也；一时一地之物异，一人一家之事变，载之何为？尤可异者，狂人、服异二事。人之狂为生理中之事，以医学为统计，人之狂者正多，何时何地不有狂人，而《志》独载雍正三年（1725年）七月一狂人云："灵川五都廖家塘，有村民同众入山，砍竹不归，一百四十余日始抵家，所言多不经。"清一代二百六十八年，只有此一狂人，其狂之程度又甚驯善，若在世俗言之，乃小说家所谓遇异人得道者。以此列入《灾异志》，当是清国史馆原有《五行志》，曾列此事，今不知抉择而随手采入，未免苟且固陋。服妖之说，尤非有政刑之国所应为。朝不信道，工不信度，有此现象。若谓国无法度即是灾异，则又不当终清之世仅得一事。《志》云："道光十七年，崇阳乡民好服尖头帽鞋，站步不稳，识者以为服妖。"由事实言之，叔季之世，奢靡之乡，服之妖者占多数，何可胜载。其人疴一事，以一产三男占篇幅十之七八。此事古或以为祥，清代功令，亦在优待之列。此云人疴，岂节育家言乎？至《艺文志》之为目录学家诟病，则在疏漏，较之《时宪》《灾异》两志之常识未具，犹为有间。

表目十：

日《皇子》　　　《公主》

《外戚》　　　　《诸臣封爵》

《藩部》　　　　《大学士》

《军机大臣》　　《部院大臣》

《疆臣》　　　　《交聘》

《军机大臣》为前史所无，《部院大臣》即《明史·七卿表》，而衙门加一理藩院，官职列至侍郎。其军机、理藩院之增加，乃应合时制，侍郎之添列，则用意周密，殊便考核。任其事者，为职官制表专家吴君廷燮，亦人存政举之道。《疆臣》一表，比之方镇。清中叶以来，实有外重之渐，即其初，设督抚为专官，已有兼辖军民之柄，位尊地重。史列年表，亦应时代而为之。而驻防之将军、都统，亦列《疆臣》，又清之特制也。《交聘》有表，与外交有志相应。

传目十五：

日《后妃》　　　《诸王》

《诸臣》　　　　《循吏》

《儒林》　　　　《文苑》

《畴人》　　　　《忠义》

《孝义》　　　　《遗逸》

《艺术》　　　　《烈女》

《土司》　　　　《藩部》

《属国》

其中《畴人》一传，前史所无。古岂无明习历算之人，一艺之长，史家为之类传，无庸另标专目，九数属之保氏。经生不通算术，本不得为全材。孟子言千岁之日至，可坐而致。可见其视此为学问之余事，不过孔门六艺之一耳。清代经师，能治历者甚多，阮文达偶然创作《畴人传》，并非为史立例，《史稿》乃沿之，似亦多事，并入经学为宜。《儒林》一传，沿清代学风之弊，以词章为《文苑》，考据即为《儒林》。考据中专究文字学者，明明文苑耳，而亦与尊德性、饬躬行者并驱争先，且形容以身教人者为迂腐，为空疏，人心风俗，于是大坏。此亦非《清史稿》作俑，旧国史馆《儒林传》已立此例。盖为乾嘉以来学风所劫制，不自知其舍本逐末，而卒为世道之忧也。此皆其可议者也。

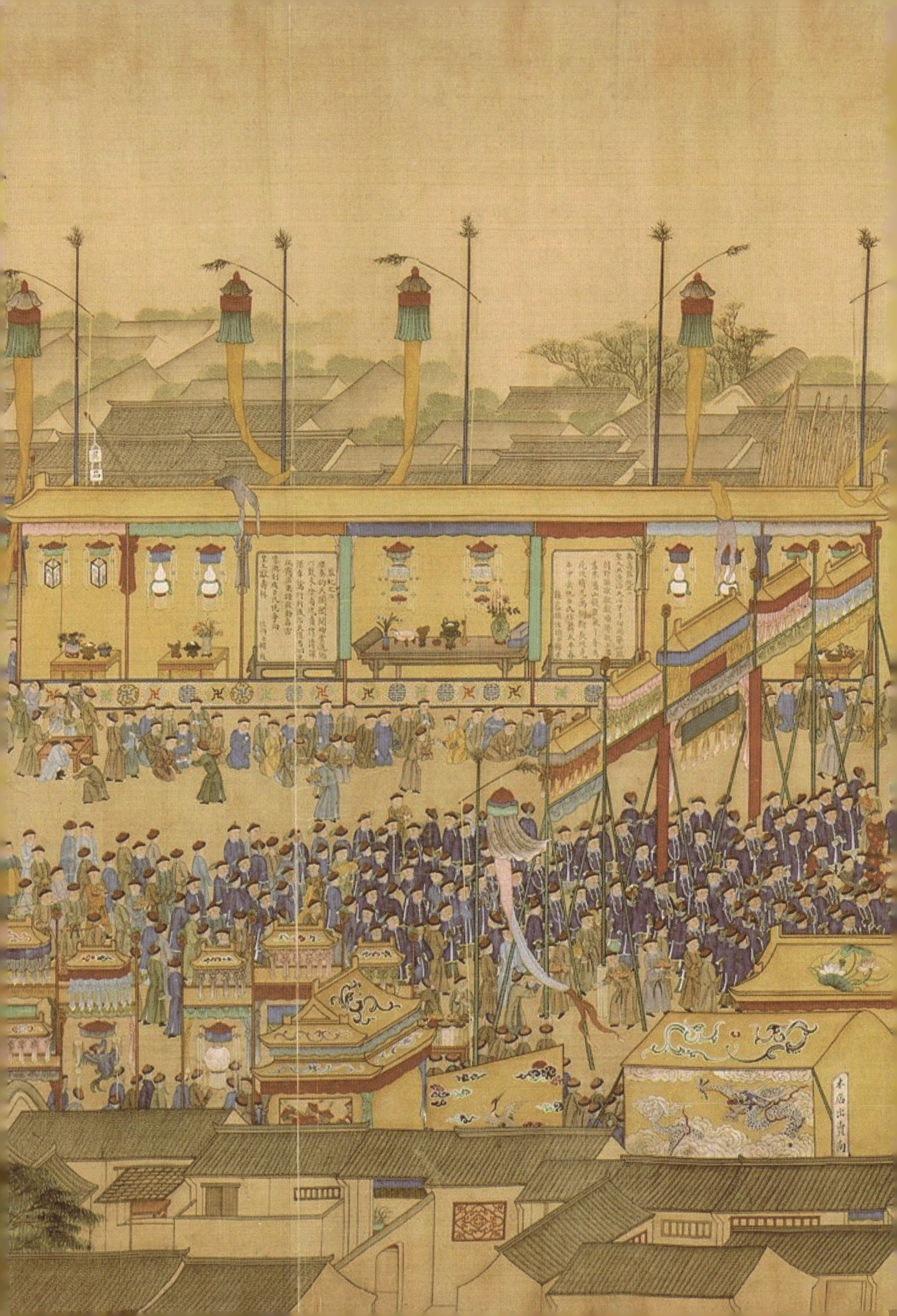

第三章 开国

清之开国，不能谓于国民先有何种功德。本以边族崛兴，难言政治知识。顾其种族为善接受他人知识之灵敏种族，其知识能随势力而进，迨其入关抚治中国，为帝王之程度，亦不在历朝明盛诸帝之下。若非死于安乐，以致亡国灭种，在女真之根性，实一优秀之民族也。

　　女真种族，至清而已三有国，且愈后而愈盛。惟其极盛，乃致灭亡。受汉族之奉养，又消磨其特长，又欲自别异于汉族。既已无能，而又显非族类。轻视与仇视交并，一旦覆之，无可留恋，此为清亡之实状。当太祖以前，未能鼓其武力，而狡展即非同种各部所及。以物质之缺乏，仰中国为瞻生之计，此为其常态。中国御边未失道时，因其所求，以为衔勒，顺则与之，逆则夺之。又多存其部落，予以世职，而保其并生并育。自居于兴灭继绝、扶弱抑强之帝德，而实制其兼并坐大之图，此明以前之边计也。女真虽狡，固不能不就此束缚。自肇祖至景、显，清之所谓四祖，今皆考见其受明厚恩，为诸夷最：求高官以夸众，则予以都督之尊；求托庇以避仇，则徙之辽边之内。其详见余《明元清系通纪》。

第一节
太祖

自太祖以前，可纪之事，较前代帝王开国以前之祖宗功德可谓独多。余别作《明元清系通纪》，成专书数十册，今不复复述。述之自太祖始。

太祖自二十五岁以前，景祖、显祖皆在，在父祖重荫之下，无事可纪。《实录》载其不得于继母等事，与创业无关，亦不述。景、显二祖，本导明总兵李成梁图其同种建州右卫酋王杲、阿台父子而为成梁军中所骈杀。明人谓太祖以夷目余孽，俘虏孤童，给役李成梁家，成梁抚之有恩，故与李氏有香火情。以今考之，不为无因，而亦不能尽确。如谓太祖为四岁孤童，有弟舒尔哈赤更幼，皆由成梁长养，此则不确。二祖死后，太祖即与尼堪外兰寻仇，年岁相合，断不能于二祖既死，再由成梁抚之二十年，然后长大称兵。成梁之诛阿台，在万历十一年（1583年），与《清实录》相合。不数年间，明已假借太祖，官以都督，宠之以龙虎将军，亦与《清实录》略同。而《明实

清太祖努尔哈赤朝服像

（清）佚名　收藏于北京故宫博物院

清太祖爱新觉罗·努尔哈赤（1559—1626年），建州女真首领，清朝实际奠基者。努尔哈赤出身于赫图阿拉（今辽宁省新宾满族自治县）建州左卫的一个小部酋长家庭。万历十一年，努尔哈赤被明朝任命为建州左卫都指挥使。随后的二十余年，努尔哈赤靠着祖上遗留下来的十三副甲起兵，逐渐兼并建州女真各部，并最终统一东北女真诸部。在此期间，努尔哈赤建立了八旗制度，并创制满文。万历四十四年（1616年），努尔哈赤在赫图阿拉建立『大金』（后金），自立为汗，建元天命。天命十年（1625年），迁都沈阳。天命十一年（1626年），在宁远之战中，努尔哈赤被袁崇焕用红夷大炮击败，不久后，身患毒疽而死。在民间传说中，努尔哈赤最初在明朝总兵李成梁帐下做事，李成梁曾向努尔哈赤炫耀自己脚掌上有一颗痣，努尔哈赤看了后，说：『这有什么了不起的，我有七颗！』因此，李成梁知道了北京钦天监在观测天象时发现的辽东王气与努尔哈赤有关，便准备将其捉拿，送交京城。由于李成梁四夫人的出手相救，努尔哈赤得以逃脱，四夫人因此被李成梁活活打死。努尔哈赤当汗王后，尊四夫人为『佛托妈妈』，每年祭祀，这一祭祀后被世人俗称为『妈妈祭』。

录》皆有年岁可纪。故四岁孤童受抚于李成梁之说，实出附会。惟太祖始起，正为成梁衰暮之年，以敷衍悍酋，期保威名，以全晚节，但得太祖表示效顺，即保奏给官，甚且弃地以饵之，为廷臣宋一韩等所纠，按臣熊廷弼所勘，俱见《实录》及诸臣章疏。又舒尔哈赤之女，有为成梁子如柏妾者，太祖之求媚于成梁，自亦无所不至，皆见《明实录》，亦见《明元清系通纪》。当万历四十六年（1618年）以前，太祖虽已极狡展，然朝有严命，即阳示觳觫遵守，中朝犹视为属夷首鼠常态。虽朝鲜来报建酋已立国僭号，亦不欲先诘，以为小丑戏侮，见怪不怪，可以了事。太祖亦倏进倏退，可伸可屈，深中明季苟且之隙。僭号在万历四十四年丙辰，至四十六年戊午四月十三日壬寅，以七大恨告天。（七大恨原文今不见，并非《实录》所载之文。今北京大学史料室存有天聪四年（1630年）正月日印刷黄榜，为再度入关复述戊午七恨之文，事实颇有不同，当尚是戊午原状。事隔十三年，对明之心理尚未变。且明边内外耳目相接，所需此榜文之效用，尚未悟其无谓，故有复述榜发之举，可信其正是原文。纵有改窜，必最相近。《实录》之始修，已在天聪九年（1635年），时已觉榜示七恨之徒扬己丑，特史中不能不存一告天事实，乃改窜以录之。故有《实录》以后，即是改本。其详已见北大史学社出版之余文，亦不复述。）袭破抚顺，守将游击李永芳叛降。继又破清河，于是为公然犯顺，对明称兵。

明年，万历四十七年（1619年），即太祖称天命之四年，明发大兵分四路讨建州，用杨镐为经略。镐固承平时科目庸材，李成梁已前死，镐等方倚李氏余威以自壮，固为敌人所嗤。命将调发，期日道路，尽泄于敌。太祖得设伏以待，尽覆其师。师号称四十余万，并调朝鲜兵为助。明四路将帅，忠勇骁健者皆殉，刘綎、杜松，世尤惜之，坐为经略非人所误。独李如桢迟迟不进，闻败，全师而还。镐之私李，李之通敌，益为世口实。是败也，天下震动，明乃用前巡按熊廷弼代镐，太祖遂敛兵不动，间以零骑掠边，如向来夷人草窃故技。廷弼方规划大举，事未集而中朝群议其老师怯战，排击之使去。廷弼身捍大敌，相持年余，朝廷不以未有丧失为功，而以不急挞伐为罪，于廷弼所图制胜方略，亦漠然不知且不问，以袁应泰代之。太祖知新经略易与，又大入边。天启元年（1621年）三月十三日取沈阳，二十一日即取辽阳。袁应泰自焚死。中朝又大震，复起熊廷弼而斥前之攻廷弼者。而太祖则已由故居赫图阿喇移辽阳，谓之迁都，一改其寇钞出入、饱即飏去之故态矣。

明既复用熊廷弼，时廷臣只有党派，无一主持之人。偏私乖戾者不必言，即最和善之首相叶向高，亦以座主袒护门生王化贞，以辽东巡抚抗经略，不用其命，是为经抚不和。而内阁本兵皆袒化贞，再济之以多数之台谏，毁经而誉抚，廷弼无所措手足。李永芳在太祖军中，勾通化贞部下游击孙得功，诳化贞谓永芳内应，共图太祖。化贞恃为立功之奇秘，益藐视廷弼。廷弼乞休，廷议已允之，而太祖于天启二年（1622年）正月，已攻化贞防辽河之兵。得功欲执化贞归太祖，为他将挟化贞以走，遂弃广宁。遇廷弼来救，知广宁已不守，遂偕入关。其实太祖未敢即入广宁，未敢即犯河西。廷弼愤化贞所为，以为偾事非己之罪，不以死争广宁，不以身殉关外，惟冀廷臣败后觉悟，知重己之才而用之，以收后日之效。此则廷弼之忿恚失计，亦不得为无罪也。当时经、抚已尽弃关外，太祖兵所不到，亦尽为蒙古占领。明旋用孙承宗以阁臣督师，又渐收辽西地。太祖不敢逼，于其间笼络蒙古，使与己合，以孤明边。又自辽阳徙沈阳，盖由西窥关门、北略蒙古，皆近捷也。启疆心虽切，而明守关有人，即不敢动，太祖之善待时机如此。迁沈阳在天启五年，即天命十年三月，与承宗相持者三年。

　　天启时，魏忠贤肆恶，逐年加甚。阉党与承宗不相容。五年十月，允承宗致仕，以高第为经略。太祖知有可乘，六年正月，大举西攻。第急檄，尽弃承宗所复地，退守关门。宁远前屯卫道员袁崇焕，以职守所在，固守宁远城，不奉命。第无如何，但撤他列城，委宁远不顾。将吏不欲弃地者，忿第所为，从崇焕死守。太祖视宁远城小，围攻意可立拔。两日，为崇焕再挫，死伤多，乃撤围还。咄咄自恨，谓生平未遇此败。疽发背，以八月殁，称号十一年。迹太祖所为，谓有积功累德，应主中国，在清代自言之则然，就史实考之则实无有。清之取天下，纯由武力。其知结民心，反明苛政，实自世祖入

女真文墨锭

据古代文献资料记载，满族最初名为肃慎，善制箭。汉代时，称挹娄。南北朝时，更名勿吉。隋朝时，改名为靺鞨。唐朝时，靺鞨内分为粟末、伯咄、安车骨、拂涅、号室、白山、黑水七部。明末，努尔哈赤统一女真各部五代时，靺鞨才正式更名为女真。据《满洲实录》记载，满族的祖先后，建立后金，并创制满文。爱新觉罗·布库里雍顺由天女佛古伦所生，并赐姓名。后来，爱新觉罗·布库里雍顺在长白山以东俄漠惠的野俄朵里城当了国王，定国号为满州，故名满族。但事实上，满族的名称直到清太宗皇太极时才正式确立。满族的语言虽为女真语，但因为女真文在明朝就已经消亡了，所以其书写的满文与女真文并没有太大关系，图中有女真文两行，汉文意为：明王慎得，四夷咸宾。

关时始。《太祖实录》载初起时，以矫健警悟，当大敌不惧，受重伤不馁，以此称雄。具载清官书，不具录。要其以勇悍立威，为群夷所戴，遂能驱率夷族，裹胁益多。自是以训练夷众见长。《清实录》转不载，而《明实录》载之。录数则，可知太祖之养成武力，实已横绝一世。古云："女真兵满万，不可敌。"正以骑射之长，在中国为特殊艺业，在女真为普通生活之必需。所未能得志于中国者，无大队部勒之法，虽有长技，亦只能零钞取胜耳。中有大豪，能取得众人信仰，再以天然识力，悟行军部勒之道，是即金世阿骨打之流矣。

《明实录》：万历四十八年（1620年）正月壬寅，熊廷弼疏有云："奴贼战法，死兵在前，锐兵在后。死兵披重甲，骑双马，冲前。前虽死而后乃复前，莫敢退，退则锐兵从后杀之。待其冲动我阵，而后锐兵始乘其胜。——效阿骨打、兀术所为，与西北虏精锐在前，老弱居后者不同。此必非我之弓矢决骤所能抵敌也，惟火器战车一法可以御之。"

又：天启元年正月壬寅，户科给事中赵时用疏请练兵，言："臣闻奴酋练兵，始则试人于跳涧，号曰水练；继则习之以越坑，号曰火练。能者受上赏，不用命者辄杀之。故人莫敢退缩。"

凡此皆明廷之所闻奏，事在太祖称天命之第五、第六年。此可以知清兴之武力。

太祖又习知中国事，据《明实录》，朝贡亲到北京者三次。万历十八年（1590年）四月庚子，建州等卫女真夷人努尔哈赤等一百八员名，进贡到京，宴赏如例。（案上年九月乙卯，始命建酋都指挥努尔哈赤为都督佥事。盖受此升职以后亲来朝贡也。《清实录》叙太祖受明都督职，在二祖为李成梁所毙时，并将授龙虎将军，亦并为一时之事，皆故事简略之语。）又，二十六年十月癸酉，宴建州等卫进贡夷人努尔哈赤等，遣侯陈良弼待。是为二次入京。又，二十九年十二年乙丑，宴建州等卫贡夷努尔哈赤等一百九十九名，侯陈良弼待。是为三次入京。

又有言太祖以佣工禁内，窥眴多年者。

《明实录》：万历四十七年三月戊戌、户科给事中官应震奏保京师三议：一曰皇城巡视应议。"闻奴酋原系王杲家奴，在昔杲悬首藁街时，奴怀忿恚，寻即匿名佣工禁内，窥眴多年。夫大工讵今日急务，已停而复兴，就里夹杂奸人，亦所时有。今须急停，以防意外。"

案乾清、坤宁两宫灾，在万历二十四年（1596年），自后乃有所谓大工。太祖或冒名充工入内。但亦传闻之词，似无确据。官应震意在请停大工，述此流传语耳。

又：五月癸未朔，户科给事中李奇珍，以陷城覆将，疏论原任辽东巡抚李维翰、经略杨镐、总兵李如桢并应逮问。又称：如柏曾纳奴弟素儿哈赤[①]女为妾，见生第三子，至今彼中有"奴酋女婿作镇守，未知辽东落谁手"之谣，速当械系，以快公愤。不报。

此事当是事实。太祖与李成梁结托极深，中间并有此女为李妾之援系，又不待勾结叛将佟养性、李永芳而始——赘为额驸也。

---

① 素儿哈赤：即爱新觉罗·舒尔哈齐，清太祖努尔哈赤同母弟。——编者加

第二节
太宗

太宗名黄台吉。往时蒙古酋长每有此名，即华言"皇太子"之音译。译音无正字，或又作"皇太极"。《清实录》以为天意预定，有此暗合之佳名。此亦无可附会之附会。

蒋氏《东华录》：太宗文皇帝，太祖第八子，讳皇太极。史臣云：太祖名子为□□□者，国中原无汉与蒙古籍。及为汗，阅汉、蒙古书，汉之储君曰皇太子，蒙古继位者曰皇太极，天意已预定矣。

太祖创业，以军队立国，军编为八旗，每旗主以一贝勒，八贝勒并立。崩年遗训，以此为后金国定制，不立一人为主器之子。太宗在八贝勒中，其序为第四，谓之四贝勒。在太祖时，四贝勒战功独多。太祖崩时，八旗亦未遵太祖意分配。太宗独挟两旗，势陵诸贝勒上。兄代善为大贝勒，与其子岳托、萨哈廉两人议戴太宗为八贝勒领袖。始犹与代善、阿敏、莽古尔泰三大贝勒并坐而

清太宗朝服像

（清）佚名　收藏于故宫博物院

皇太极为努尔哈赤第八子，与代善、阿敏、莽古尔泰合称"四大贝勒"。皇太极辅助努尔哈赤襄理国政，多次统兵出征，屡立战功，深得父汗的信任和器重。天命十一年，努尔哈赤病逝，在诸贝勒的推选下，皇太极即汗位，改元天聪。天聪十年（1636年），改国号为清，改元崇德，称宽温仁圣皇帝。

治，余称小贝勒，不敢与诸大贝勒齿。然太祖八旗并立之遗训未遽改也。既为领袖，乃自称天聪皇帝。天聪四年，以罪废镶蓝旗贝勒阿敏。阿敏有弟济尔哈朗，早与本旗攻战之事，与兄共为旗主，故阿敏废而旗属济尔哈朗。然并坐之大贝勒则已少一人矣。至天聪六年（1632年）元旦，乃正位南面专坐，代善、莽古尔泰旁侍。是为后金国进一步之君主政体。是年，莽古尔泰死。后三年，莽古尔泰同母弟德格类又死。未几，所属追首莽古尔泰兄弟罪恶，削爵除宗籍，收所部正蓝旗归太宗自将。太宗独领三旗。盖两黄始终由太宗兼领，至是并正蓝得三旗，而诸贝勒分领各一旗，其势力大不侔矣。是为后金国又进一步之君主政体。是年为明崇祯八年（1635年），即天聪九年，得传国玉玺于元裔插汉林丹汗之太妃苏泰所。明年四月，遂废后金号，改号曰清，亦创年号曰崇德。以前天聪皇帝乃与太祖之天命同为尊号，用以纪年，乃相沿借用；至是则有年号，以天聪十年四月以后，为崇德元年（1636年）矣。是为更进一步，公然成立之君主政体。

太宗始被推为八贝勒首，袁崇焕遣使来吊，以觇金国内情。太宗以礼报使，而明廷哗然，谓崇焕通敌。太宗以其间与明相周旋，而急攻朝鲜，以绝其从后牵掣之患。朝鲜事明最忠，太宗取城下盟，多所约束，使朝鲜不为明助。旋以袁崇焕约和无成，遂回军指中国。明廷论方指摘崇焕，太宗乘机以反间中之。兵越山海关大路，由蒙古地入大安口，攻龙井关入遵化，京师戒严，崇焕入援。明廷有右毛文龙者，有不慊于通吊建州者，并为一谈，虽无反间，崇焕犹将不免。太宗之用间杀崇焕，直袭小说中蒋干中计故事，本极拙劣，明之君臣自有成见，与相凑合，坏此干城，而崇焕伏法，为清室驱除矣。太宗兵下遵化，在崇祯二年（1629年）十一月。明能战之将，赵率教、满桂先后战殁。清兵薄德胜门，起前大学士孙承宗视师，清兵退，历破京东各州县，大掠数月。至崇祯三年（1630年）五月，仍由遵化出边。永平、遵化及所属各城皆复。时明流贼已炽，清兵又屡侵扰，明廷大困。明崇祯九年（1636年），即太宗天聪十年，四月，遂定有天下之号曰清。

八旗制度

　　八旗制度源于满洲（女真）人的狩猎组织，是清朝的社会生活军事组织形式，也是清朝的根本军事制度。明万历二十九年（1601年），努尔哈赤整顿编制，初设黄、白、红、蓝四旗。万历四十三年（1615年），又增设镶黄、镶白、镶红、镶蓝四旗，统率八旗满洲，八旗制度由此确立。后来，又分别增设蒙古八旗和汉军八旗，分别统率八旗蒙古和八旗汉军。至此，清朝的八旗军事制度臻于完善。顺治八年（1651年），多尔衮薨，顺治帝趁机收回了其下所辖的正白旗统领权，形成上三旗与下五旗的等级制度。上三旗为皇帝亲兵，负责禁卫皇宫；下五旗负责驻守京师及各省。清军入关初期，清廷采取了大规模的"圈地"活动，将大批良田划归旗人，并豁免旗人的税赋与劳役。在优惠政策下，八旗军逐渐荒废骑射，战斗力直线下降，直接导致清王朝走向没落。以下为八旗旗式。

镶黄旗

旗内无主，由皇帝所亲统，兵为皇帝亲兵。

正黄旗

清军入关前，正黄、镶黄两旗由汗王努尔哈赤直接统领，其他六旗分别由汗王的子侄统领。努尔哈赤去世前，将两旗的统领权交给了阿济格、多尔衮和多铎三个儿子。

镶白旗

旗主是努尔哈赤的孙子爱新觉罗·杜度。

正白旗

正白旗旗主皇太极即位后，趁机占有镶白旗，任命自己的儿子豪格做镶白旗旗主，并将两旗改名为正黄旗和镶黄旗。原本阿济格、多尔衮和多铎统领的正黄旗与镶黄旗变成了正白旗与镶白旗。

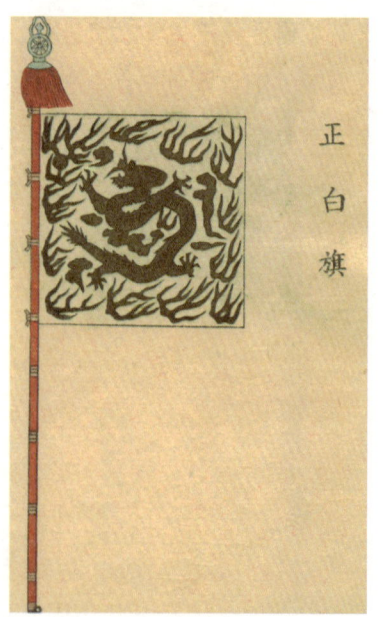

镶红旗
旗主是代善长子爱新觉罗·岳讬。

正红旗
旗主是和硕礼亲王爱新觉罗·代善，努尔哈赤次子。

镶蓝旗
旗主是爱新觉罗·阿敏，后金宗室、大臣，努尔哈赤弟舒尔哈齐的次子。

正蓝旗
旗主是爱新觉罗·莽古尔泰，清太祖努尔哈赤的第五子。

天聪十年四月乙亥朔，越十有一日乙酉，黎明，太宗率诸贝勒大臣，祭告天地，受宽温仁圣皇帝尊号，建国号曰大清，改元崇德，即以是年为崇德元年。追尊始祖为泽王，高祖为庆王，曾祖为昌王，祖为福王，上太祖尊谥曰承天广运圣德神功肇纪立极仁孝武皇帝，庙号太祖，太后尊谥曰孝慈昭宪纯德真顺承天育圣武皇后。定太庙制：前殿安奉太祖、太后神位，后殿安奉正中始祖，左高祖，右曾祖，左末祖各神位，右末安奉皇伯祖礼敦神位。礼敦亦于是时追封为武功郡王。

太宗建立清代时之意识，据《东华录》所载如此。此合后来记载，有可考证者数事：

（一）太祖时已定国号为金，或称大金，亦称后金。是犹以女真先世帝号为荣，欲为绍述而已。至是乃辟而去之，直以金之半壁天下为未足，易一号以自标帜焉。顾其金之改为清，意义何在？余向者持论，谓清即金之谐音，盖女真语未变，特改书音近之汉字耳。闻者驳之，谓金、清非同音字，金为侵覃韵之合口音，与庚韵之清大不同。吾以为女真何知音韵之学，从其效汉语时所肖之音，音近即取之，故效汉语呼夫人则曰"夫金"，旋作"福金"，又作"福晋"。金与晋固非音韵学家所谓同音，金与晋及人字，不相距尤远乎？而满汉译文可以相通，何以"金"之不可为"清"也？然此究为无据之空谈。近乃得一确证：满人金息侯梁，撰有《光宣小纪》，亦称清即金之谐音，并举沈阳抚近门额，汉文称大金天聪年，其满文即终清世之大清字样。是可知金之为清，改汉不改满，有确证矣。

（二）太宗追尊先代，太祖本已用汗与帝并称，显祖以上，乃仅称王号。后至顺治五年（1648年）十一月，始定肇、兴、景、显四祖之称。在太宗时，惟以始受明都督官职者为始祖，谓之都督孟特穆。其近代则自高祖起，为追尊所及之限。故此时所封庆王，后来所尊为兴祖，不必有何勋望，无庸疑其为建州左卫以外，别有传说。

（三）当太宗时，高、曾、祖、考，俱在四亲之内，不应祧法。其以高、曾、祖三世，与始祖俱安奉后殿者，以别于手创大业之太祖而已。后世乃以后殿为祧庙，此中国士大夫之礼学，实非太宗所知。顾一成不改，遂为清一代之庙制。自雍正以后，显祖以上，适在可祧之列，遂以后殿为祧庙耳。

（四）后殿神位，原有五座，武功郡王礼敦俨然与四祖并尊，此亦当时草昧之制。后于崇德四年（1639年）八月，退礼敦为配享之列，此惟见《清史稿·礼敦传》，而国史于乾隆间，补武功郡王等列传，直以礼敦为崇德元年即配享太庙，配享则应在两庑。且《东华录》对崇德元年，亦明言配享者为费英东、额亦都两人。时但有功臣配享，未知有宗室配享也。盖至崇德四年而稍悟庙制之非，后殿乃独存四祖矣。

（五）崇德建元，实是纪元之始，以前天命、天聪皆尊号，非与一国臣民纪年之用。说已见前。

太宗之建清国，其动机在上年八月，得元代传国玉玺于元裔林丹汗之苏泰太后。林丹汗为元顺帝后，居察哈尔，逼明边，明谓之插汉。自以为蒙古大汗，虎视近边蒙古诸部，为诸部所不附。清于天聪八年（1634年），以兵逼林丹汗走死，逾年得其传国玺，乃定立国之计。先由诸王贝勒偕已附之蒙古部落劝进，并告朝鲜，使预劝进之列。朝鲜忠于明，不肯从。太宗既改号，首伐朝鲜，灭其国，胁其君伏罪而复置之。自是朝鲜不敢复通于明，称臣质子，永为清属国矣。明方苦流寇。崇德二年（1637年），即明崇祯十年，既下朝鲜，明年即复入塞，明督师侍郎卢象升战死。又明年，移剿贼之总督洪承畴御清，流贼益炽。承畴与清相持于宁锦，太宗攻之累年，以崇德七年（1642年）二月克松山，承畴降，遂下锦州。冬十一月，又入蓟州，连下畿南山东州县，至明年四月乃北还。时为明崇祯十六年（1643年），流贼已遍蹂中原，明祚岌岌。而太宗以其年八月初九日庚午崩，世祖以六龄嗣位，遂为代明有国统一华夏之主。

第三节
世祖

世祖名福临,太宗第九子,以崇德八年(1643年)八月二十六日丁亥袭父位。由叔父睿亲王多尔衮、从叔父郑亲王济尔哈朗同辅政。诏以明年为顺治元年(1644年)。事既定,即以兵乘明之扰,累犯关外诸城,然不能薄关门也。顺治元年三月十九日丁未,李自成陷京师内城,帝自经。自成称帝,国号大顺,改元永昌。四月初四日辛酉,秘书院大学士范文程启摄政王入定中原,略言:

上帝潜为启佑,正摄政诸王建功立业之会,成丕业以垂休万祀者此时,失机会而贻悔将来者亦此时。中原荼苦已极,黔首无依,思择令主以图乐业。间有一二婴城固守,自为身家计,非为君效死也。明之受病,已不可治,大河以北,定属他人。其土地人民,不患不得,患得而不为我有耳。我虽与明争天下,实与流寇角也。今日当任贤以抚众,使之近悦远来,蠢兹流孽,亦将臣属于我。彼明之君,知我规模非复往昔，言归于好，亦未可知。倘不此之务，是徒劳我国之力，反为流寇驱民也。举已成之局而置之，后乃与流寇争，非长策矣。往者弃遵化、屠永平，两经深入而返，彼地官民必以我为无大志，纵来归附，未必抚恤，因怀携贰，盖有之矣。然而有已服者，有未服宣抚者，是当严申纪律，秋毫勿犯，复宣谕以昔日不守内地之由，及今进取中原之意，而官仍其职，民复其业，录贤能，恤无告，风声翕然，大河以北，可传檄而定。河北一定，可令各城官吏移其妻子，避患于我军，因以为质，又拔其德誉素著者，置之班行，俾各朝夕献纳。王于众论，择善酌行，闻见广而政事有时措之宜矣。此行或直趋燕京，或相机进取，要于入边后山海、长城以西，择一坚城，顿兵而守，以为门户，我师往来，斯为甚便。

清世祖真像

选自《历代帝王真像》（清）姚文翰 收藏于美国大都会艺术博物馆

福临是皇太极第九子，清军入关后的第一位皇帝。崇德八年，皇太极暴卒，在睿亲王多尔衮与肃亲王豪格的争夺中，福临获渔翁之利，以六岁之龄即位。顺治元年，迁都北京。顺治八年，福临亲政。在孝庄文皇后的辅助下，福临整顿吏治，广开言路，招揽人才，减免赋税，发展农业，国家由此欣欣向荣，奠定了"康乾盛世"的基础。顺治十七年（1660年），宠妃董鄂妃去世，福临深受打击，曾一度出家。顺治十八年（1661年），福临因痘病去世，年仅二十四岁，谥曰孝章皇帝，庙号世祖。

文程此言，于清之开国，关系甚巨。摄政王时非一人，故文中累称摄政诸王。清侥天幸，以多尔衮入关成大功，其明达足以听纳正论。然其时能持论者，实无几人。旧人中惟文程，降臣中惟洪承畴，为有见地，而多尔衮皆能虚受其言。此文为文程预定大计之始，盖犹但知义军之必将亡明，未知明帝之已殉国也。《东华录》所载如此，国史本传已修饰而失真相，《史稿》更甚。今虽未见初修之《太宗实录》，要知《东华录》中文程之文，必犹近原状，以其暴露清军以往之态度，尚非有成大业之志，必为后来之所讳言也。自今以前，武力劲矣，招降纳叛之道得矣，惟要结关内之人心，殊未留意。所留意者在钞掠，自不能恤人疾苦。自今乃以救民水火为言。多尔衮深纳之，此为王业之第一步。是月七日甲子，祭告南伐。翌日乙丑，赐多尔衮大将军敕印，丙寅启行。十三日庚午次辽河，已知义军陷京师，以军事谘洪承畴。承畴上启，略如文程旨，皆为清有天下之大关键。而多尔衮之能听受，则天之所以厚清而生此美质也。承畴略言：

我兵天下无敌，将帅同心，步伍整肃，流寇可一战而除，宇内可计日而定。宜先遣官宣布王令：此行特扫除逆乱，期于灭贼，抗拒者诛；不屠人民，不焚庐舍，不掠财物；降者官则加升，军民则秋毫无犯；不服者城下之日诛其官吏，百姓仍予安全；有首倡内应立大功者，破格封赏。法在必行，此要务也。寇遇弱则战，遇强则遁。今得京城，财足志骄，已无固志。一闻我军至，必焚宫殿府库西遁。贼之骡马不下三十余万，昼夜兼程可二三百里，我兵抵京，贼已远去，财物悉空，亦大可惜。今宜计道里，限时日，辎重在后，精兵在前，出其不意，从蓟州、密云近京处，疾行而前。贼走则即行追剿，倘坐据京城以拒我，则伐之更易。庶逆贼扑灭，神人之怒可回；更收其财畜以赏士卒，殊有益也。明守边兵弱马疲，犹可轻入；今恐贼遣精锐伏于山谷狭处，以步兵扼路。我国骑兵不能屡险，宜于骑兵内选作步兵，从高处睹其埋伏，俾步兵在后。比及入边，则步兵皆骑兵也，孰能御之？抵京之日，我兵连营城外，断陕西、宣府、大同、真、保诸路来攻，流寇虽不能与大军相拒，亦未可以昔日汉兵轻视之。

承畴此言，已知自成据京师，犹未料其先已东来，供我迎击，则所谓天相之矣。吴三桂导引入关，并不用马步迭代之法，悬兵度险，天之所启，事半功倍。然承畴则老谋深算，久熟敌情，其言固非无当。而变钞掠之暴，为吊伐之仁，则其识与文程等也。

陈圆圆像 选自《秦淮八艳图咏》清刊本 （清）张景祁 编撰

陈圆圆（1623—1689年？），原姓邢，名沅，字圆圆。年幼时父母双亡，由姨妈收养，改姓陈，居住在苏州桃花坞。后来，因色艺双绝，名动江左。崇祯末年，陈圆圆被卖到梨园，学习技艺。之后又被转送给吴三桂当妾。据说，李自成攻破北京后，陈圆圆被田畹掳掠，其手下刘宗敏将陈圆圆从吴三桂身边掳走，吴三桂献关降清，清军得以入关，吴三桂因此而多为后人所诟病。

先是寇棘，明用蓟辽总督王永吉议，弃关外诸城，召宁远总兵吴三桂入卫。三桂徙宁远兵民五十万众而西，抵丰润，闻燕京已陷，不敢前。贼拘三桂父襄招三桂，而遣降贼之唐通、白广恩率兵向关门。三桂闻家口被掠，怒作书绝父，且急遣使至多尔衮军前乞师。多尔衮时尚未至宁远，得书即进，途次复得三桂趋进之书，兼程而行，距关十里。自成以三桂抗不受招，自将精锐二十万，东击三桂，又令唐通等前锋二万骑，绕出关外夹攻。多尔衮逆击，败通等于一片石。翌日，师至关，三桂出迎，大军入关。自成率众自北山横亘至海，严阵以待。是日大风，尘沙蔽天，军少不及自成之半。多尔衮命三桂兵居右，满洲兵在其左，令曰："贼阵大，首尾不能顾，可鳞次集我兵，对贼阵尾突之，必胜。"三桂受命，先搏战尝贼，风沙中咫尺莫辨，力斗良久，全军呼噪者再。风旋止，满洲铁骑横跃入阵，所向摧陷。自成方挟明太子诸王于高冈观战，俄尘开，见甲而辫发者，惊曰："满洲至矣！"遂土崩。逐北数十里，斩获数万。自成走京师，焚宫殿，载辎重西遁。多尔衮令三桂及阿济格、多铎兼程追之，勿入京。即军前承制进三桂爵平西王，令关内军人皆薙发。誓诸将曰："此行除暴救民，灭贼安天下，勿杀无辜，勿掠财物，勿焚庐舍，违者罪之。"榜谕官民以取残不杀共享太平之意。自关以西各城堡百姓逃窜山谷者，皆还乡里，薙发迎降，用文程、承畴等言也。

五月初二日己丑，多尔衮至燕京，故明文武诸臣皆出迎五里外。下令禁兵士入民家，百姓安堵。多尔衮入居武英殿。盖宫殿遭焚残破，惟此殿独完也。翌日庚寅，令兵部传檄直省郡县，归顺者官吏进秩，军民免迁徙，文武大吏籍户口钱粮兵马，亲赍至京，观望者讨之。故明诸王来归者，不夺其爵。在京职官及避贼隐匿者，各以名闻录用。卒伍欲归农者听之。又翌日辛卯，令官吏军民为明帝发丧，三日后服除，礼部太常寺具帝礼以葬。初六日癸巳，令故明内阁部院诸臣，以原官同满洲官一体办理。初八日乙未，阿济格等报及贼于庆都，击败之，追至真定，又破走之。近畿诸郡县皆降。二十二日己酉，葬故明庄烈帝、后周氏、妃袁氏、熹宗后张氏、神宗妃刘氏，并如制。先是，自成以三月二十八日丙辰，迁帝后梓宫于昌平，昌平人启田贵妃墓以葬，至是用帝礼为改葬也。至七月庚子，并设故明长陵以下十四陵官吏，司守护焉。

霸者假借仁义，亦可与王者同功。要其优礼前代之意虽假，而于宽恤民生，使久罹水火之人倚我以图苏息，则事实不可诬也。当天命、天聪间，未尝不厚结关外之人及关内来归之人，然未能推此意于关内。观其累次犯塞，辄挟告天七大恨榜文，向关内军民布告，此于收拾人心有何益处？岂明之军民，见此榜而代为不平，亦有仇明顺敌之意乎？因知天聪以前，清固以悍夷自处，绝未有得天下之意识也。崇德改元以后，亦未见若何改观。及此而始自命王者之师，居然大异于蛮夷寇盗。多尔衮于征朝鲜时，《朝鲜实录》中载其举动，在满洲中独为温雅得体。固其资质之美，即天之所以启女真，生才非意想所及也。而其最大之献纳，莫如范文程。节录文程国史《传》如下：

文程从师渡辽河。吴三桂来乞师，文程曰："闯寇猖狂，中原涂炭，近且倾覆京师，戕厥君后，此必讨之贼。我国家上下同心，兵甲选练，诚声罪以临之，恤其士夫，拯厥黎庶，兵以义动，何功不成？"复言："好生者天之德，兵者圣人不得已而用之，自古未有嗜杀而得天下者。国家欲统一区夏，非义安百姓不可。"于是申严纪律，妄杀者有罪。既败流贼二十万于山海关，我兵长驱而西，民多逃匿。文程草檄宣谕曰："义兵之来，为尔等复君父仇，所诛者惟闯贼。师律素严，必不汝害。"民心遂安。师入北京，建议备礼葬明崇祯帝。时宫阙灰烬，百度废弛，文程收集诸曹册籍，布文告，给军备，事无巨细，咸与议焉。

以上见摄政王之所行，皆文程之所议拟。其尤为清一代永久惠民之政者，则立除明季加派一事，能立起人民乐生之心，而天下已大致定矣。至清一代竟能永行之，以不加赋为祖训，为定制，此则清之自有器量，能收名臣之用者，必其意度亦本与契合可想也。《文程传》又言：

明季赋额屡增，而籍皆毁于寇，惟万历时故籍存。或欲于直省求新册，文程不可，曰："即此为额，犹恐病民，岂可更求哉？"自是天下田赋，悉照万历年间则例征收，除天启、崇祯年间诸加派，民获苏息。

摄政王既定燕京，即派员率师先定山东、山西，盖由近渐及各省。明福王以五月戊子朔，由马士英以兵拥戴入南京，初三日即监国位，十五日进称帝，建号弘光。当拥立福王时，向时持清议者，皆以北都党案反复，王为郑妃孙，郑氏乃造成各案之主体，又以王失教无善行，意不欲赞定策议。为士英所胁，而诸不快意于清流者群和之，自始即挟有意见。以诸正人于拥立有异议，激王疏远正人，出史可法于外，以士英当国，起用阉党阮大铖，尽翻逆案。国事皆在马、阮，王又童昏，南都事不可为。而摄政王于六月十一日丁卯，与诸王大臣定议，建都燕京，遣使奉迎车驾。世祖以九月十九日甲辰，自正阳门入宫。十月乙卯朔，亲诣南郊告祭天地，即皇帝位，颁大清《时宪历》。翌日丙辰，以孔子六十五代孙允植，封衍圣公，其五经博士等官袭封如故。十日甲子，上御皇极门颁诏天下，大赦。乃议佐命开国亲郡王及满洲诸臣封爵，所司损益前典以闻，并察归降文武官绅。其先后轻重之序如是。诏中除宣赦外，悉属蠲除明季苛杂加派赋税。地亩钱粮，悉照前明会计录，自顺治元年五月朔起，如额征解。盐法亦然。凡加派各饷，俱行蠲免。仍免本年额引三分之一。又自五月朔以前，所有本色折色各数十种款目钱粮，逋欠在民者，一律豁免。另一款亦系豁除逋征，当是指虽无民欠实据，亦概予豁除。至五月朔以后之蠲免，则大军经过地方，仍免正粮一半，归顺州县非经过者，免本年三分之一。关津商税普免一年。明末所增之商税，则永远豁免。曾经前明因兵灾全免钱粮之地方，仍予全免，不在免半及三分免一之例。近畿六十八卫军人，明时派供内廷柴炭，永免且禁私派，招商办买充用。京城行商车户佥派徭役，及北直、河南、山东、山西等省截银，明末所已免派免解者，均照现行事例蠲除。京师东、中、西三城，因屯扎禁卫军人，不得已令官民之家迁让。其迁居之户，所有田地不拘坐落何处，概免租赋三年。南北城居家虽已迁徙，而房屋被人分居者，亦于所有田地不拘坐落何处，概免租赋一年。丁银不照原有定额，查核老幼废疾，并予豁免。军民年七十以上，许一丁侍养，免其徭役。明季直省屯田司助工银两，准予豁免。直省漂流挂欠及明系浸没之钱粮，已经追比在官者，自五月朔以前事件，一律免追释放。经寇劫失之钱粮亦同。凡此皆从明末人民生计之苦，曲折体贴，又于明时已有之惠恤，不因现在加惠之通令，转有废阁。此开国第一恩诏，适合人民苦于征纳、思解倒悬之心理。与未入关前对待关内方法，截然不同。出以世祖登极诏书，实即摄政王听纳群言、熟察民瘼所得之结果。其余培风化、收人望，敬礼先代帝王贤圣，守护明代陵寝诸端，皆合中国旧来崇尚，无复夷风。摄政王乐引汉人，为满洲旧人所嫉，此亦其所收之效也。诏榜今尚有存者，《东华录》亦载全文，不能备录。《清史稿·世祖纪》已有所删节矣。

方世祖将即位时，明使左懋第、马绍愉、陈洪范奉金币求和，为割地偏安计，不报。既继位后，逾两旬，以十月二十五日己卯，命豫亲王多铎为定国大将军，进取江南。先清河南、北未服军民屯堡，所过悉平。阅数日，以英亲王阿济格为靖远大将军，西讨李自成。两王皆摄政王同母兄弟。英王直由绥德取延安州，断自成西窜之路。豫王自河南破自成于潼关，连败贼至西安，自成被迫东遁出陕。乃命豫王移师向江南，英王专剿自成。时在顺治二年（1645年）四月。以是月十八日庚午，豫王师至扬州，谕明督师阁部史可法等降，不从。二十五日丁丑，克扬州，可法不屈见杀。五月初五日丙戌，清师渡江，明守将郑鸿逵等舟师溃，遂陷镇江，由丹阳、句容抵南京。初十日辛卯，明弘光帝先遁。翌日，马士英亦遁。南都士民拥狱中所囚崇祯太子出监国。十五日丙申，豫王至南京，勋臣赵之龙、阁臣王铎、部臣钱谦益等以城降。南都既下，明所以系人心者略尽。以后隆武之在闽，鲁监国之在海上，永历之在两粤、滇、黔，奔迸流离，苟存名号。士大夫之思用世者，争就新朝矣。

崇祯太子之狱，始于是年三月。弘光及马、阮，以北来之太子为伪，下之狱，而朝士多信为真。士民不慊于时政，亦诽议君相。其先于上年十二月，北都先见崇祯太子，清廷以为伪，杀之，并杀认太子为真者。至南中复见太子，史可法得北使左懋第等讯，知太子已被害于北，不附和继至之太子，朝士则谓可法受马、阮胁制而然。然余考之，北都太子实不伪，即南都太子非真也。（别有专论已出版，不复赘。）六月，明总兵田雄、马得功等执弘光献于豫王。闰六月，英王追李自成至湖广，穷窜入通城之九宫山，自缢死（从《明史·流寇传》）。是时，明唐王聿键即帝位于闽，建元隆武。鲁王以海称监国于浙。豫王多铎既克南京，并下杭州，旋召还，以贝勒勒克德浑代将。三年正月，又以太宗长子肃亲王豪格为靖远大将军，征四川。至冬十一月，清军平闽，隆武帝殉。豪格亦斩张献忠于西充。会明遗臣复立桂王由榔于肇庆，改元永历。流寇张、李余孽巨万数，先后归之。南明之兵，多为寇孽，自隆武倚郑芝龙立国，郑氏即前时受抚之海寇。至永历，尽收张、李残寇，不收则无兵可作声势，收之亦无弹压之力，非惟不足图功，亦且备受屈辱。清对南明，亦用汉人为前驱，使相屠杀，是为吴、尚、耿、孔四王之兵。吴三桂原为明将，所统为明之官军；尚可喜、耿仲明、孔有德，皆毛文龙旧部，亦盗类也。清用此诸军，自有八旗为中坚以临督之，其势自不敌。然犹亘十余年，终世祖之世，未能悉平南方。圣祖即位后，永历帝乃为缅甸所缚献，鲁王亦卒。自是无与清对立之明。以国统言，自康熙元年（1662年）以后，始为真统一中国，在述清史者可认为主体，不复以清与明为分别之词矣。

世祖开国之制度，除兵制自有八旗为根本外，余皆尚袭明制，几乎无所更改。明之积重难返，失其祖宗本意者，清能去其泰甚，颇修明明代承平故事。顺治三年（1646年）三月，翻译明《洪武宝训》成，世祖制序，颁行天下，直自认继明统治，与天下共遵明之祖训，此古来易代时所未有。清以为明复仇号召天下，不以因袭前代为嫌，反有收拾人心之用。明祖立法，亦实有可以修明之价值，若闭关之世不改，虽至今遵行可也。故明之代元，史家极应研究其制作。清之代明，纲纪仍旧，惟有节目之迁流，自非详考不足标其大异之点。八旗制已有详考，余从略。其驭宫庭阉宦之法，清实大胜于明。但在世祖开创时，亦已模仿明制。十年六月，设内十三衙门，严为限制，令宦官不得过四品；十三年六月，又仿明祖立铁牌，禁内官干政。此皆有复蹈明阉祸覆辙之渐。十五年三月，有大学士陈之遴、前恭顺侯吴惟华，贿结内监吴良辅之狱。之遴、惟华流徙籍没，之遴遂死贬所，吴监被旨严饬，而世祖卒爱昵之。崩前五日，《实录》已书不豫，而是日尚幸悯忠寺，观吴监祝发，其为自知不起，令吴监避祸耶？抑自恐命促，令所爱代为出家，以媚佛求佑耶？二者必居一于此。要之世祖御世时，无改革阉寺之计。其处斩吴良辅及废十三衙门，乃世祖崩后，太后及辅政诸臣之意。此清史之所不详，见余《三大疑案考实》。

清朝文官补服图
选自《清代文武官员品级图册》（清）周培春 收藏于美国大都会艺术博物馆

清朝官制沿袭明朝，分为省、府、县三级。总督、巡抚是掌管行政、军事、监察的高级地方官员，布政、按察两使为督、抚的属官。与督、抚平行的还有驻防将军和提督学政，驻防将军管八旗驻军，提督学政管学校与科举考试。省下设道，道有守道和巡道，兼兵备衔。与府平行的有直隶厅，设同知、通判等官。府下设县，有知县、县丞、主簿等官。与县平行的为散厅，设同知、通判。清朝官员等级制度为"九品十八阶"，每个品级有正、从的区别。以下为清朝文官一品至九品朝服样式。每个品级的朝服都有严格规定。

一品文官仙鹤补服

此是二品文官錦雞補服

二品文官锦鸡补服

三品文官孔雀补服

此是三品文官孔雀補服

此是四品文官雲雁補服

四品文官云雁补服

此是五品文官白鷳補服

五品文官白鹇补服

六品文官鹭鸶补服

此是六品文官鹭鸶補服

此是七品文官鸳鸯補服

七品文官鸳鸯补服

此是八品文官鵪鶉補服

八品文官鹌鹑补服

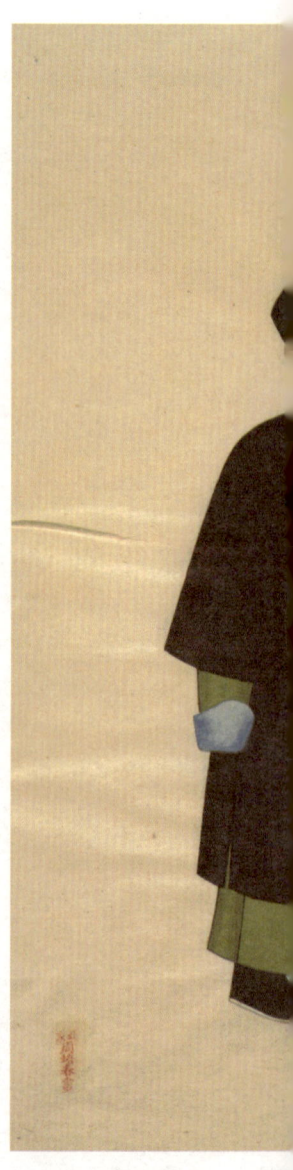

九品文官练雀补服

此是九品文官练雀补服

清入关创业，为多尔衮一手所为。世祖冲龄，政由摄政王出。当顺治七年（1650年）以前，事皆摄政专断，其不为帝者，摄政自守臣节耳。屡饬廷臣致敬于帝，且自云："太宗深信诸子弟之成立，惟予能成立之。"以翼戴冲人自任，其功高而不干帝位，为自古史册所仅见。薨于顺治七年十二月初九日戊子，当时犹用帝礼，祔庙上谥，称成宗义皇帝，以称其实。乃未几以属下首告"王曾制八补黄袍，令与大东珠、朝珠、黑貂褂，潜置棺内"等事，坐以悖逆之罪。夫既以帝号加之，凡形式上之帝制，何者为不可犯，此与追尊之诏岂非矛盾？惟王与肃王不合，囚肃王致死而又娶其福晋。肃王为世祖长兄，于此事不无怀愤。又于顺治五年冬至，初次郊天恩诏，专称王为皇父，世乃传太后有下嫁摄政王之事。今见之笔墨者，惟明遗臣张煌言之《苍水诗集》有"春宫昨进新仪注，大礼恭逢太后婚"之句，确为当时人语。然苍水以邻敌在远，仇恨鄙夷，因传闻而作揶揄之词，难为信史。世所传则谓"春官"指礼部尚书，而其人则坐以钱谦益，以附会谦益之所以为高宗深恶，且传有谦益撰太后大婚诏文，清亡后顿见传播，而故老亦多信之。余考谦益未为礼部尚书，多尔衮称皇父时，谦益去世已久。且考《朝鲜实录》，当时有"拟议摄政称皇父"之语，并不涉及太后之下嫁，即其未奉大婚诏之明证。惟旧《东华录》议多尔衮罪时，有"身到皇宫内院"一语，或可为事有暧昧之据，但不必为太后有私，且有私亦与下诏大婚、公然称庆有别。以其坦然尊为皇父，转信其非有暧昧之惭，直如古者尚父、仲父之君尊其臣而已。此事详见余《三大疑案考实》，不具录。摄政王之身后获咎，固缘世祖之心有不平，亦因郑亲王济尔哈朗始本同为摄政，后以多尔衮功高，己为所掩，后于四年七月又停其辅政之职，而代以多尔衮之同母弟多铎。多铎于定天下实亦功高，先摄政而死，至摄政死后，郑王再起辅政，有报怨之心，益构摄政之罪。观高宗之为摄政昭雪，极道世祖冲年受惑，诬此贤王，则其子孙自有公论。要为开创时之一大反复，不可不纪者也。

当世祖时，南方尚未悉定，然朝廷已见开明之象。前七年为摄政代行，亲政以后，虽有攻异端、宠侧妃，不无太过之失，然资禀英明，不至妨政。世传世祖之崩御非实，乃缘爱宠董鄂妃，妃死而帝为僧以殉之，盖以媚佛宠妾并为一谈。余别有《世祖出家考实》，为三疑案之一，有以深明其不然。要其媚佛而不以布施土木病民，宠妾而不以女谒苞苴干政，惟见其理解之超，情感之笃，萧然忘其万乘之尊，真美质也。自摄政王好延揽汉人，用陈名夏而南方名士多所荐起。亲政以后，政策仍前，由八旗掌握实力，天子则乐就汉人文学之士，书思对命，绰有士大夫之风，居然明中叶以前气象。正、嘉以后，童昏操切之习略无存者，天下忘其为夷狄之君焉。顺治朝，通摄政、亲政两时期观之，其有君人之度，略无更改。摘数事为例：

二年五月壬午朔：河道总督杨方兴进济宁州瑞麦，有三四歧者，有八歧、十歧者。得旨："时和年丰，人民乐业，即是祯祥，不在瑞麦。当惠养元元，益加抚辑。"

是月丁酉，故明中枢张朝聘输木千章，助建宫殿，自请议叙。谕以"用官惟贤，无因输纳授官之理"。令所司给直。

三年七月壬戌：江西巡抚李翔凤进正一真人张应景符四十幅，得旨："凡致福之道，惟在敬天勤民，安所事此？朝廷一用，天下必致效尤，其置之。"

四年正月丙午：河南巡抚吴景道以芝草产于嵩山，表贺，得旨："政教修明，时和年稔，方为祥瑞。芝草何必称奇？"

八年正月己未，世祖将亲政之前一日，户部尚书觉罗巴哈纳等入奏事毕，上问曰："外间钱粮，有无益之费否？"巴哈纳等奏曰："有。京师营建，用临清砖，土质坚细，遣官一员烧造，分派漕船装载抵通，又由五闸拨运至京，给与脚价。"上曰："营造宫殿，京师烧砖，尽可应用，又费钱粮拨运，甚属无益。漕船远涉波涛，已称极苦，再令装载带运，益增苦累。临清烧造城砖，着永行停止，原差官撤回。"越三日壬戌，江西进额造龙碗，得旨："朕方思节用，与民休息。烧造龙碗，自江西解京，动用人夫，苦累驿递，造此何益？以后永行停止。"

此可知入关以后，摄政与亲政时代无殊，皆能用中国贤明之君为法，定天下固自有气度也。明季习于苛敛，摄政时用范文程言，一切厘革。然乱世宵人，伎俩百出，尝试不已，非有明决之识，真实之意，辄为群小所眩惑。"与其有聚敛之臣，宁有盗臣"，真知此意者少矣。顺治朝不肖疆臣，时时有规复加派之请，辄废黜不行。举例如下：

《国史·土国宝传》：五年五月，仍授江宁巡抚。苏、松、常三府白粮，明季佥民户输运，民以为苦，至是复明初官运制。国宝言："民户一遇佥点，往往倾家。今改官运，一切皆给于官，而经费不敷。请计亩均派运费，民皆乐从。"谕曰："佥点固属累民，加派岂容轻议？"下部察核，官运经费果不敷否。部臣言："经费未尝不敷，惟严绝克减虚冒诸弊，则用自裕。"黜国宝奏不行。华亭县有义田四万八百余亩，明光禄寺署丞顾正心置以赡宗族助差徭者。国宝初抚吴，即令有司收其米四万三千余石给兵饷。及国宝降调以擅杀非阵擒之吴易党，降调，周伯达代为巡抚，以改充织造匠粮入奏。户部议："今勘察义田在明时曾否题明，创置者有无子孙？"至是国宝以实复奏。户部尚书巴哈纳、谢启光等核议："义田所以恤贫助徭，非入官之产，宜仍令顾正心子孙收获。至兵饷匠粮，皆有正项取给，其擅用义田米，责国宝偿还。"六年，国宝疏请加派民赋佐军需，给事中李化麟言："加派乃明季弊政，民穷盗起，大乱所由。我朝东征西讨，兴师百万，未尝累民间一丝一粟。今国宝遽议加派，开数年未有之例，滋异日无穷之累。"上复黜国宝奏不行。

此皆摄政时事，后亦持之甚谨。终清一代，以永不加赋为大训，真所谓殷鉴不远，以实心行之，非高呼爱民，图一时宣传之用者比矣。明之余弊，窟穴于其中者迭试不已，能受善言乃能扑灭之。复举厂卫缉事之弊，再见一例：

《清史稿·季开生传》附《张国宪》，疏言："前朝厂卫之弊，如虎如狼，如鬼如蜮。今易锦衣为銮仪，此辈无能逞其故智。乃臣闻有缉事员役，在内院门首访察赐画；赐画特典，内院重地，安所用其访察？城狐社鼠，小试其端，臣窃谓宜大为之防也。"疏入，下廷臣议禁止。得旨："銮仪卫专司扈从，访役缉事，一概禁止。"厂卫之祸始息。

世祖善画，得自天授，侍从之臣，往往蒙赐，且见诸家记载。此赐画自必指此，亦见其禀质之美。

世祖朝为人诟病之政事，莫如圈地、逃人两事。此为国初瞻徇满人，不得不行之策。圈地尚止一时，督捕逃人，历时较久，相传为清朝之罪恶，不可不一述其真相。

（一）圈地。据《东华录》及《史稿·世祖纪》，谕户部清查无主荒地，给八旗军士，事始元年十二月丁丑。然在前十余日己未，顺天巡按柳寅东奏，已言清查无主地，面条陈其圈换五便，则朝议当已发动在前。考是年七月癸卯，太监吴添寿等请照旧例，遣内员征收涿州宝坻县皇庄钱粮。摄政王谕："差官必致扰民，着归并有司，另项起解。"是为畿辅原有明代不属民有之地，发动于内监，思擅其弊薮，有此自效，而摄政王不从。近畿皇室及勋贵，本系占夺民间之地，已经积久，取以给入关之旗军，未为不合。自朝议将定，柳寅东始以圈换为请，则纷扰起矣。然亦图一劳永逸耳。寅东奏言：

无主之地与有主之地犬牙相错，势必与汉民杂处，不惟今日履亩之难，日后争端易生。臣以为莫若先将州县大小，定用地多寡，使满洲自占一方，而后以查出无主地，与有主地互相兑换，务使满汉界限分明，疆理各别而后可。盖满洲人共聚一处，阡陌在于斯，庐舍在于斯，耕作牧放，各相友助，其便一；满人汉人，我疆我理，无相侵夺，争端不生，其便二；里役田赋，各自承办，满汉各官，无相干涉，亦无可委卸，其便三；处分当，经界明，汉民不至窜避惊疑，得以保业安生，耕耘如故，赋役不缺，其便四；可仍者仍，可换者换，汉人乐从，其中有主者归并，自不容无主者隐匿，其便五。

此奏下户部详议速复，越十余日，谕行清查拨给，则以满汉分居，各理疆界为言，则用寅东策矣。是为圈拨所由起。若但拨无主地，即无所谓圈矣。

谕户部："我朝建都燕京，期于久远，凡近京各州县民人无主荒田，及明国皇亲、驸马、公、侯、伯、太监等死于寇乱者，无主田地甚多。尔部可概行清查，若本主尚存，或本主已死而子弟存者，量口给与；其余田地，尽行分给东来诸王、勋臣、兵丁人等。此非利其土地，良以东来诸王、勋臣、兵丁人等无处安置，故不得不如此区画。然此等土地，若满汉错处，必争夺不止，可令各州县乡村，满汉分居，各理疆界，以杜异日争端。"

圈而后拨，其兑换能否公平，当视承办之长官。然动必有扰，自不可讳。至外省驻防，亦有故明藩府庄田等在。又有满兵初到，秩序未定，如韩慕卢所记苏州城内所居里为旗兵圈占之事，此尤军兴时之变态，不足论矣。夫圈地之扰，若清代竟永远行之，其国祚必不能如此之久。当开国时不得已而暂行，则在历史上固为可恕。且世祖明有不得已之表示，较之明代溺爱子弟，向国民婪索庄田者，尚较有羞恶是非之心。至后来之永停圈地，则在康熙年间。其时亲贵已渐就范，不需屈法以奉之，故于康熙二十四年（1685年），有顺天府尹张吉午一奏，户部不敢议准，而圣祖特旨俞允，此可见圈地一事之可已则已，清于病民之政，实未尝如明代之甚也。

《东华录》：康熙二十四年四月戊戌，户部议复顺天府府尹张吉午奏，请康熙二十四年始，凡民间开垦田亩，永免圈取，应不准行。上谕大学士等："凡民间开垦田亩，若圈与旗下，恐致病民，嗣后永不许圈；如旗下有当拨给者，其以户部见存旗下余田给之。"

（二）逃人。当清室在关外，为明建州卫时，往往掠汉人为奴，视为大利。被虏者逃至朝鲜，朝鲜辄解送中国，建州恨之，时为寇于朝鲜，以为报复。此积世纠缠之事，具见《朝鲜实录》。太宗既以兵力压伏朝鲜，乃严约不许解送，而汉人尚有逃入朝鲜以求庇者，朝鲜涕泣拒之。或有不忍坐视中国人为奴，私自纵还中国者，清必予以重罚。是为满洲督捕逃人旧法。入关以后，各旗风习如故，所欲得保障于国家者，以有逃人法为最要。而其时则情伪又不同。因立法之严，有冒充逃人以害良善之事，故清初以此事为厉民之大者。世祖虽知之，时方用八旗之力以定天下，不能违国俗，拂众情也。《史稿·李裀传》独详此事，录如下：

八旗以俘获为奴仆，主遇之虐，辄亡去。汉民有愿隶八旗为奴者，谓之投充，主遇之虐，亦亡去。逃人法自此起。十一年，王大臣议："匿逃人者给其王为奴，两邻流徙；捕得在途复逃，解子亦流徙。"上以其过严，命再议。仍如原议上。十二年，裀上疏极论其弊，曰："皇上为中国主，其视天下皆为一家，必别为之名曰东人，又曰旧人，已歧而二之矣。谓满洲役使军伍，犹兵与民不得不分；州县追摄逃亡，犹清勾逃兵，不得不严核，是已。然立法过重，株连太多，使海内无贫富良贱，皆惴惴莫必旦夕之命，人情汹惧，有伤元气，可为痛心者一也。法立而犯者众，当思其何利乎隐匿，而愍不畏死。此必有居东人为奇货，挟以为囮，殷实破家，奴婢为祸，名义荡尽，可为痛心者二也。犯法不贷，牵引不原，即大逆不道，无以加此。破一家即耗一家之贡赋，杀一人即伤一人之培养，十年生聚，十年教训，今乃用逃人法戕贼之乎？可为痛心者三也。人情不甚相远，使其居身得所，何苦相率而逃，况至三万之多。其非尽怀乡土、念亲戚明矣。不思恩义维系，但欲穷其所往，法愈峻，逃愈多，可为痛心者四也。自逮捕起解，至提审赴质，道路驿骚，鸡犬不宁，无论其中冤陷实繁，而瓜蔓相寻，市罂银铛殆尽。日复一日，生齿凋残，谁复为皇上赤子？可为痛心者五也。又不特犯者为然，饥民流离，以讥察东人故，吏闭关，民扃户，无所投止。嗟此穷黎，朝廷方蠲租煮粥，衣而食之，奈何因逃人法迫而使毙？可为痛心者六也。妇女踯躅于郊原，老稚僵仆于沟壑，强有力者犯霜露，冒雨雪，东西迫逐，势必铤而走险。今寇孽未靖，招抚不遑，本我赤子，乃驱之做贼乎？可为痛心者七也。臣谓与其严于既逃之后，何如严于未逃之先。今逃人三次，始行正法，其初犯、再犯，不过鞭责。请敕今后逃人初犯即论死。皇上好生如天，不忍杀之，当仿窃盗刺字之例，初送、再逃，皆于面臂刺字，则逃人不敢逃，即逃人自不敢留矣。"疏入留中。后十余日，下王大臣会议，佥谓所奏虽于律无罪，然"七可痛"情由可恶，当论死。上弗许，改议杖徙宁古塔；上命免杖，安置尚阳堡，逾年卒。上深知逃人法过苛，重绌王大臣议罪祸。十三年六月，谕曰："朕念满洲官民人等，攻战勤劳，佐成大业，其家役使之人，皆获自艰辛，加之抚养，乃十余年间，背逃日众，隐匿尤多，特立严法。以一人之逃匿而株连数家，以无知之童仆而累及官吏，皆念尔等数十年之劳苦，万不得已而设，非朕本怀也。尔等当思家人何以轻去，必非无因。尔能容彼身，彼自体尔心；若专恃严法，全不体恤，逃者日众，何益之有？朕为万国主，犯法诸人，孰非天生烝民，朝廷赤子？今后宜体朕意，使奴仆充盈，安享富贵。"十五年五月，复谕曰："督捕逃人事例，屡令会议，量情申法，衷诸平允。年来逃人未止，小民牵连被害者多，闻有奸徒假冒逃人，诈害百姓，将殷实之家指为窝主，挟诈不已，告到督捕，冒主认领，指诡作真，种种诈伪，重为民害。如有旗下奸宄横行，许督抚逮捕，并本主治罪。"逃人祸自此渐息。

《祹传》所载，其奏疏见蒋氏《东华录》，而王《录》不载。世祖两谕，则王《录》有之，蒋《录》所未收也。想是王所据《实录》不书祹奏，盖不欲彰当时之过。祹意重治逃人，并不责旗下主家，而已为满人所忌恨如此。可见入关后之逃人，绝非关外时之比。乃恃国家设立重法，而旗下奸人与民人之黠者，合成讹诈之局。原立法止罚重窝逃，不深究逃者，正欲保护还归之家奴仍为旧主操作。奸人于是专放囮诱，投殷实之家寄宿，即以窝主诬之，以遂其索诈取盈之计。故重处逃人，即奸民有所畏而不敢为旗下之囮也。顺治间人文字中，涉逃人者颇多，不能备录。惟其渐次救正，《祹传》言由于世祖之两谕，观其事实，则顺治朝犹未改督捕之功令，至康熙时乃并无所事于督捕，则弊根为已拔矣。兹先详督捕衙门之设立。

《史稿·魏琯传》："八旗逃人，初属兵部督捕，部议改归大理寺。琯疏言其不便时琯为大理卿，乃设兵部督捕侍郎，专董其事。"

即以琯为督捕右侍郎。见《东华录》十一年正月甲辰，《琯传》失载，《贰臣·瑄传》亦失载。

《国史·吴达礼传》："十一年正月，上以八旗逃人日众，增设兵部督捕侍郎、郎中、员外、主事等官，另置廨署，专理缉捕事，擢吴达礼为左侍郎。"

《史稿·职官志》兵部下："十一年，增置督捕满左侍郎、汉右侍郎各一人，汉协理督捕太仆寺少卿二人。寻改左右理事官，满、汉各一人。满、汉郎中各一人。员外郎满洲七人，汉军八人，汉一人。堂主事，满洲三人，司主事一人（十四年增一人），汉主事六人，司狱二人，分理八司（当是旗各一司），掌捕政（三营将弁隶之）。十二年，增置督捕员外郎八人（旗各一人）。康熙三十八年（1699 年），省督捕侍郎以次各官，并入刑部。刑部止设督捕司，掌八旗及各省逃亡。"

顺治朝以八旗逃人为一大事，至兵部内专设衙门，而以京畿巡捕三营隶焉。官职繁多，其徇各旗王公之意，无所不至。魏瑄以职掌论逃人事，流徙尚阳堡；李裀以科臣言此事继之，俱死戍所。王大臣言所奏于律无罪，然“七可痛情由可恶，当论死”，是论罪并不依律，但旗人以为“可恶”，即当“论死”耳。世祖亦曲从之。俾言逃人事者多死于戍所，故逃人事实为清初秕政。但至康熙中叶，已尽革此衙门，并刑部仅为一司，所掌乃与各省应捕逃犯为同等，且旗下竟无逃人案，督捕司对旗务，转以防禁旗人无故离京为专责，则立法已平。旗人无所利于逃人，国法亦无所庇于纵逃之旗人，此事自然消灭。则一时之弊害，特国基未固时有此，尚非一朝怙恶不悛之事，如明之厂卫阉人比也。

世祖朝于明季朋党相攻，概不愿理其说。冯铨为阉党而首先召用，至言官交攻，辄罪言者。当时用铨，取其明习故事，内阁票拟等明之旧法，由铨复行之。从前邪正派别，固非所当问，又其招降纳叛，封赏不吝，且持之以久，要之以信，降人封爵，直至清亡而始与同尽者甚多。此亦见定天下之气度，能使武夫悍将、流贼余孽，释甲来归，功名可保，既降者心安，未降者亦知劝。检《史稿·封爵表》，一一可见。举一最显之事为例，如牛金星为李自成丞相，明国亡君殉，皆系此寇。当贼据燕京时，金星以伪相之威福，纪载洋溢；逮寇灭之后，金星归宿，世颇忘之。《史稿·季开生传》附《常若柱》，乃悉金星入清之仕履，并世祖之优容焉。《若柱传》如下：

若柱疏言："贼相牛金星，杀君残民，抗拒王师，力尽始降，宜婴显戮。乃复玷列卿寺，靦颜朝右。其子铨，同父做贼，冒滥为官，任湖广粮储道，赃私巨万。请将金星父子立正国法，以申公义，快人心。"得旨："流贼伪官投诚者，多能效力，若柱此奏殊不合理，应议处。"遂罢归。

以纠举贼党为不合理而削职，似乎奖奸，然其时天下扰攘，方事招徕，以散乱党。若柱，陕西蒲城人，顺治四年（1647年）进士，自庶吉士改给事中，则此必改官后所奏，事在世祖亲政前后。招降之事方急，所以待牛金星者如此，愿归者可以无疑矣。此所谓"雍齿且侯，吾属无患"。汉高祖所以为豁达大度，如此类矣。金星父子甘就此不重要之官，正新朝所视为奇货者。

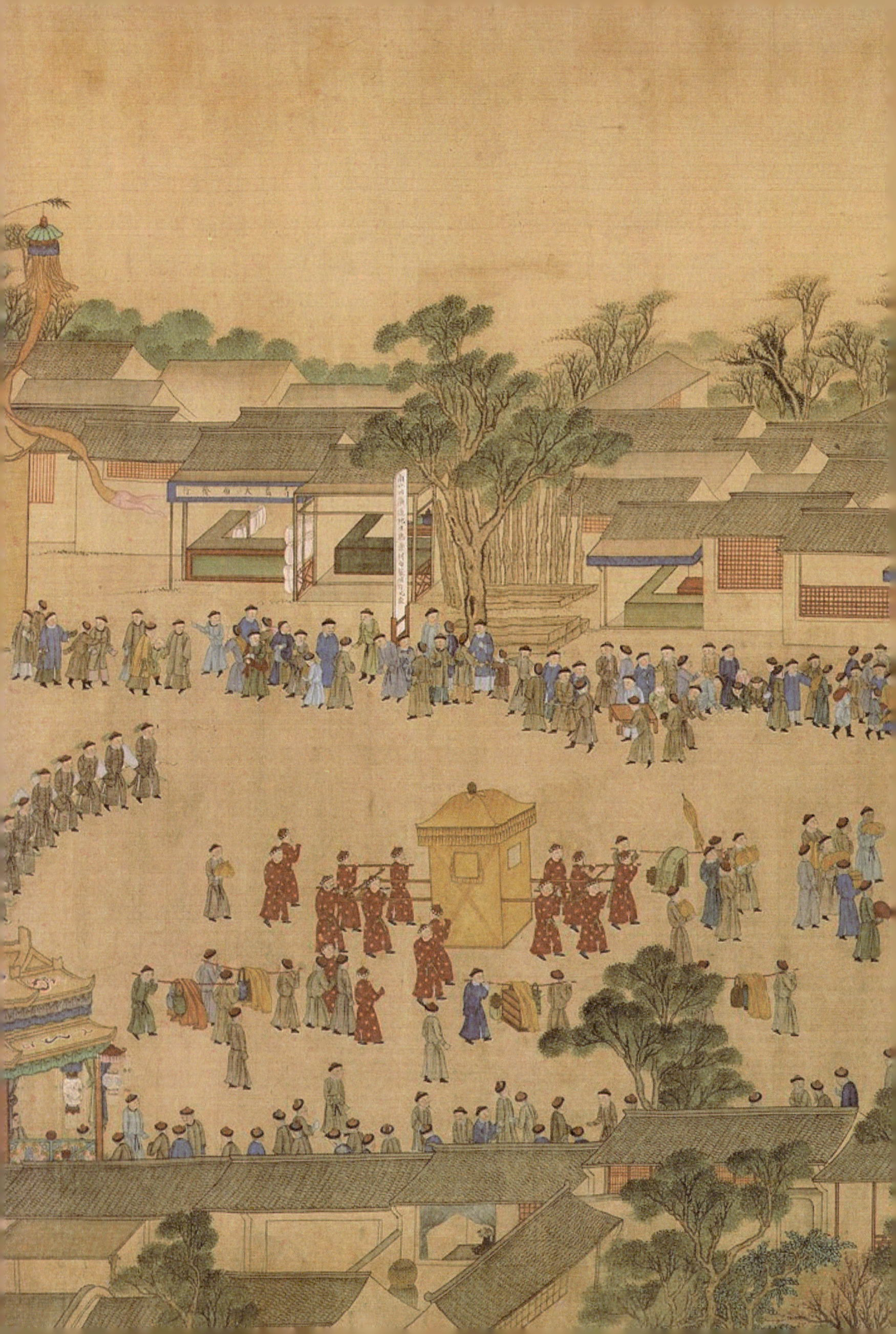

第四章 巩固国基

第一节
圣祖嗣立至亲政

　　明后迭次建国于南方，适与世祖一朝相为起讫。明虽数尽，清所假以驱除者，不能专恃八旗。旗军人数固不足，且尽用旗人敌汉，亦于招徕之道隔膜。故除用故明文臣任招抚外，亦用明旧帅旧军，与旅距未服者，以声气相呼召，此吴三桂等诸藩之所以拥众难散也。清所倚以平定南方，常为先驱者，盖有四藩：吴三桂独专亡明之功，由其手逼取永历帝于缅甸以归，有代沐氏世镇云南之意，封之为平西王，为最强之藩。耿仲明之孙精忠，袭封靖南王，及平南王尚可喜之子之信，更有定南王孔有德，虽已于顺治间为明所攻，城陷而死，然部曲犹与三藩相呼应，此为开国以来不易消之巨患。世祖未壮而崩，亲政以后不过十年，既于明代厉民之政痛与革除，复能以笼络士大夫，洗刷关外伧荒，适成一除旧布新气象。既遭短折，圣祖以八岁嗣位，又落于辅政诸臣之手。以开创大业成于两代冲龄之主，当时柄国之亲贵，惟以定国为务，不知觊觎天位，是亦孟子所谓社稷之臣，以安社稷为悦。明初两世有亲藩之祸，清初两世得亲贵之力，新开化之种族，淳朴有甚于汉人，此亦其不可轻量者。

世祖以顺治十八年正月初七日丁巳夜子刻崩，《史稿》误会夜子字，系于丙辰。（此亦《史稿》应改正之一点。）初八戊午颁遗诏，初九己未初位，改元康熙。此遗诏颇由世祖太后主持，以辅政大臣同意发布。于世祖之过举胪列无遗，引为己罪者十四事。其中以子道未终，永违太后膝下为两款，此名分之引罪；而首列渐习汉俗，于祖宗淳朴旧制日有更张为一款；又宗室诸王友爱未周为一款；满洲世臣不能专任，部院印信亦令汉官掌管为一款。求不得罪于实力所在之满臣，用意甚切。而辅政亦满臣，其以入关以来接近汉臣为憾，盖非一日。此可见在廷之有意见。而其实世祖为已过之事而引罪，圣祖亦并未因遗诏之故而疏远汉臣。是敷衍满臣自有不得已，而宥密之地自有权衡，亦不至真为满臣所把持。此亦英明之见端，与清末之反为亲贵所挟而致亡，正有天渊之别。至见贤未能尽举，见不善未能尽退两款，虽系门面语，中有事实，亦见诚恳。厚己薄人，靡费不节两款；御朝绝少，上下否塞一款；自恃聪明，不能纳谏一款；知过未改一款，亦非政治有甘苦者不能言。而于端敬皇后即董鄂妃之丧，逾滥不经一款，为世祖生时所不肯言。设立内十三衙门与明同弊，亦不似生时爱幸吴良辅情状。《东华录》言遗诏由王熙、麻勒吉二学士所草，世祖谕令奏知皇太后宣示。而王熙自著《年谱》，叙此时又深明其有秘密不敢直言，则遗诏直由太后所改定，未必世祖临崩前所见之原草也。说详余《世祖出家考实》，不重录。两事中，端敬丧之逾制，不过认已往之过，而废止十三衙门，为清一代突过往古历朝之善制。生时立此衙门，未为独有之失德；遗诏废此衙门，则真能以明为鉴，在历史为非常之举也。

康熙帝读书像

（清）佚名　收藏于北京故宫博物院

清圣祖爱新觉罗·玄烨（1654—1722年），顺治帝第三子，清朝第四位皇帝，自号体元主人，年号"康熙"。康熙皇帝八岁登基，十四岁亲政，在位六十一年，为中国历史上在位时间最长的皇帝。康熙皇帝挫败权臣鳌拜后，开始亲政，政绩卓著。在军事上，平定三藩之乱，统一台湾，抗击沙俄，签订《尼布楚条约》；三征噶尔丹并取得胜利；创立"多伦会盟"，联络蒙古各部。在政治上，施行仁政，笼络汉族士人，休养生息，发展经济。这些举措开创出康乾盛世的大局面。但是，康熙晚年倦勤，出现吏治腐败问题。庙号圣祖，葬于景陵。

废内十三衙门，处斩内监吴良辅，《清史稿》世祖、圣祖两纪，互相矛盾。《世祖纪》：顺治十五年三月甲辰，书："良辅受贿伏诛。"《圣祖纪》：顺治十八年二月乙未，书："诛良辅。"其实两俱有误。《东华录》于前一月日，书良辅贿案发觉，结之云："良辅寻伏诛。"《史稿》忽其"寻"字，于后一月日书"谕旨废十三衙门"，中有"良辅已经处斩"一语，亦未必斩于是日。惟世祖崩前五日，已书不豫，而尚亲幸法源寺，为良辅祝发。知斩良辅决非世祖崩前之事，已见《世祖出家考实》。史文之待订者，往往类是。幸而史料俱在，可以考确，否则又成疑窦，此不独《清史稿》为然也。

圣祖初年之辅政，为索尼、苏克萨哈、遏必隆、鳌拜四人，皆非宗室。受命后，以非从来成例，跪请诸王、贝勒共任，诸王、贝勒以遗命不敢违，乃奏知皇太后，誓告于皇天上帝及大行灵前，中有"不私往来诸王贝勒等府，受其馈遗"之语。是亦以太后为中心，遗诏为根据，惩于前次摄政之太专，以异姓旧臣当大任，而亲王贝勒监之，其用意可见也。然事权所在，必有积重。辅政四人中，忠梗者居其二；有一专横之鳌拜，即有一缄口不语之遏必隆，康熙初仍有辅政跋扈之事。至八年五月，圣祖亲政。辅政时于国家本计、民生要务，亦无大影响。其资望最高之索尼，于康熙六年（1667年）六月先卒。卒之前，因鳌拜专擅，于三月内请圣祖早亲政，而未即行。至七月己酉初七日，始行亲政礼。然鳌拜横暴犹昔。自索尼卒，鳌拜不循遗诏中原次，自居辅臣之首。先是，鳌拜以己隶镶黄旗，国初圈地，镶黄旗屯庄在保定、河间、涿州之地，嫌其瘠薄，令以正白旗所圈之蓟、遵化、迁安诸州县，分地相易，正白旗地不足，别圈民地补之。令下，所涉州县旗民俱大扰，耕耨尽废。大学士兼管户部尚书苏纳海、直隶总督朱昌祚、巡抚王登联，俱力争之。辅臣中惟苏克萨哈隶正白旗，不赞圈换之议，余均徇鳌拜议。尚书、督抚坐迟误阻挠论死，苏克萨哈不对，鳌拜卒矫诏并予弃市，事在五年十二月。明年，圣祖亲政，苏克萨哈请守先帝陵，罢辅臣任。鳌拜与其党大学士班布尔善等，谓苏克萨哈不欲归政，论以大逆，与其长子俱磔死，余子孙俱斩决，籍其家，并斩及其族人白尔赫图等。奏入，圣祖不许，鳌拜攘臂上前，强争累日，卒坐苏克萨哈后，余悉如议。又前后杀大臣不附己者，与弟侄及同党相比，至请申禁言官，不得上书陈奏。八年五月，乃诏逮鳌拜廷鞫，褫职籍没，与其子那摩佛俱禁锢之，弟侄及同党多坐死。及鳌拜死于禁所，乃释那摩佛。后圣祖晚年，念鳌拜战功多，赐一等男爵，以其后袭。世宗朝，并复其一等公爵，世袭罔替，加封号曰超武。乾隆间，复降为一等男世袭。

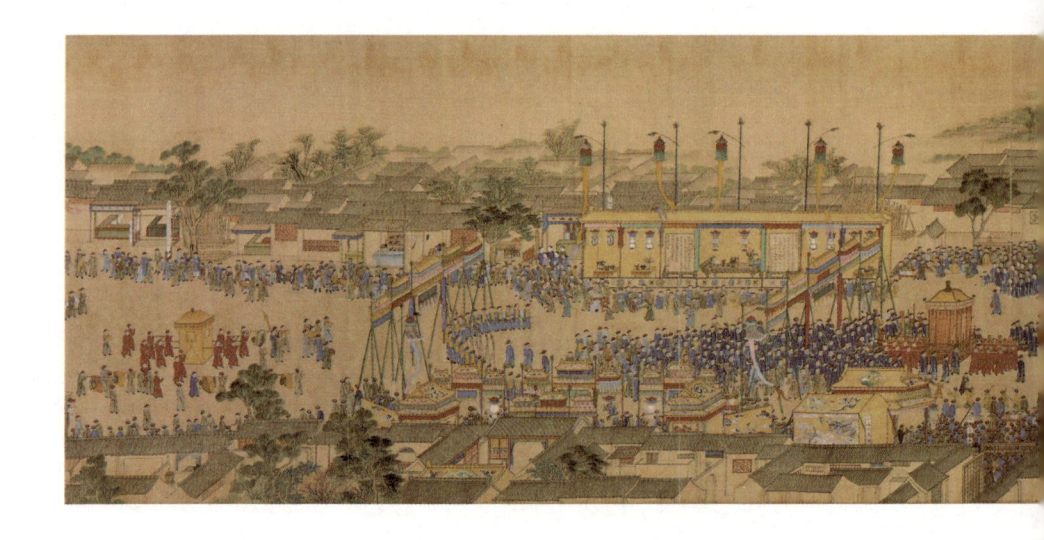

圣祖初年辅政四臣事实及鳌拜伏罪,据官书,鳌拜罪亦终不掩功。而世传圣祖逮鳌拜时,恐其不胜,至谲以取之,具见满人纪载。《史稿》亦录入《本纪》云:"八年五月戊申,诏逮辅臣鳌拜交廷鞫。上久悉鳌拜专横,特虑其多力难制,乃选侍卫拜唐阿年少有力者,为扑击之戏。是日,鳌拜入见,即令侍卫等掊而絷之。于是有善扑营之制,以近臣领之。"云云。观上虽亲政,鳌拜攘臂上前,必行其意,竟无如之何,则帝之威令有不行,至以术取乃定。是亦见圣祖童年,早能不动声息,以销肘腋之患。而辅政之始末,亦清初一重事,不可不稍详也。

《康熙六十大寿图》(局部)
(清)佚名

康熙五十二年(1713年)三月十八日,为康熙皇帝六旬正诞。在万寿盛典上,康熙皇帝举办了千叟宴,规模空前,据载:"天下臣民赴京庆祝者以亿万计"。康熙皇帝辇路经行的地方"莫不衢歌巷舞,击壤呼嵩。时京师九门内外张彩燃灯,建立锦坊彩亭,层楼宝树,云霞瑰丽,碧焜煌,万状千名,莫能殚述。百官黎庶,各省耆民,捧觞候驾,填街溢巷。琳宇珠容,钟鼓迭喧,火树银花,笙歌瓦起,祝嘏之盛,旷古未有……"

四辅臣时，有复行明季加派之失，数月即罢，未为永害，要亦辅政时之阙失。《史稿·四辅臣传》论云："四辅臣当国时，改世祖之政，必举太祖、太宗以为辞。然世祖罢明季三饷，四辅臣时复征练饷，并令并入地丁考成，此非太祖、太宗旧制然也，则又将何辞？"考此事，纪、传、志皆不见，独见此于传论，意谓事非经久，可不特书，附著一语，亦文省事增例也。然清以不加赋为特长，非明著此变，恐成疑议。考《东华录》，顺治十八年八月甲寅，户部遵旨议复："查明季加增练饷，并无旧案，止有遗单一纸，每亩派征一分。直隶等十三省，共计五百七十七万一千余顷，每亩一分派征，计征银五百余万两。请敕该抚于十八年为始，限三月征完解部。至云、贵系新辟地方，无旧案可查，敕该抚于见征田地内，照数征派，汇册到部。"得旨："如议速行。"是年十二月己未，左都御史魏裔介奏请停止。辛酉，谕户部："除顺治十八年已派外，康熙元年通行停止。尔部作速刊示，遍行晓谕，使小民咸知。"

鳌拜既逮治，圈地事停，诸被诬者皆复，或予谥恤。于是举经筵，置日讲官，改内三院大学士衔为殿阁大学士，复翰林院，用儒臣编纂经义。凡辅政时所不足于世祖朝之渐染汉俗者，次第复旧。十二年五月，侍臣请以夏至辍讲，圣祖特谕："学问之道，宜无间断，其勿辍。"视朝讲学，纳谏求言，悉用前代盛明故事。接见士大夫之日多，士大夫浸浸向治，而撤藩之议起。

第二节
撤藩

　　南明既亡，天下绝望，谓清业可定矣。实则必危必乱之症结，其不易拔除，较之取胜于末运之朝，伸威于稔恶之寇，其难不啻倍蓰。天下初定，骄悍之武夫，反侧之凶盗，以击斗为专业，不乐归农者，屯结不散，戴一渠魁为延其生命之计，此渠魁即今所谓军阀。清初武力，自有根柢，但用汉人号召汉族，招降纳叛，事半功倍。大势既定，则解散编制，必有一番扰乱。其所以毅然措手、不稍迟回者，亦正恃有有根柢之武力在也。其时屯结之众，统名三藩。三藩之实力，以吴三桂为首。三桂既以兵逼缅甸，缚献明永历帝以自效。朝廷先撤旗兵北归，亦所以示放牛归马，将与天下更始。虽其报功之典，不能不用前明沐氏镇滇之体制相待，然逐渐裁兵，则与爵位并非一事。三桂为延长兵事计，一攻广西之陇纳山蛮，再平贵州之水西、乌撒两土司，以武功震耀于朝廷，而实厚自封殖。朝廷议裁绿营，三桂亦听命，于康熙四年（1665年）奏裁云南绿旗兵五千有奇。则以绿旗为明之经制旧军，而其先所挟藩属甚众，又广收逋寇以益之，盖裁老弱而实已增精锐也。

陇纳山蛮与水西土司，用兵一在二年，一在三年；非一地，非一事。《史稿》未明清修《贰臣传》文义。水西设治，以比喇为平远，盖平远治在水西之比喇坝也。史馆不考事实，遽改比喇为陇纳，此需订正。又，《三桂传》所增事实，有不尽可信者，别见下。至如称三桂为江南高邮人，籍辽东，当有所据，俟再考证。

三桂藩属，于顺治十七年三月癸亥，定平西、靖南二藩兵制时，已有佐领五十三。一佐领计有甲士二百，而丁数五倍之。计五丁出一甲，是有壮丁五万余也。分左右两都统，虽用清制，然统将皆所部署，皆其死党。是年七月戊午，又有旨如三桂请，以投诚兵分忠勇、义勇各五营，营各千二百人，统以由寇投明、由明复投三桂之剧盗马宝等十将，皆为总兵。十月，复请设云南援剿四镇总兵官，以四川、湖广本任之统兵大员为之。更树死党于云、贵两省之外，贵州自由三桂兼辖，两省督抚咸受节制。用人则吏、兵二部不得掣肘，用财则户部不得稽迟。所除授号曰"西选"。三桂之爵，进为亲王。据五华山永历帝故宫为藩府，增华崇丽。借沐天波庄田七百顷为藩庄。广征关市，榷盐井、金矿、铜山诸利，一切自擅。通使达赖喇嘛，互市北胜州。辽东之参，四川之黄连、附子，遣官就运，转鬻收其值。富贾领其财为权子母，谓之藩本。厚饵士大夫之无籍者，择诸将子弟四方宾客肄武事，材技幅辏。朝臣一指摘，抗辞辩诘，朝廷辄为谴言者以慰之。尚、耿二藩始并封粤，耿藩旋移闽。三藩鼎踞南服，糜饷岁需二千余万，近省挽输不给，仰诸江南，绌则连章入告，既赢不复请稽核，耗天下之半。三桂专制滇中十余年，日练士马，利器械，水陆冲要，遍置私人，各省提镇，多其心腹。子应熊，尚世祖妹和硕长公主，朝政纤悉，旦夕飞报。此未撤藩前所有不可终日之势也。

火炮图

选自《战车练炮图说辑要》（清）程荣春 撰

吴三桂叛乱后，康熙皇帝为了提高军队战斗力，命耶稣会传教士比利时人南怀仁监造出了约三百五十门山地轻火炮。火炮造好后，康熙皇帝亲临卢沟桥试射现场，见火炮命中率很高，龙颜大悦，当场脱下貂裘赏赐给南怀仁。后来，这些火炮在平叛中发挥了重要作用。图中所描绘的就是清兵在操练火炮的情景。

装放车炮练习式

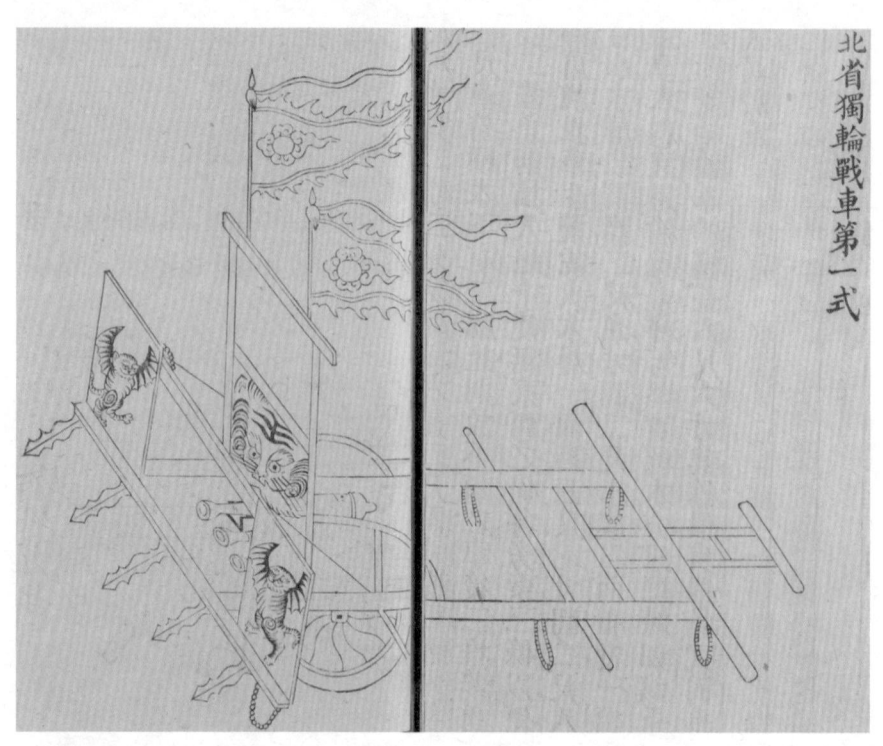

北省独轮战车第一式

北省独轮战车第二式

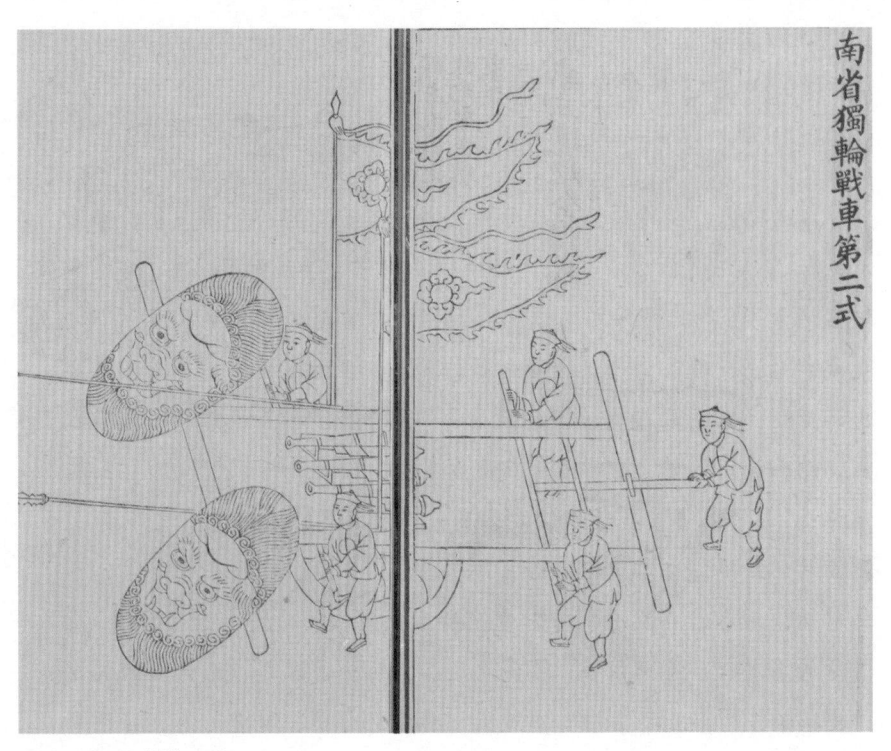

南省独轮战车第二式

南省独轮战车第三式

西选之说，相传吴三桂所除授之官，各省皆有，每出一缺，部选者到任，往往遇西选者先到，则折回。魏源《圣武记》亦言："西选之官遍天下。"此恐传之太过。在云、贵两省则必有是事，遍天下之说或非也。当时敢于论三桂者，不过三人，多得罪去。御史杨素蕴所论，专指三桂用人授官一事，疏言："三桂以分巡上湖南道胡允等十员，题补云南各道，并奉差部员亦在其内，深足骇异。"又言："三桂疏称：'求于滇省，既苦索骏之无良；求于远方，又恐叱驭之不速。'则湖南、四川，去滇犹近；若京师、山东、江南，距滇不下万里，不知其所谓远者，将更在何方？皇上持假便宜，不过许其就近调补耳，若尽天下之官，不分内外，不论远近，皆可择而取之，则何如归其权于吏部铨授为名正而言顺？纵或云、贵新经开辟，料理乏人，诸臣才品，为藩臣所素知，亦宜请旨，令吏部签补，乃径行拟用，不亦轻朝廷而亵国体乎？"据此，则当时所论三桂任官之不法，亦不过谓所辖云、贵省内缺官，任意指调他省及京朝之员充补；非他省缺官，三桂辄以遣员来补也。杨疏在顺治十七年，虽其后三桂跋扈尚久，然天下之官有缺，何由报知滇省而得据为选授之柄？终觉于理不近也。

康熙十二年（1673年）三月，平南王尚可喜首请归老辽东，以子之信留镇粤，自率两佐领之众，及藩属孤寡老幼自随。时尚、耿二藩各有十五佐领，及绿旗兵六七千，丁口二万。部议：尽移所部随可喜归辽东。将行，而三桂、精忠以七月间，先后请撤藩，以探朝旨。朝议不敢决允，惟尚书莫洛等数人独言宜撤，命议政王贝勒大臣会核，仍不敢决。圣祖特旨允二藩请，悉移辽东。分遣部院大臣入滇、粤、闽，奖谕并经理撤藩事。侍郎折尔肯、学士傅达礼至滇，三桂遂以十一月二十一日杀云南巡抚朱国治反。折尔肯等被留，贵州巡抚、总兵以下皆降。云贵总督甘文焜驻贵阳，闻变出走，为所属叛将围之，自刎死。十二月，京师闻变，召还闽、粤所遣部臣，停撤尚、耿二藩。三桂自称天下都招讨兵马大元帅，以明年甲寅为周王元年。时天下岌岌，京师亦有称朱三太子谋放火举事者，未及期，为同党所首，获数百人，首事者遁去。勘问以为奸民杨起隆所为，非真朱三太子，而朱三太子之名则自此遍中于人心。盖自南明之亡，思明者无所系属，乃始传言明崇祯帝尚有第三子在人间，欲戴以起事者虽未辨真伪，然历数十年而卒获朱三太子其人，杀之而后心安焉。其有举动则始于是。时朝命削三桂爵，以顺承郡王勒尔锦为宁南靖寇大将军，讨之。执三桂子额驸应熊下之狱。孔有德部众尚在广西，加其婿孙延龄抚蛮将军，其故将线国安为都统，命镇广西，以恩结之。

明年春正月，三桂陷沅州。偏沅巡抚驻长沙，闻风已弃城遁。总兵吴之茂以四川叛应三桂，巡抚、提督皆降，四川尽陷。夷陵总兵徐治都赴援，退守防地。二月，三桂连陷湖南诸郡，直至岳州，湖南又尽陷。孙延龄亦以广西叛。三月，耿精忠反，执福建总督范承谟幽之，巡抚降。襄阳总兵杨来嘉以谷城叛。先是，湖南、四川皆三桂分布党羽，设援剿诸镇地，至是响应甚速。四月，诏以分调禁旅遣将分防情形寄示平南王尚可喜，以笼络之。盖四藩中孔有德旧部亦已变，独尚藩未动。可喜年老，决无意发难，将留此为南方一屏蔽。而是月则诛三桂子应熊，并孙世霖。削孙延龄、耿精忠职爵，示无所瞻顾。三桂闻应熊诛，惊曰："上少年，乃能是。"初，仓猝起事，天下以三桂剿绝明后，无可假借之名义，僭号为周，人心非属。三桂至澧州，意颇前却。至是，推食而起，曰："事决矣！"耿藩既变，浙东响应。精忠既遣其将马九玉、曾养性入浙，又遣白显忠犯江西，所至土匪蜂应，江西尤甚。八旗劲旅与相持于中原，迭有胜败，未能速进。朝廷通使于达赖喇嘛，欲借其力号召信仰黄教之青海、蒙古，由西边攻川、滇之西；发诏川、滇、黔诸省供应军食，盖以从乱之地饵蒙古军。诏书刊十三年八月初三日。此诏不见《东华录》，亦不见《史稿》叙其事日，盖亦纷乱之拙计。其后达赖喇嘛并不出蒙军，反以割地连和为请，朝议却之。诏书见存（北京大学）史料室。可见当时应付之不易。是时赴浙应敌者，以康亲王杰书为奉命大将军。赴粤者，以安亲王岳乐为定远平寇大将军。防守陕西者，以尚书加大学士衔莫洛为经略。至十二月，陕西提督王辅臣又叛，经略莫洛死之。十四年二月，进陷兰州，自此为三桂兵力所极。广西则叛将马雄时时窥广东，尚可喜老病不能军，子之信劫其父降三桂。于是诸藩之毒尽发。甘肃尚存张勇、王进宝诸将，能与相持，中原则旗军督率地方文武，渐有收复。为三藩祸既炽而地域有所限制，可与言恢复时矣。

十五年五月，抚远大将军图海败王辅臣于平凉，辅臣降，诏复其官，授靖寇将军，立功自效，诸将弁皆原之。以此鼓叛者来归之气。时官兵各路皆捷，诸藩势日蹙。十月，杰书师次延平，耿藩将耿继美以城降。精忠遣子显祚献自铸印乞降。精忠盖亦效三桂所为，称总统兵马大将军，蓄发易衣冠，铸"裕民通宝"钱。至是，献其印降。杰书入福州，疏闻，命复其爵，从征海寇自效。海寇者，郑成功子经尚据台湾，是时入闽、浙，不问官军、叛军守地，乘乱略取，陷漳州，海澄公黄芳度殉。亦逼建昌，耿藩守将耿继善遁。朝廷因敕杰书速进，乘机下福州。十二月，尚之信使人诣简亲王喇布军前乞降，且乞师，愿立功赎罪。诏赦其罪，且加恩优叙。孙延龄为三桂将吴世琮所杀，踞桂林。十六年三月，以莽依图为镇南将军，赴广州。四月至南安，叛将严自明以城降，遂克南雄入韶州。五月己卯，之信出降。命复其爵，随大军讨贼。十七年，于时三桂已起事阅六年，自称为周五年之三月朔，以地日蹙，援日寡，思建号以系从乱者封拜之望，用群下劝进，称帝，改元昭武，以所在衡州为定天府，置百官，大封诸将，国公、郡公、侯、伯有差。颁新历，举云、贵、川、湖乡试，号所居曰殿，瓦不及易黄，以漆髹之，构庐舍万间为朝房，筑坛衡山，行郊天即位礼。是时年六十七，老病噎，八月又病痢，嚗不能语，召孙世璠于滇，未至而死。世璠抵贵阳，其下即拥嗣称帝，改号洪化。当是时，巨魁既死，孤雏继业，其下骁悍敢死之夫犹能奉以周旋。官军闻三桂死，锐气自倍，然与世璠军战，犹迭有进退。叛党之凶悍固结不易解散可知。三桂所用水师将领林兴珠先已降，朝廷封以侯爵，资其习水之用，乃收洞庭之险，急攻湖南。将军莽依图等徇广西，吴世琮走死。西军则张勇所用赵良栋，自略阳破阳平关，克成都，王进宝自凤县破武关，取汉中，进克保宁、顺庆。鄂边将军吴丹、提督徐治都，自巫山克夔州、重庆。湖南大军贝勒察尼等迭取各郡县，三桂所都衡州亦下。于十九年春，在湘之藩下诸将均归贵阳就世璠，世璠令再扰川南，降将谭弘复叛，夔州再陷。朝命罢吴丹，以赵良栋尽护四川诸军，与定远平寇大将军彰泰由湖南，平南大将军赉塔由广西，分三道入云南。十月，彰泰克镇远，薄贵阳，世璠与其将吴应麒等奔还云南。二十年正月，赉塔与彰泰两军会于云南之嵩明州。二月，进攻云南省城，并收云南各郡县。世璠拒守，久不下。九月，赵良栋军亦渡金沙江来会。良栋议断昆明湖水道，速攻之。十月二十八日戊申，世璠自杀。次日，其将线缄率众降，戮世璠尸，传首京师，所署将吏悉降。十二月丁酉，遣官行祭告礼。己亥，宣捷受贺。先是，群臣请上尊号，不许。癸卯，乃上太皇太后、皇太后两宫徽号，颁恩诏，赦天下。

　　三桂起事之年，圣祖年方冠。撤藩议起，事由尚可喜请归老而由其子代镇，非请撤也。部议遽以藩撤复允，朝议两歧。英主独断，实已定于此时。尚藩不求撤而已撤，吴、耿乃不自安，求撤以相尝试，一旦尽允之。当日情事，于二十年十二月，群臣以大憝既除，请上尊号，圣祖召议政王大臣、大学士、九卿詹事科道等官，谕曰："曩者平南王尚可喜奏请回籍，朕与阁臣面议，图海言断不可迁移。朕以三藩俱握兵柄，恐日久滋变，驯致不测，故决意撤回。吴三桂反叛，八年之间，兵民交困，倘复再延数年，百姓不几疲敝耶？忆尔时，惟莫洛、米斯翰、明珠、苏拜、塞克德等言应迁移，其余并未言迁移必致反叛。议事之人至今尚多，试问当日曾有言吴三桂必反者否？及吴逆倡叛，四方扰乱，多有退而诽毁，谓因迁移所致。若彼时诿过于言应撤者，尽行诛戮，则彼等含冤泉壤矣。朕自少以三藩势日炽，不可不撤，岂因吴三桂反叛，遂诿过于人邪？贼虽已平，疮痍未复，君臣宜益加修省，恤兵养民，布宣德化，务以廉洁为本，共致太平。若遂以为功德，崇上尊称，滥邀恩赏，实可耻也。"群臣等再以"皇上一切调度，非臣等意虑所及，理应加上鸿称，以显功德"为请。复谕："吴三桂初叛时，伪札煽惑，兵民相率背叛，此皆德泽未孚，吏治不能剔厘所致。今幸地方平靖，独念数年之中，水旱频仍，灾异迭见，师旅疲于征调，被创者未起，闾阎困于转运，困苦者未苏。且因军兴不给，裁减官员俸禄，及各项钱粮并增加各项银两未复旧，每一轸念，甚歉于怀。若大小臣工，人人廉洁，俾生民得所，风俗醇厚，教化振兴，虽不上尊号，令名实多。如政治不能修举，则上尊号何益？朕断不受此虚名也。朕自幼读书，觉古人君行事，始终一辙者甚少，尝以为戒，惟恐几务或旷，鲜克有终。宵衣旰食，祁寒盛暑，不敢少间。偶有违和，亦勉出听断。中夜有几宜奏报，披衣而起，总为天下生灵之计。今吏鲜洁清之效，民无康阜之休，君臣之间全无功绩可纪，倘复上朕尊号，加尔等官秩，则徒有负愧，何尊荣之有？至于太皇太后、皇太后加上徽号，诏赦天下，理所宜然。其上朕尊号之事，断不可行。"云云。所叙撤藩之初廷议情况，及藩变以后归咎情状，皆见事由主断。以图海之威重，且不主张，亲贵中亦绝无成见，惟受命出师，效其奔走之力，扼要屯驻，能守而后言战。叛党有来归者，不吝爵禄，且实保全之，不轻斩刈，此不能不谓圣祖之有作为矣。

又观其经乱讨伐八年之中，朝廷举措，极示整暇。其时天下士夫，皆有望治之心，并无从乱之意。逸民遗老，亦早痛恨三桂之绝明，尤无人赞助藩变者。要亦圣祖善驭天下士夫，略举其迹：十二年岁杪闻变发兵，而十三年二月，《实录》书"上御经筵"，中间有皇子生、皇后崩等事，命将行师，又无日无之。八月，再书"上御经筵"，则典礼无废也。九月朔，谕翰林院掌院学士傅达礼等："日讲关系甚大，今停讲已久，若再迟恐致荒疏。日月易迈，虽当此多事之时，不妨乘间进讲。于事无误，工夫不间，裨益人心不浅。尔衙门议奏。"院臣以几务殷繁，间日一进讲。上曰："军机事情，有间数日一至者，亦有数日连至者，非可限以日期，其仍每日进讲，以慰朕惓惓向学之意。"

举经筵，康熙朝自九年为始。十三年不因军务而间断，此可书也。而《史稿·本纪》，二月书"上御经筵"，八月不书，九月朔乃书之，因谕每日进讲，与《东华录》不同。此《史稿》不明故事之误也。经筵与日讲，并非一事。九月无御经筵之理。因九月朔有每日进讲之谕，而移并一处，望文生义，不可不订正之。

十四年四月谕："日讲原期有益身心，增长学问。今止讲官进讲，朕不复讲，但循旧例，日久将成故事，不惟于学问之道无益，亦非所以为法于后世也。嗣后进讲时，讲官讲毕，朕仍复讲。如此互相讨论，庶几有裨实学。"

康熙间讲学之风大盛，研求性理，此时已用熊赐履开其先声，纂修经义，明习天文算学，皆于此开其端。以天子谆谆与天下通儒为道义之讲论，实为自古所少，其足以系汉人之望者如此。而考其时势，则正复黔、秦、蜀、湘尽陷，东南浙、闽、两广、江西蠢蠢思变，方于十三年岁杪议亲征而未发之时。无论其为镇定人心与否，要能无日不与士大夫讲求治道，其胜宦官宫妾蔽锢深宫之主远矣。

十五年十月，命讲官进讲《通鉴》，以前代得失，有裨治道，撰拟讲章进讲。复奏从纲目中择切要事实，首列纲，次列目，每条后总

括大义，撰为讲说，先儒论断亦酌量附入。十六年，三藩尽叛，各寇皆发之后，叛服之数晓然，兵事大有把握。三月，谕翰林院掌院学士喇沙里：令翰林官将所作诗赋词章及直行草书，不时进呈。上召至懋勤殿，亲自披阅，以御临书赐喇沙里。此又振兴文事，为鸿博开科先声，皆极得抚驭汉人之法。兵事实力在八旗世仆，人心向背在汉士大夫。处汉人于师友之间，使忘其被征服之苦，论手腕亦极高明矣。

故宫有圣祖巡幸出征时，报告两宫太后及训示诸皇子之语，文理甚拙，字体亦劣，于康熙朝御书文彩或有假借。然南巡时对众挥毫，传布甚夥，断非伪为；或道途手简，转是内竖等所代作，未可以此疑之。

《康熙南巡图》（第七卷）（局部）

（清）王翚、杨晋等　收藏于阿尔伯塔大学博物馆

纵67.8厘米，横1400厘米至2600厘米不等。《康熙南巡图》历时六年才完成，表现的是康熙皇帝从康熙二十三年（1684年）到康熙四十六年（1707年）六次南巡的盛举。每次南巡，总要花费巨资，叨扰百姓。曹寅是曹雪芹的祖父，当时任江宁织造，曾经数次接驾。在《红楼梦》中，曹雪芹借凤姐之口写道："说起当年太祖皇帝仿舜巡的故事，比一部书还热闹……只预备接驾一次，把银子花的像淌海水似的！"在此节选的为第七卷，描绘的是康熙皇帝南巡无锡至苏州沿途的场景。

是年五月初四日己卯，尚之信降。而是日谕大学士等："帝王之学，以明理为先。格物致知，必资讲论。向来日讲，惟讲官敷陈讲章，于经史精义，未能研究印证，朕心终有未慊。今思讲学必互相阐发，方能融会义理，有裨身心。以后日讲，或应朕躬自讲朱注，或解说讲章，仍令讲官照常进讲。尔等会同翰林院学士议奏。"寻复议："讲官进讲时，皇上或先将《四书》朱注讲解，或先将《通鉴》等书讲解，俾得仰瞻圣学。讲毕，讲官仍照常进讲。"据此则帝于讲官所进讲章，拟于未讲之先，自将讲章向讲官先讲，然后由讲官再订正之，复议未敢任此也，圣祖则可谓好学矣。自后日讲时，帝自晰经传之旨极多，皆于进君子退小人、亲贤远佞之意，就圣贤之语有会而发，《东华录》所载极多，不具录。十七年正月，诏举博学鸿儒。时三桂尚未称帝，叛众意尚坚，而海内士夫向往之诚，歌颂之盛，已视朝廷之举动而日有加增矣。历年巡幸之事，若行围讲武，巡近畿访民疾苦，巡边，谒陵，亲祀明陵，观禾劝耕，每奉太皇太后以行，所至亦以讲官从，进讲不辍。其时关外勤朴之风未改，所经过无累于民，《实录》累书其所幸，若士民之游历无异也。

时西南战事方急，中原及畿辅已晏然向治如此。然都城北邻蒙古察哈尔部，自太宗征服以后，林丹汗走死，其子额哲来降，得其传国玺，念系元世祖嫡裔，封为亲王，仍冠内蒙四十九旗之上。传至布尔尼，当康熙十四年（1675年），征其兵助讨藩变，不至。旋煽奈曼等部同叛。以多铎孙信郡王鄂札为抚远大将军，图海为副，讨之。六阅月而平。《史稿·图海传》："讨布尔尼时，禁旅多调发，图海请籍八旗家奴骁健者率以行，在路骚掠一不问，至下令曰：'察哈尔元裔，多珍宝，破之富且倍。'于是士卒奋勇，无不一当百。战于达禄，布尔尼设伏山谷，别以三千人来拒。既战伏发，土默特兵挫，图海分兵迎击，敌以四百骑继进，力战覆其众。布尔尼乃悉众出，用火攻。图海令严阵待，连击大破之，招抚人户一千三百余。布尔尼以三十骑遁，科尔沁额驸沙津追斩之，察哈尔平。"据此，则滇乱年余时，又对察哈尔用兵。除调不附察之蒙旗赴讨外，官军主力乃八旗家奴，则旗下正兵已尽发，可见南方军事之棘。但所谓家奴，即属包衣下人物，诱以利即成劲旅，又可见八旗风气之悍劲。考《图海传》此文，旧史馆传所无，出李元度《先正事略》，李想自有本，今未能详矣。

主撤藩者，亲贵中无人，重臣若图海，亦力持以为不可。莫洛等言之而圣祖用之，是庙谟先定，非群策也。统兵大将则皆亲贵，然一蹉跌即召回，无始终其事者，则运用在一心，非倚办于一二大将也。赞撤藩而出预军事者，仅一莫洛，早为叛将所戕。明珠辈幸而言中，以此邀后来之宠，其时非有主持之力。圣祖随材器使，疆臣中得李之芳能捍闽、浙之患，蔡毓荣能收云南会师之功；武臣中得西陲数将，张勇及王进宝、赵良栋，能与中原之师夹击收效。是皆因事见材，非先倚此数人而举其事。圣祖之平三藩，为奠定国基之第一事。少年智勇，确为事实。又能功成不自骄满，力辞尊号，惟务讲学，开一代醇厚之风，较之明万历以来，不郊、不庙、不朝，而边将小小捕斩之功，无岁不宣捷颁赏，君臣以功伐自欺，以进号蒙赏，糜费国财，互相愚滥，其气象何啻天壤之隔也。

鸿博开科，正在滇变未平之日，而其时文运大昌，得才之盛，至今尚为美谈。非特当时若不知西南之未靖，即后之论世者，亦若置三藩为又一时事，而以己未词科为清代一太平盛事。今为提出以时事相比论之。且应知己未词科，纯为圣祖定天下之大计，与乾隆丙辰之词科，名同而其实大异，此论清事之一要点也。康熙十八年（1679年）三月朔，试荐举博儒之士一百五十四人于体仁阁，先赐宴，后给卷，颁题"璇玑玉衡赋",省耕二十韵。读卷官派大学士李霨、杜立德、冯溥,掌院学士叶方蔼,凡四人。取中一等二十名,二等三十名,俱入翰林。先已有官者,授侍读侍讲;曾中进士者,授编修;布衣生员以上,授检讨,俱令纂修《明史》。其中理学、政治、考据、词章、品行、事功,多有笼罩一代者。而其誓死不就试者为尤高,至更能有高名而不被荐,尤为绝特,若顾炎武是矣。是时高才博学之彦,多未忘明,朝廷以大科罗致遗老,于盛名之士,无不揽取,其能荐士者,虽杂流卑官,亦许呈荐。主事、内阁中书、庶吉士,犹为清班;若兵马司指挥刘振基之荐张鸿烈,督捕理事张永祺荐吴元龙。至到京而不入试者,亦授职放归,若杜越、傅山诸人。入授而故不完卷,亦予入等,若严绳孙之仅作一诗是也。盖皆循名求士,大半非士之有求于朝廷。后来丙辰再举大科,入试百九十三人,取一等五人,二等十人;补试二十六人,取一等一人,二等三人,试至两场。二等授职,贡监只得庶吉士,逾年散馆,有改主事知县者,而士以为至荣,且得士亦远不及己未之品学。部议三品以下所荐,不准与试,皆以资格困之。是士有求朝廷矣。故康熙之制科,在销兵有望之时,正以此网罗遗贤,与天下士共天位,消海内漠视新朝之意,取士民之秀杰者以作兴之,不敢言利禄之途,足以奔走一世也。此事宜与平三藩之时代参观,弥见圣祖作用。

第三节
取台湾

　　三藩既平，国势已振，而郑氏犹踞台湾。东南滨海之地，禁民勿居，又禁出海之民，以为坚壁清野之计，仍时时有海警。八旗劲旅，不习风涛，于此无能为役。自三藩既平，汉人思以功名自奋者，自然乘时会而生。台湾在卧榻之侧，然惟汉人能图之。成大功者姚启圣、施琅二人，而世皆传姚之功为施所掩。《国史》所纪，颇与私家所传不尽合。而台湾之历史，以前多不明了，兹悉约为辨正焉。

　　古书无台湾之名，而其地距福建之泉州绝近，岂自古沿海之人，一无闻见？近柯先生劭忞著《新元史》，于《外国·琉求传》后系论曰："琉求，今之台湾。今之琉求，至明始与中国通。或乃妄合为一，误莫甚矣。"此说极是。史书中琉求有传，惟《隋书》《宋史》及《元史》。《隋书》云："琉求国居海岛之中，当建安郡东，水行五日而至。"隋建安郡，当今兴、泉、漳、汀滨海诸郡地。又云："大业元年，海师何蛮等，每春秋二时，天清风静，东望依稀似有烟雾之气，亦不知几千里。

三年，炀帝令羽骑尉朱宽入海求访异俗，何蛮言之，遂与蛮俱往。到琉求国，言不相通，掠一人而返。明年又往，抚慰不从，取其布甲而还。"《宋史》："淳熙间，琉求人猝至泉州水澳、围头等村杀掠，人闭户则免。"《元史》："琉求在南海之东，漳、泉、兴、福四州界内，澎湖诸岛与琉求相对，亦素不通。天气清明时，望之隐约若烟若雾，其远不知几千里也。西南北岸皆水，至澎湖渐低，近琉求则谓之落漈。漈者，水趋下而不回也。凡西岸渔舟到澎湖以下，遇飓风发作，飘流落漈，回者百一。琉求在外夷，最小而险者也。世祖至元末，遣使杨祥、阮鉴等往宣抚，以二十九年三月二十九日自汀路尾屿舟行。至是日巳时，海洋中正东望见有山长而低者，约去五十里，祥称是琉求国，鉴称不知的否。祥乘小舟至低山下，以人众不亲上岸，令军官刘闰等二百余人，以小舟十一艘载军器，领三屿人陈辉者登岸。岸上人众，不晓三屿人语，为其杀死者三人，遂还。四月二日至澎湖。"

据诸史所言，地望距泉、汀极近，自汀属海屿往，且不过一日可达，部署登岸，被抗而还，抵澎湖计亦不过一两日程，其为台湾地无疑。至明洪武初所诏谕之琉球，则俨然旧国，与元以前所记无文字、无年岁、无疆理、无官属者，文野迥异。国有三王，曰中山、曰山南、曰山北，皆以尚为姓，而中山最强。洪武五年（1372年）正月，命行人杨载以即位建元诏去其国，自是随使入朝贡，奉笺表无虚岁。三王迭来，且请子弟入国学。其距中国道里，据《清通典》，自福州五虎门出海，历程一千七百里至其国。据《琉球国志略》，康熙五十八年（1719年）遣使测量，琉球偏东五十四度，距福州八度三十分，推算径直海面一千七百里，船行则福州至姑米山四十更，计二千四百里，回五十更，计三千里云。与五日程之说大异，故曰《新元史》之说确也。清《一统志》尚以历史之琉求，为明以来之琉球，其叙台湾，莫详于国史《施琅传》。琅疏言："明季设澎水标于金门，出泛至澎湖而止。台湾原属化外，土番杂处，未入版图，然其时中国之民，潜往生聚于其间，已不下万人。郑芝龙为海寇时，以为巢穴。及崇祯元年（1628年），郑芝龙就抚，借与红毛为互市之所。红毛遂联结土番，招纳内地民，成一海外之国，渐作边患。至顺治十八年，海逆郑成功破之，盘踞其地。"据此，则台湾原为郑氏巢穴，特踞一地于土番之中，未有建置之规划耳。至芝龙就抚于明，乃以台湾借红毛为互市所，则亦若澳门之于葡萄牙，本以为好而相假，非红毛以力取之也。红毛为其时西洋人之通称，实为荷兰国人。红毛经营三十余年，乃成一海外之国。成功乃以兵力逐久假不归之荷兰，又传子至孙，奉明正朔者二十余年。是则开辟台湾者，始终为郑氏。姚启圣为清代平台首功，诸家纪启圣事，谓生于郑芝龙起事之岁，至年六十而台湾郑氏亡，启圣亦卒。以为天特生启圣与台湾终始。启圣生明天启四年（1623年）甲子，芝龙入台即在是年，至崇祯元年即让与红毛而身就抚，是据台不过四年；且无海外立国之计，一招即受抚，其不重视台可知也。此既名为台湾以后之历史也。

姚启圣人奇事奇，轻侠豪纵，为路人可以杀人报仇；恤人患难，可以不自顾其身命；以犯法亡入旗。在明末本为浙江会稽籍诸生，入旗后中康熙二年（1663年）旗籍第一名举人，出为县令，多奇特之行。康亲王杰书统兵讨耿精忠，启圣从立功，溱升至福建布政使，寻擢总督。台湾郑经，即成功子，闽乱以来，屡侵略福建沿海郡邑，其将刘国轩尤能军。启圣御之，连复所侵地，遂以收全台为己任。开修来馆以纳降，不惜金钱重贿，多行反间，以携其党。不终岁，将士降者二万余人。又请前被裁之水师提督施琅，以百口保其复任。施琅者，泉州晋江人，雄杰习于海，故隶芝龙部。芝龙降于贝勒博洛，琅族叔福从之。琅从成功招，留为明用，既而与成功不相得，遁归福所。琅父大宣及弟显，俱为成功所杀。琅既归新朝，久之无所遇，归居泉州。顺治十一年（1654年）十二月，朝命郑亲王世子济度为定远大将军，征成功。入泉州，拔琅从军。十二年，成功攻福州，琅击却有功，授同安副将，进总兵。康熙元年，擢水师提督。时成功已死，子经统其众。琅累战有功，加右都督，授靖海将军。康熙七年（1668年），密陈郑氏克取状，而部议难之，且以为疑。遂裁水师提督，召琅入为内大臣，隶镶黄旗将军。十六年，复水师提督，启圣累保琅未用。二十年，郑经又死，子克塽幼。内阁学士李光地亦奏保琅，乃复任琅为水师提督焉。

先是，郑氏已屡败，尽弃闽省海边地，并海坛、金门、厦门等群岛。郑氏之众，悉归台湾。旗军在闽无所用，启圣使客说耿精忠自请入朝，亦劝康亲王杰书请班师，悉其供亿之费，从是平台。时郑克塽袭称延平王，而事皆取决于其下刘国轩、冯锡范。琅以国轩最悍，时方守澎湖，计一战破之，则台湾可不战下。遂以二十二年六月攻澎湖，力战克之。国轩遁归台湾，克塽及锡范等果震慑乞降。琅以八月率师入台受降，克塽及国轩、锡范以下皆出降。琅由海道专船奏捷，而启圣则驰驿入奏，迟琅奏二十日而达。圣祖得捷音甚喜，立封琅靖海侯。启圣以积年经画之劳，赏竟弗及。会启圣又奏言庙谟天定，微臣无力，圣祖益疑其有怨望意。未几，启圣以疽发背卒。卒后尚论之士多有为启圣鸣不平者，因于琅有贬辞。其实为国立功，琅与启圣所见自同，惟其奏捷取巧，受爵不让，有攘功之迹、掠赏之情，亦可议者。其论台湾之善后，朝议主迁民弃地不设守。李光地为泉州产，于此役颇自谓有所参预，圣祖亦以其晓事询问之，光地尤主张招红毛畀以其地，此见光地自撰《语录》及《年谱》，圣祖不纳。琅疏争其事，略言："顺治十八年，郑成功攻红毛破之，踞台湾地，窥伺南北，侵犯江浙，传及其孙克塽，积数十年。一旦畏天威，怀圣德，纳土归命，以未辟之方舆，资东南之保障，永绝海邦祸患，人力所能致之。若弃其地，迁其人，以有限之船，渡无限之民，非数年难以报竣。倘渡载不尽，窜匿山谷，所谓藉寇兵而赍盗粮也。且此地原为红毛所有，时在垂涎，乘隙复踞，必窃窥内地，重以夹板船之精坚，海外无敌。沿海诸省，断难晏然。至时复勒师远征，恐未易见效。如仅守澎湖，则孤悬汪洋之中，土地单薄，远隔金门、厦门，出足不受制于彼，而能一朝居哉！部臣苏拜、抚臣金铉等，以未履其地，莫敢担承。臣伏思海氛既靖，汰内地溢设之官兵，分防两处。台湾设总兵一、水师副将一、陆营参将二、兵八千；澎湖设水师副将一、兵二千。初无添兵增饷之费，已足固守。其总、副、参、游等官，定以二、三年转升内地，谁不勉力竭忠？其地正赋杂粮，暂行蠲免。现在一万之兵，仍给全饷，即不尽资内地转输。盖筹天下形势，必期万全。台湾虽在外岛，实关四省要害。无论耕种犹资兵食，固当议留；即荒壤必借内地挽运，而欲其不为红毛，亦断不可弃。弃之必酿成大祸，留之诚永固边隅。事关封疆重大，伏祈乾断施行。"疏入，下议政王大臣等，议仍未决。总督启圣从琅议。上召询廷臣，大学士李霨是琅，寻侍郎苏拜亦请从琅，与启圣同议，请设总兵等官及水陆兵，并设三县一府一巡道，上允行。盖成琅之美者，启圣也；琅实负启圣，启圣何尝忌琅？其卒于是年，亦寿数适然耳；必谓愤郁致死，不浅之乎论启圣哉！琅又疏言："克塽纳土归诚，应携族属，刘国轩、冯锡范应携家口，同明裔朱恒（《小腆纪传》作鲁世子桓）等，俱令赴京。其武职官一千六百有奇，文职官四百有奇，应候部议。降兵四万余人，或入伍，或归农。"诏授克塽公衔，国轩、锡范伯衔，俱隶上三旗；其余职官及朱恒等，命于附近各省安插垦荒。旋授国轩天津总兵。终清之世，郑氏之后及国轩、锡范，皆以世袭佐领辖其所属，至清亡乃止。

第四节
移风俗

　　入关之初，以兵事为重，其于政务，但期规复明代纲纪，即不至凌乱无序，故以引用明季旧臣为急。旧臣之肯效用，皆后世所定为贰臣，其人风骨自不足言，用其明习故事，而以满洲重臣驱策之，士大夫之风范，未有闻也。世祖朝所任宰相，初年则范文程、宁完我，稍知政体，亦不足开一朝风气。至后来引援用者，若冯铨、金之俊、王永吉、谢陞、刘正宗之徒，人材卑下；又如陈名夏、陈之遴辈，稍稍用事，恩礼不终，亦不足甚惜。至傅以渐、吕宫为开国首两科一甲一名进士，用为阁臣，不过以状元宰相歆动汉人，争思入彀，其为公辅之器与否，非所计也。各部院大臣，顺治五年以前，无汉尚书缺。四年以前，都察院止有满人为承政，后始以汉人为左都御史，所用亦多为贰臣。督抚在兵事时，任用亦未如法，皆所谓过渡时代。惟清廷自入关即痛抑苛敛，有献聚敛之议者，力斥之，若苏抚土国宝之流是也。故根本不朘民生，不失为开国气象。若云君明臣良，有师济之风，则犹有待。

圣祖嗣位，初政属在辅臣，未见起色。熊赐履以忤鳌拜意，屡欲谴之，帝即从中保全，至鳌拜败，遂以倾害赐履为罪状之一。赐履虽非醇儒，然知尊重儒术，为圣祖讨论宋儒经说所自始。康熙初，为弘文院侍读，上万言书：请甄别督抚，以民生苦乐为守令之贤否，以守令贪廉为督抚之优劣，而本原之地在朝廷，尤在立纲陈纪、用人行政之间。一曰参酌古今，勒为《会典》，则上有道揆，下有法守。一曰修举职业，肃官箴而奋士气。力指当时忧愤者谓之疏狂，任事者目为躁竞，廉静者斥为矫激，端方者诋为迂腐，闻有读书穷理之士，则群指为道学，诽笑诋排，欲禁锢其终身而后已。一曰庠序之教，在读书讲学，求圣贤理道之归，不使高明者或泛滥于百家，沉沦于二氏；下之则惟揣摩举业，为弋科名掇富贵之具。一曰明诏内外，一以俭约为尚，自王公以及士庶，凡宫室、车马、衣服，规定经制，不许逾越。痛陈礼坏俗奢为饥寒之本原，盗贼、讼狱、凶荒所由起。末言根本尤在皇上，生长深宫，春秋方富，宜慎选左右，熏陶德性，隆师傅之礼，选侍从之贤。讲幄非事虚文，经筵非应故事。考六经之文，监历代之迹，体诸身心，为敷政出治之本。佞幸不置于前，声色不御于侧。非圣之书不读，无益之事不为。内而深宫燕闲，外而大庭广众，微而言动起居，维持此身，防闲此心。主德清明，君身强固，直接二帝三王之心法，自足措斯世于唐虞，又何吏治之不清，民生之不遂。此疏即为鳌拜所恶，请以妄言罪之，而帝不许，转迁侍读学士。复疏言："朝政积习未除，国计隐忧可虑。"鳌拜传旨诘问"积习隐忧"实事。以"无据妄奏沽名"议镌级，帝又原之。以迄于鳌拜逮问，复疏举经筵，即擢国史院学士。未几，复设内阁，设翰林院，以为掌院学士，举经筵即用为讲官。帝之好善如此。赐履尚非表里如一之真儒，然帝向善之诚，足以招天下之以善来告者矣。

侍圣祖讲学最亲且久者，莫如李光地。光地天资敏锐，读书析理能入细。御纂诸经，皆光地居校理之名，当即光地主其事。故虽有伪道学之间为圣祖所觉，而恩眷仍隆。观光地自撰《语录》，诈亿不信，是其所长，不似道学人浑厚之态。圣祖尊宋学，所纂集经说，乃欲集宋学之成，故徐乾学以藏宋经学家言之富，假手于权相明珠之子性德，刻《通志堂经解》以供搜采。乾学与性德，溺于词章，能刻经解，不能充道学。光地与熊赐履则愿以纂经解治道学自任。熊、李有师生之谊，李入翰林，熊为教习庶吉士官，且于上前力保之。然以争宠相轧有隙，熊始倚修书，后移其事任于光地，熊甚憾李，李亦深谤熊。二人盖以道学为得君之专业，故人品皆不纯。然上有好者，下必甚焉，天下不敢以佻达之见菲薄道学，而真儒遂得用世，不以迂拙朴僿见摈，则熊、李犹金台之郭隗，当居招致之功，要为人君好尚之标帜耳。熊、李虽皆有伪道学之疵病，然官至极品，以清廉终。李稍任封疆，亦有政绩，究尚自爱其鼎，未尝敢尽逾道学之闲。提倡道学，究能养成士大夫风气，此亦其征验也。今略叙熊、李伪道学之据。

赐履于康熙十四年，由内阁学士超授武英殿大学士，兼刑部尚书。十五年，陕西总督哈占疏报获盗，开复疏防官，下内阁。赐履误票三法司核拟，既检举得旨免究，赐履改草签，欲诿咎同官杜立德，又取原草签嚼而毁之。立德以语索额图。事上闻，吏部议赐履票拟错误，欲诿咎同官杜立德，改写草签，复私取嚼毁，失大臣体，坐夺官归。此为《清史稿》本传文。光地《语录》述此事，穷形尽相。据言赐履既误票，帝诘问，未辨为何人所票也。赐履回阁，取误票之本，插入他阁臣票本内，以同官中杜立德较粗疏，故插杜票本中，而易其一本归己，誊写所票签，取其原签嚼毁之。立德审误票之本非己所曾阅，签上字迹，问代写之中书林麟焻，亦不认，检用过之签条，亦较本数少一条，立德向首相索额图喧争，一满学士觉罗沙麻言："今日来过早，在南炕倒着，见熊阿里喀达即中堂检本，口内嚼一签。"索遂与杜同启奏，熊落职回。既回寓江宁，帝犹以经义与相通问，至二十九年再起，而光地已向用矣。

光地以康熙三十三年（1694年）督顺天学政，闻母丧，命在任守制，光地乞假九月，回里治丧。御史沈恺曾、杨敬儒交章论劾，上令遵初命。给事中彭鹏复疏论光地十不可留，目为贪位忘亲，排诋尤力。乃下九卿议，命光地解任，在京守制。此亦《清史稿》光地《本传》文。史馆《旧传》载鹏《疏》原文，足使光地置身无地，略言："以三年之通丧，请为九月之给假，于礼则悖，于情则乖，于词则不顺。"又言光地有不可留者十：一则上谕十六章，首敦孝弟。二则太皇太后之丧，圣躬哀瘵。皆斥光地不能体贴则效。三则闻光地哭母甚哀，勉强衡文，必多恍惚。四则闽变时以忠贞闻，今使人疑不孝未必能忠，并议其后而叹其先。五则谈理讲道于平日，为珪为璋，倏忽瓦裂。以上五端，尚与他人言略同。其六谓"九月大功服，人皆谈言微刺"。其七谓"生童匿丧，褫革严处，万一犯者诘侍郎衰绖何以在此，何辞以对？"其八谓"学校之堂曰明伦，以不祥之身俨然而登，奈桥门环视何？"其九谓"本年正月，上谕诸臣，申礼义廉耻、难进易退之意。光地今日，礼乎？义乎？进退难易之谓何？悖圣训而失本心"。其十谓"光地必曰君命何敢辞，古人丧中辞起复，曰金革之变礼不可施于平世，纲目累书以予之。皇上教孝教忠，固辞必无不允，而光地不辞，而请假九月。凡此十不可留，贪位忘亲，司文丧行，宜重其罚"。疏入，传旨询问。鹏又疏言："皇上令光地在任守制，或以此试光地耳。光地深文厚貌，道仁道义，言忠言孝，一试诸此，而生平心术品行，若犀燃镜照而无遁形。皇上所以留之之意，臣鹏愚戆不能知，使光地而亦不知。贪恋苟且而姑为此给假九月之请，外以欺人，则为丧心；使光地而早已自知，诡随狡诈而姑为此给假九月之请，内以欺己，则为挟术。夫为人子而甘于丧心，为人臣而敢于挟术，两者均罪，光地必居一焉。以此赴任不可，以此回籍尤不可。盖回籍则母死有知，恨其不诚，当必阴厄；而赴任则士生至性，愤其衔恤，谁甘面从？嗟乎，光地当闻命而绝不一辞，则忍于留矣，皇上即罚其忍，使之在京守制，以动其市朝若挞之羞。光地忘通丧而假易以暂，则安于久矣，皇上即罚其安，使之离任终丧，以为道学败露之耻。臣与光地，家居各郡，然皆闽产也。今若此，人人切齿，桑梓汗颜。伏乞皇上察光地患得患失之情，破光地若去若就之局，不许赴任，不许回籍，《春秋》诛心，如臣所请。万一光地依然督学，则光地得信其术，故哀其辞曰：九月且不获命，况三年乎。而訛訛者亦曰：是欲终之而不可得也。下售其术，上受其名，臣鹏实拊膺疾首。前疏光地十不可留，如稍有涉私，是责光地以不孝而先自蹈于不忠，所以跪听传旨，一一沥鸣，以头抢地，呜咽而不能自已也。"疏入，得前旨。此五月朔日事。至闰五月初四日试翰林官，乃以"理学真伪论"命题，不可谓非为光地发矣。其后恩遇终始独隆，自缘经传汇纂，深当帝旨，非重其道学门面。彭鹏两《疏》全文，蒋氏《东华录》载之，故《旧传》亦载，而王《录》删之，未知其故。《史稿》亦不载，或只凭王《录》乎？

彭鹏第二疏谓上令光地在任守制，或以此试光地，此实得圣祖之情。光地子钟伦于此时侍父在任，寄诸叔父书曰："此月初一日，部复彭无山参本，奉旨：'李光地不准回籍，着解任在京守制。'彭前后共两疏，前疏著九卿会议，旨问彭鹏：'尔与李光地同乡，意欲相为，适所以害之。我留他在任，自有深意，不然，朕岂不晓得三年之丧，古今通礼。我所以留李光地之意，恐一说便难以保全。九卿如要我说，我便说；不要我说，我便包容。彭鹏，尔参某欲令其回籍，此正合着他意思。尔此言岂不是奉承他？'于是彭第二本乃有在京守制之语，中间穷极丑詈矣。九卿闻旨有'要我说不要我说'之语，皆云：'皇上包容臣子，臣子如何必要皇上洗发出来，还求皇上包容为是。'今旨已下，便只得在京行三月哭奠，朝夕鸣号，以暂泄哀情。杜门省罪，罅隙渐消，乃可相时乞归营葬。在今且当浮游随分，小抗之则大刨在睫，所关非特平常也。阿爹此番撄此大故，惨折之余，加以震动，晦冥不测，气体大为衰羸，脾胃不能消纳，腹多痛。侄在此，真百身难分。翘首南望，心肝如焚。"此书报当日实状。所谓包容，谓不说破，试出假道学耳。不准回籍，解任在京守制，悉如鹏《疏》所请，岂非深恶此时之光地。后来光地孙重编光地《年谱》，并将此等家书载入，未知何以不讳亲恶竟至于此。全祖望以负友、夺情及外妇之子三事，深讥光地，此不能多及，略之。

　　熊、李以道学逢君，事未足训，然清世士大夫之风，实自道学挽之，只可云圣祖能尊道学。而世必以光地终始眷遇，奉为清代道学之宗师，不但耳食者为此言，识《清儒学案》者亦盛推熊、李，则以其著书立说，尊程朱，崇正学，辨道统，致力甚勤耳。儒者在野，效用不及在朝之大。明季讲学之风不替，然偶一登朝，则废死戮辱，身罹其祸。清初朝士，若二魏（蔚州魏象枢、柏乡魏裔介）亦道学中人，而以道事君，未成风气。《史稿·魏象枢传》："康熙十一年（1672年），母丧终，用大学士冯溥荐，授贵州道御史，入对，退而喜曰：'圣主在上，太平之业方始，不当以姑且补苴之言进。'乃分疏言：'王道首教化，满汉臣僚，宜敦家教，督抚任最重，有不容不尽之职分，有不容不去之因循，宜责成互纠。制禄所以养廉，今罚俸例太严密，宜以记过示罚，增秩示恩。治河方亟，宜蓄人才，备任使。戒淫侈宜正人心，励风俗宜修礼制。'圣祖多与褒纳。"盖帝之好善乐道，道学家有以察之。其后以达官而从祀文庙者，清世共三人，皆康熙朝名臣，则陆陇其、汤斌、张伯行是也。其讲道学而未入两庑，然治有奇绩，守有异操者，亦皆在康熙朝，若于成龙、陈鹏年、赵申乔诸公，皆入《清儒学案》。于公最不可及，赵则以刻核太过为累。年家子戴名世与赵子熊诏，同为四十八年己丑科鼎甲，熊诏状元，名世榜眼。五十年十月，赵忽举发"名世为诸生时，恃才放荡，语多悖逆，今列巍科，犹不追悔前非，焚削书板"。名世以此弃市。此世所谓《南山集》案者也。名世以时方修《明史》，对南明以为犹昭烈之于汉，应存纪、传等文，《南山集》中有《与余生书》一篇，论及此事。此何所谓大逆，在圣祖本为有道之君，然私天下之一念，深忌明后之尚系人心，实为不免，盖亦种族之顾忌所促成。时当朱三太子案甫结，而太子被废，诸王竞谋继统，国本岌岌可危，赵所举发，殆适中当时之忌，遂处以大辟。而赵之事不干己，逢君之恶，实可痛恨。道学家往往有此类不情之事，则亦不可讳言也。

道学决不负人国家，读陆陇其、汤斌、张伯行诸人传状，其德量、操守、政事，皆足令人神往。其余纵不如是纯粹，而奇特或更过之，如于成龙诸人皆是。一时公卿，儒雅谨厚，布在朝列，不可数计。此皆所谓薰德而善良者。帝于道学之外，亦重文艺，公卿多以述作名世，其间若徐乾学、高士奇，则以招权纳贿闻，此即不讲学者之有才不免无行，帝亦明知之而不深究，使于文史得尽其长，但不令在朝久处禁近而已。康熙朝之达官，几有北宋士大夫之风，而道学之一脉，历雍、乾两朝，名臣迭出，以《学案小识》所载，考其渊源，皆自康熙朝理学诸臣所传播种子。直至道、咸兵乱，平乱者根本在湘中理学，不可谓非圣祖种其因，而后代收其果。至同、光幼主，母后当权，宦官宫妾，败坏纲纪，而后士大夫之风扫地以尽，至今以为服官即是奔竞以得之，骄淫以享之，一入利禄之途，便为罪恶之首。移风易俗，必有好善乐道之人，居最高之位以倡之。清圣祖所作养，数世享之而不尽，盖风气不易成，既成亦不易毁灭也。

理学专家，以程、朱、陆、王为门户，而以程、朱为正统，若能诋陆、王，便足卫道。清儒亦然。但清之理学，实以帝王好尚，为有力之提倡。帝王为求有益于政俗，但得躬行实践之儒，不问门户。且圣祖虽尊道学，而于道学家故习，厌武备，斥边功，皆不乐从，亦未尝有失败。三藩之变，魏象枢谓："舞干羽而有苗格，不烦用兵，抚之自定。"则意在与三桂连和也。台湾之平，李光地谓"隔海难守"，指以与红毛为可，则何厚于异族而仇于本族之郑氏也？圣祖虽不从迂腐之说，而所有武功，皆因势利导，非专涂人肝脑以自为功，屡奏大效，而终身不受尊号，不生侈心，勤勤讲道谈经，至老不辍，不改尊重道学面目，是圣祖之讲学，高出于诸臣上也。文庙从祀之典，汉儒以外，为道学所专享，尤以程、朱之学为正宗。清代增祀，则自康熙五十四年（1715年），增宋范仲淹。雍正二年（1724年），增县亶、牧皮、乐正子、公都子、万章、公孙丑，及汉诸葛亮，宋尹焞、魏了翁、黄幹、陈淳、何基、王柏，元赵复、金履祥、许谦、陈灏，明罗钦顺、蔡清，本朝陆陇其；道光二年（1822年），增明刘宗周；三年，增本朝汤斌；五年，增明黄道周；六年，增唐陆贽、明吕坤；八年，增本朝孙奇逢；后又增宋文天祥、谢良佐；咸丰初，增公明仪及宋李纲、韩琦；七年，增公孙侨及宋陆秀夫、明曹端；同治二年，增毛亨及明吕柟、方孝孺；七年，增宋袁燮及本朝张履祥；光绪初元，增本朝陆世仪；继又增汉许慎、河间献王刘德，宋辅广、游酢、吕大临，本朝张伯行；三十四年，增本朝王夫之、黄宗羲、顾炎武。较其所增，不限于道学，事功、气节、学问、政事，其卓绝者每预焉，颇以用世为蕲向。清之食报于理学名臣者正特厚，非颟顸为道学持门面也。至程、朱、陆、王门户，识《学案》者谨守之，国家原不必局于此。陆九渊、王守仁、陈献章，明代早从祀，特《学案小识》所摈不齿数之孙奇逢则从祀，所尊为翼道之李二曲，则道光九年御史请祀，部已复准，而特旨不从，此则好尚大异。夫唐氏之摈孙先生，谓其入国朝年已七十，不应讲学，此于门户之外，别加罪状，理极不通。道学家之横生意见，往往如此。故门户之见不足取也。江藩《宋学渊源录》又去其有位于朝，国史应立传者不载，则似理学为隐逸者所专，而"天民""大人"之说荒矣。汉学家言宋学，固自隔阂。

第五节
兴文教

世祖朝已有御制敕纂诸书，如《人臣儆心录》《资政要览》《内则衍义》《孝经衍义》《易经通注》《孝经注》《道德经注》等，俱在《四库》。世祖享年不永，虽雅意右文，未能大昌文化。圣祖亲政以后，勤学好问，早岁已然。三藩作难，天下汹汹，而经筵日讲，不懈益勤。大势稍定，即举鸿博之科，网罗才俊，既修《明史》，并肄诸经。既而南方大定，益治益安，四部诸书，繁重不易整理者，悉诏儒臣因前代之旧，审订修补，以便承学之士。唐之贞观，宋之太平兴国，明之永乐，皆同此宏愿，而享国之永，举不及圣祖。又其用才各当，辨析心性，贯串古今，各有专学，如李光地、徐乾学辈。君臣师友，讨论从容，万几之暇，日以心力注之，不但若前代开馆承修，称制勒定而已。经则成《易》《书》《诗》《春秋》四纂，字学则成《字典》及《音韵阐微》，舆地成《皇舆表》《皇舆全图》，类纂之书，则以《朱子全书》及《性理精义》为最精粹。其供人搜讨故实，百世承用不能废之《佩文韵府》《渊鉴类函》《分类字锦》及《图书集成》等巨大类书，下至时令、艺术、谱录、志乘，《全唐诗》《古文渊鉴》《历代赋汇》《唐宋元明四朝诗选》等总集。又有康熙间纂修未毕，刊行于雍、乾两朝者，若《明史》，若《通鉴辑览》，若《子史精华》，若《骈字类编》皆是。下至咏物题画诸诗，亦集其大成，选为巨帙，裨益学人，可谓美富矣。古帝王于一代之中，成就学林沾溉之书，多至如此，虽文治极盛之朝，未易相匹。而从古帝王所未提倡之绝学，为圣祖之特长者，更有天文、算学一事。初，历法在明末用徐光启言，引西洋人法改新历，未及行而明亡。摄政王入京，修历西人汤若望即上言："所订历，推得本年八月朔日日食图像，乞届期遣官测验。"遂改用《时宪历》名，颁行天下。既而回回科秋官正吴明炫攻讦新法，又有新安卫官生杨光先叩阍纠汤若望之谬，言《时宪书》面题"依西洋新法"五字，尤不合。时皇子荣亲王（即董鄂妃所生）殇，若望以官钦天监，选择葬期，光先等纠其山向、年月，俱犯忌杀。历与星命并为一谈。廷臣不解历法，惟知排外，于康熙四年议若望罪至凌迟，科官斩决，赦若望免，余依处斩。于是复用明《大统历》旧术，以光先掌监务。光先初不甚解推步，康熙七年，颁明年历有闰，既又自知有误，检举，谕天下停止闰月。时若望已死，其徒南怀仁言所颁各法之谬，测验皆合。于是斥光先，用怀仁为监副，恤若望。自九年始，复用新法。于是圣祖始逮治鳌拜，实行亲政，于新旧历法之纠纷，盖有意究其故矣。圣祖习算学，今宫中尚往往得当时算草，而与梅文鼎之学最契。有杨文言者，亦精天算，为诚亲王允祉撰《律历渊源》，其中《数理精蕴》一种，有借根方术。据文鼎孙瑴成言，圣祖亲以此术相授，而后悟金、元时之天元一术。文鼎书中所未言，然则得诸《数理精蕴》，疑为文言所传习也。借根方为西人算学，乃代数术之旧名，亦其初境，而当时以为西名"阿尔热八达"乃东来法之意，然则由东方之天元一术，转为西方之借根方。借根方者，借一根为未知数，与立天元一同，辗转求之，恒得带纵各乘方式，开方而后得数，故谓之借根方。始借根以入算，后借方以得数也。此与天元一术无异，与普通代数术亦无异，圣祖学算之所造如是。而步天测地，用经纬线以绘舆图，皆自康熙朝创之。算术已沟通中西。帝王之学，儒者专门习之，仅与相副，此实好学深思之效。若再假以年，更为国中学人鼓倡，或早与西人科学之进步相提携矣。清一代算学，以梅氏为功力最深，亦与圣祖之学为最有声气，节录梅氏祖孙《本传》文证之如下。

《康熙字典》
（清）张玉书、陈廷敬 主编

《康熙字典》由张玉书、陈廷敬等三十多位著名学者奉康熙圣旨，历时六年编撰而成，因成书于康熙五十五年（1716年）出版的字书之最。《康熙字典》总共收录汉字四万多个，是十八世纪以前出版的字书之最。全书共分为二百一十四部，即用二百一十四个部首来编排汉字，这一方法沿用至今。中国古代的「字典」类读物中对字和词两个不同的概念不加区别，其中有不少既解释单字，也解释复词，古代将这一类书一律称为「字书」。直到《康熙字典》刊印之后才开始叫「字典」，其意是古今字书的典范。「词典」这一名词属近代所创。

《史稿·梅文鼎传》：己巳康熙二十八年至京师，谒李光地，谓曰："历法至本朝大备矣，而经生家犹若望洋者，无快论以发其趣也。宜略仿元赵友钦《革象新书》体例，作简要之书，俾人人得其门户，则从事者多，此学庶将大显。"因作《历学疑问》三卷。光地扈驾南巡，驻跸德州，有旨取所刻书籍回奏，光地匆遽未及携带，遂以所订《历学疑问》谨呈。求旨求当作奉："朕留心历算多年，此事朕能决其是非，将书留览将发。"二日后，召见光地，上云："昨所呈书甚细心，且议论亦公平，此人用力深矣。朕带回宫中，仔细看阅。"光地因求皇上亲加御笔，批驳改定。上肯之。明年癸未春，驾复南巡，于行在发回原书，面谕光地："朕已细细看过。"中间圈点涂抹及签误作籖贴批语，皆上手笔也。光地复请此书疵谬所在，上云："无疵病谬病字当衍，但算法未备。"盖其书本未完成，故圣谕及之。未几，圣祖西巡，问隐论之士，光地以关中李永、河南张沐及文鼎三人对。上亦夙知永及文鼎。乙酉二月，南巡狩，光地以抚臣扈从，上问宣城处士梅文鼎焉在？光地以尚在臣署对。上曰："朕归时，汝与偕来，朕将面见。"四月十九日，光地与文鼎伏迎河干，清晨俱召对御舟中，从容垂问，至于移时。如是者三日。上谓光地曰："历象算法，朕最留心。此学今鲜知者，如文鼎真仅见也。其人亦雅士，惜乎老矣。"连日赐御书扇幅，颁赐珍馔。临辞，特赐"绩学参微"四大字。越明年，又命其孙毂成内廷学习。五十三年，毂成奉上谕："汝祖留心律历多年，可将《律吕正义》寄一部去令看，或有错处，指出甚好。夫古帝有'都俞吁咈'四字，后来遂止有'都俞'，即朋友之间，亦不喜人规。观此皆是私意，汝等须竭力克去，则学问长进。可并将此言写与汝祖知之。"恩宠为古所未有。

文鼎孙："《毂成传》明代算家，不解立天元术。毂成谓立天元一，即西法之借根方。其说曰：'尝读授时历草，求弦矢之法，先立天元一为天。而元学士李冶所著《测圜海镜》亦用天元一立算，传写鲁鱼，算式殊不易读。明唐荆川、顾箬溪两公，互相推重，自谓得此中三昧。荆川之说曰：'艺士著书，往往以秘其机为奇，所谓天元一系，如积求之云尔。'漫不省其为何语。而箬溪则言：'细考《测圜海镜》，如求城径，即以二百四十为天元半径，即以一百二十为天元。即知其数，何用算为？似不必立可也。'二公之言如此。余于顾说颇不谓然，而无以解也。后供奉内廷，蒙圣祖仁皇帝授以借根之法，且谕曰：'西人名此书为"阿尔热八达"，译言东来法也。'敬受而读之，其法神妙，诚算法之指南。窃疑天元一术之颇与相似，复取授时历草观之，乃焕然冰释，殆名异而实同，非徒似之而已。夫元时学士著书，台官治历，莫非此物，乃历久失传。犹幸远人慕化，复得故物。东来之名，彼尚不忘所自，而明人视若赘疣而欲弃之。噫！好学深思如唐、顾二公，尚不能知其意，而浅见寡闻者，又何足道哉？"

圣祖于学问文章之士，恂恂往复，不以诡诡之声色拒人，举梅氏为一例，与布衣共讲朴学，为旧学而转教其后人。差等百世之王，实所罕见，自少至老，不改其初。由其勤学好问观之，孰知其力扫三藩，威行万里，羌戎稽首、朔漠归心，为神武不世出之主哉。此则真兴文教，非浮慕开明之象者也。

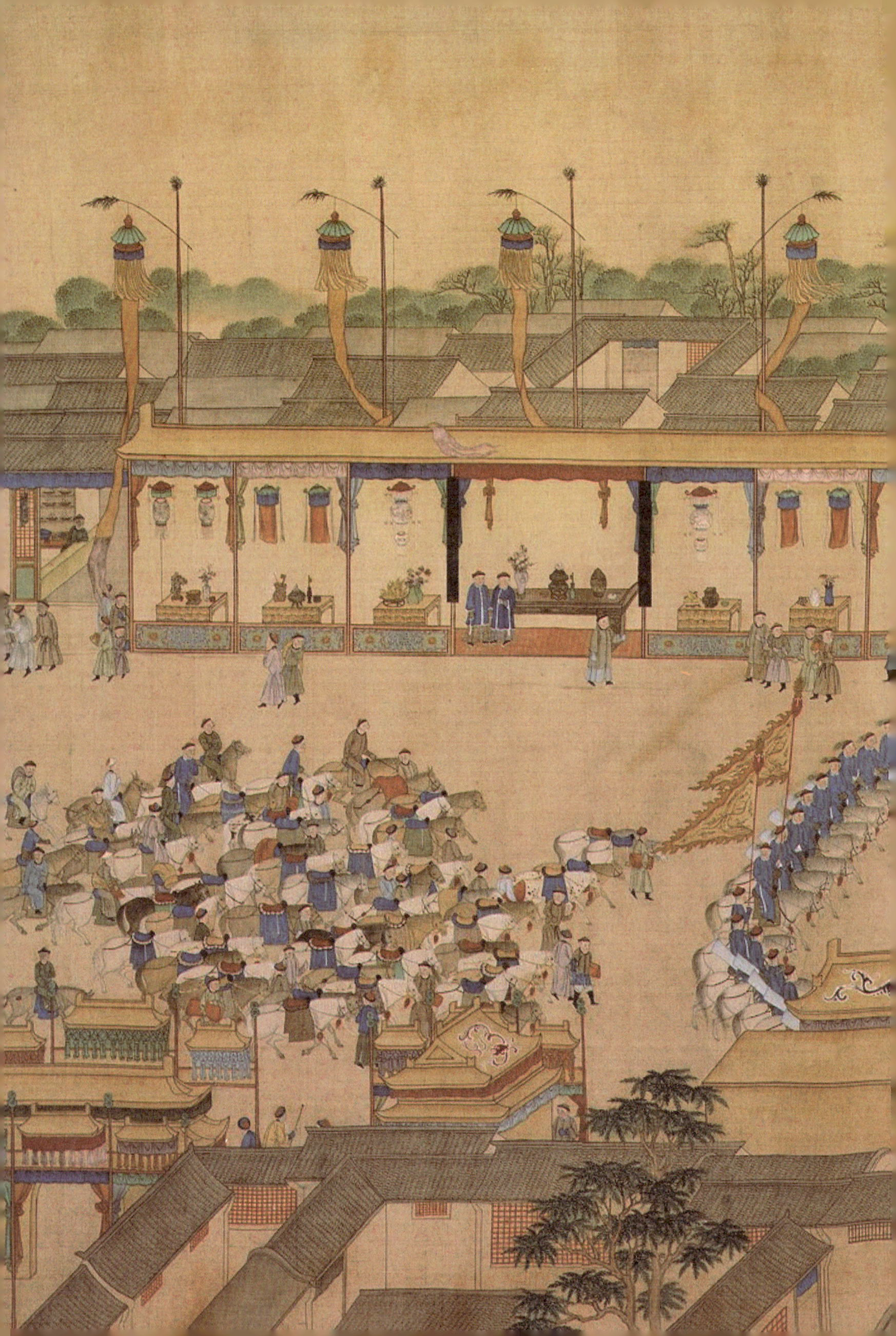

第五章　全盛

世宗、高宗两朝，为清极盛之时，特世宗操劳，且戕贼诸兄弟，亦觉少暇豫之乐；高宗则享尽太平之荣，位禄名寿，直可侪拟舜之大德。然日中则昃，衰象亦自高宗兆之。分节如下。

第一节
世宗初政

康熙六十一年（1722年）十一月十三日甲午戌刻，圣祖崩于畅春园。帝亲为更衣讫，当夜即奉还大内，安于乾清宫。翌日以次，未即位已下谕称朕。翌日即十四日乙未，戌刻始大殓。既殓，第一命令即允禩、允祥、马齐、隆科多四人总理事务，第二谕即命抚远大将军奔丧来京，第三谕即封允禩、允祥为亲王，允祉子弘晳为郡王。急用隆科多，以报其拥立之功；急召允禵，以防其在边掌兵之患；急封允禩，以平其鹬蚌相争为渔翁得利之气，固非有为允礽报怨之意明也。《清史稿·允禵传》于雍正初插入数语云："皇太子允礽之废也，允禵谋继立，世宗深憾之。允禵亦知世宗憾之深也，居常怏怏。"以此领起下文渐渐得罪。此实望文生义，未将《大义觉迷录》等书世宗谕旨细意寻绎。盖雍正间之戮辱诸弟，与康熙间夺嫡案，事不相关，余已别有考。以下于世宗朝兄弟间之事不复论列，今专述世宗图治之能事。

世宗即位，在康熙六十一年十一月二十日辛丑。十二月初七日戊午，停止直省将军、督抚、提镇等官贡献方物。十三日甲子，诏直省仓库亏空，限三年补足，逾限治罪。此事《史稿·食货志》言："圣祖在位六十年，政事务为宽大，不肖官吏，恒恃包荒，任意亏欠。上官亦曲相容隐，勒限追补，视为故事。世宗在储宫时，即深悉其弊，即位后，谕户部、工部：嗣后奏销钱粮米石，物价工料，必详查核

清世宗真像
选自《历代帝王真像》（清）姚文翰　收藏于美国大都会艺术博物馆

清世宗爱新觉罗·胤禛（1678—1735年），康熙帝第四子，自号破尘居士、圆明主人。康熙三十七年（1698年），封贝勒；康熙四十八年（1709年），被封为和硕雍亲王后，胤禛积极经营，争夺储位。康熙六十一年，康熙病逝，胤禛继承皇位，第二年改号雍正。雍正登基后，进行了一系列改革。实行改土归流，加强对西南少数民族的统治；废除贱籍制度，缓和民族矛盾；大力整顿财政，建立养廉银制度，减轻农民赋税，促进人口增长。在军事上，出兵青海，平定罗卜藏丹津叛乱另外，在军机处，并改善立储制度。雍正皇帝的励精图治对康乾盛世的连续具有关键性作用。

实，造册具奏。以少作多，以贱作贵，数目不符，核估不实者，治罪。并令各督抚严行稽查所属亏空钱粮，限三年补足，毋得借端掩饰，苛派民间。限满不完，从重治罪。"

《史稿》志文，意在表明世宗初吏治财政整饬之状，然缴绕不明。忽言补足亏空，忽言核实奏销，殊难了解。检《东华录》则系同日两谕，各为一事：一谕户部，一谕户、工二部。

谕户部："自古惟正之供，所以储军国之需。当治平无事之日，必使仓库充足，斯可有备无患……近日道府州县，亏空钱粮者正复不少，揆厥所由，或系上司勒索，或系自己侵渔，岂皆因公挪用？皇考好生如天，不忍即置典刑，故伊等每恃宽容，毫无畏惧，恣意亏空，动辄盈千累万。督抚明知其弊，曲至容隐，及至万难掩饰，往往改侵欺为挪移，勒限追补，视为故事，而全完者绝少。迁延数载，但存追比虚名，究竟全无着落。新任之人，上司逼受前任交盘，彼既畏大吏之势，虽有亏空，不得不受，又因以启效尤之心，遂借此挟制上司，不得不为之隐讳，任意侵蚀，展转相因，亏空愈甚。一旦地方或有急需，不能支应，关系匪浅。朕深悉此弊，本应即行彻底清查，重加惩治，但念已成积习，姑从宽典。除陕西省外，陕、甘邻青海，时为军务省份。限以三年。各省督抚，将所属钱粮，严行稽查，凡有亏空，无论已经参出、未经参出，三年内务期如数补足。毋得派累民间，毋得借端遮饰。限满不完，定行从重治罪。三年补足之后，再有亏空，决不宽贷。至于署印之官，始而百计钻营，既而视如传舍……于前任亏空，视作泛常。接受交盘，复转授新任……嗣后如察出此等情弊，必将委署之上司与署印之员，一并严加治罪。尔部可即传知各省督抚。"

谕户、工二部："财者利用之源，古帝足国裕民，务必制节谨度。

朕初即位，每恐府库金钱，中饱于胥吏之侵蚀。以后凡户、工二部，一应奏销钱粮米石，物价工料，必须详查核实，开造清册具奏，毋得虚开浮估。倘有以少作多，以贱作贵，数目不敷，核估不实者，事觉，将堂司官从重治罪。"

世宗承圣祖宽大之后，综核名实，一清积弊，亦未尝立予惩治，自能洞见外省情伪。此政治一大刷新，应特叙列。而牵混不清，史官可谓以其昏昏使人昭昭矣。此等处皆《史稿》之应纠正者。

雍正元年（1723年）元旦，颁谕旨训饬督抚、提镇，文吏至守令，武将至参游，凡十一道。每谕文各千言内外，各就其职掌而申儆之。国家设官，久而忘其应循之职，与者擅为恩私，受者冒其禄利，奔竞无耻，用心皆在职掌之外。世宗在未即大位以前，必先有此提纲挈领之知识。百官职掌，近六百年来，皆自明太祖定之，后来因事损益而已。持以为督责之柄，则可以为君；奉以为率由之准，则可以为臣。世宗则知其故矣。然各谕空文太多，尚不如明祖之切实颁为格式，要其意则已蕲向乎是，文繁不具录。

世宗于申儆各官，以吏治民生为首。嗣是有谕各部院及科道、翰林院各衙门，领侍卫内大臣、八旗大臣等，逐事申儆，皆尽情伪。雍正一朝，《朱批奏折》《上谕八旗》《上谕内阁》，皆刻成巨帙。其未刻者，不知凡几，而已选刻者，不下数十万言。自古勤政之君，未有及世宗者。谕旨批答，皆非臣下所能代。曲折尽意，皆出亲裁。有照例阁臣票拟者，略一含糊，辄被诘问。试举一例：

雍正元年七月戊子，谕内阁："前因年羹尧奏称：赵之坛情愿捐银一万两，往布隆吉尔地方筑城效力。朕念赵之坛系功臣之后良栋之孙，若伊才具不胜知府之任，道员事简易办，捐银叙用，似属可行。若赵之坛才克胜任，即留知府用。见今赵弘燮亏空库银三四十万两，交与赵之坛料理，又何必另外捐银？况年羹尧启奏，筑城已有张连登、王之枢等可以竣事，今复遣往效力议叙，似又开一捐例，断不可行。若布隆吉尔筑城，张连登等所捐之赀不克完工，令年羹尧密折具奏，再将情愿效力者发往。此朕从前谕旨也。尔等票签，全不符合。将朕紧要语句，俱行遗漏。尔等俱系圣祖仁皇帝委任大臣，圣祖仁皇帝天纵生知，兼之临御日久，诸事精熟，尔等舛错之处，全赖圣祖仁皇帝改正，所以不至误事。今朕临御之初，内藉大学士，外藉督抚、提镇，理应诸事勤慎，尽心协办。如前日本上脱落一字，事虽甚小，然不得谓小事便可轻忽。本章用心细阅，自无错误。又如前日蔡珽所奏之事，即系年羹尧奏过之事，尔等又票该部议奏，朕疑其或有异同，照签批发，及观部议，仍是一事，何至玩忽如此？朕若如尔等玩忽，督抚本章概批依议，用人一途，听之九卿随意保举，岂不省事？但尔等可以负朕，朕何忍负我皇考之深恩乎？况朕于尔等陈奏，虚心采纳，并未有偏执之处。人非圣贤，孰能无过。尔等若能指摘朕过，朕心甚喜。改过是天下第一等善事，有何系吝？以箝结为老成，以退诿为谨慎，非朕所望于尔等之意也。"

世宗初政，精核如此，久而不衰，雍正朝事又是一种气象。虽多所责难，并不轻于戮辱，亦未视朝士皆出其下，予智自雄。较之高宗，尚为远胜。至其刻深惨毒，惟对继统一事，有所许发，或有意居功要挟之人。天资自非长厚，然正极力爱名。至其英明勤奋，实为人所难及。从初政可以概其十三年全量者也。

第二节
雍正朝特定之制

雍正朝有两种创制，遂为一代所遵行。一曰并地丁，停编审。二曰定火耗，加养廉。今分述之：

一、地丁。古者布缕、粟米、力役三征，征一缓二。唐时租、庸、调犹沿之，至改两税而其目并矣。明行一条鞭，所并之目尤多。要其总数不重于什一，即为常赋之法。但一切负担可并，庶人往役之义，则自清以前未改也。编审人丁，计丁征费，以充百役。一条鞭虽已并古者丁盐在内，然丁仍有役，盐亦有课，故论者以为重复赋民。然总额苟不至病民，民亦安之。清承明旧，尽免明末之加派，已庆更生。圣祖康熙五十一年（1712年）谕曰："海宇承平日久，户口日增，地未加广，应以现在丁册，定为常额。自后所生人丁，不征收钱粮。编审时，止将实数查明造报。"廷议："五十年以后，谓之盛世滋生人丁，永不加赋。仍五岁一编审。"户部议："缺额人丁，以本户新添者抵补。不足，以亲戚丁多者补之。又不足，以同甲粮多之丁补之。"

原圣祖之意，以承平久而户口增，继续滋生，所能享国土之生产，只有此数，而丁赋则随滋生而加，故限年截止，以为人丁定额，新生者不复纳赋。此亦穷思极想，务欲惠及人民之意。然立法不彻底，人丁不盛之家，既不享其惠，且若丁少于前，反需向亲戚、同甲之家商求补额，岂不反成周折？不有通变，此美意终将废阁。会圣祖崩，世宗即位，雍正元年九月，直隶巡抚李维钧奏：请将丁银摊入田粮。部议应如所请，于雍正二年为始，造册征收。得旨：九卿詹事科道会同确议具奏。九卿旋议复："应令该抚确查各州县田土，因地制宜，作何摊入田亩之处，分别定例，庶使无地穷民免输纳丁银之苦，有地穷民无加纳丁银之累。"得旨："九卿不据理详议，依违瞻顾，皆由迎合上意起见。即如本内'有地穷民'一语，既称有地，何谓穷民？不与有米饿莩之语相似乎？朕于诸事，本无成见，有何迎合之处。所发会议事件，原欲与众共商，当理即朕意。朕不自以为是。所议允当，朕即不从，不妨面折廷诤，再三执奏。即不显言，亦可密折敷陈。圣祖良法美政，布在方策，朕与尔等，期共相黾勉，以臻至治。原本发还九卿，着仍照户部议行。"

以上为九月戊戌谕，原文极长，且勉且责，愧励交至。兹节其成事实之语。夫圣祖有此美意，世宗必不欲废阁之，欲符"地有定限，丁亦有定额"之意。惟有丁随地起一法。李维钧奏之，部议从之，以其为古所未有之制，再令盈廷会议，以示郑重。九卿则六部、都察院及通政、大理之总名，加以詹事、科道，是为会议。乃以预议者多，反疑上意或与户部原议未合，遂作此延宕支节之词，设或允行，即废阁之变相耳。其实世宗自有主宰，仍照户部议行，何其简捷。

惟丁随地起以后，丁额与赋税无关，编审自可不必。即行编审，亦属具文，乃一定之理。故后来论者，谓清之户口无确数，实摊丁于地之为弊。动称四万万，究竟标准何在？亦不过据二百年来某一年之随意册报耳。户口无确数，一切无从统计，则意在利民而反以病国，可以见定法之不易。然此非世宗本意也。初虽丁摊于地，编审之法未改。停止不审，始于雍正四年（1726年）。因直隶总督李绂"改编审行保甲"一疏，略云："编审五年一举，虽意在清户口，不如保甲更为详密，既可稽察游民，且不必另查户口。请自后严饬编排，人丁自十六岁以上，无许一名遗漏。岁底造册，布政司汇齐，另造总册进呈。册内止开里户、人丁实数，免列花户，则册籍不烦，而丁数大备矣。"

清户口之数，与编审相关者，从《食货志》考之，明季丧乱之后，至顺治十八年，会计天下民数：千有九百二十万三千二百三十三口。较之四万万之数，盖二十分之一而不足也。康熙五十年（1711年）为据定丁额之年，是年得二千四百六十二万二千三百二十四口。亦不足四万万之十七分之一。其后丁数仍由编审移补，较定额时稍有增加，其余滋生人丁则日多。停编审以后，则无所谓定额与滋生，人口激增，民无顾忌，直至道光二十九年（1849年），有四万一千二百九十八万六千六百四十九口。此即近世中国人口四万万之说所由来也。咸、同军兴，人口自减，亦每年全国册报。至光绪元年，有三万二千二百六十五万五千七百八十一口。三十三年厘定官制，有民政部，以调查户口为职掌。旋谕直省造报民数，务须确查实数，以为庶政根本。宣统元年，复颁行填造户口格式，令先查户口数，限明年十月报齐，续查口数，限宣统四年十月报齐。至三年十月，据京师内外城、顺天府、各直省、各旗营、各驻防、各蒙旗所报，除新疆、湖北、广东、广西各省，江宁、青州、西安、凉州、伊犁、贵州、西宁各驻防，泰宁镇、热河各蒙旗，川、滇边务，均未册报到部外，凡正户五千四百六十六万八千有四，附户千四百五十七万八千三百七十，共六千九百二十四万六千三百七十四户。凡口数，男一万三千九百六十六万二千四百一十，女九千九百九十三万三千二百有八，共二万三千九百五十九万四千六百六十八口。时湖北已起事月余，两广为革命起源，大吏累次遇刺，边远则功令之遵奉逾期，驻防亦然。合计当亦未足四万万。是为清最末一次调查户口较确之数。

花户之名，以田为主。田之多少，户各不同，而均之于里甲。一甲中之户，田多者自充一户，少者合数户为户，尤少者附于甲尾。插花相间，故名花户。后来俗称户为花户，似非本旨。康熙元年，户科给事中柯耸疏请均田均役，中有云："查一县田额若干，应审里长若干。每里十甲，每甲该田若干，田多者独充一名，田少者串充一名，其最零星者，附于甲尾，名曰花户，此定例也。"

当编审停止之时，颇整顿保甲。如果保甲法不弛，户口何至无可稽考。但闭关之世，盈虚消长皆在国内，听民自生自息，官吏以不扰民为上理，乡民出入相友，奸盗本不易收容。数十年前，余粮栖亩，不知设守；携赀夜行，不畏路劫。惟城市人多杂处，则人家自谨门户，官亦有事稽查。命、盗重情，地方官勒限参处，满四参离任，以此维整治安。虽有保甲，不甚严密。通商以后，各国有统计而我国独无，根本在户口不了。乃知编审之废，在地丁并征，因咎康、雍之失计。其实因赋役而编审，则隐匿者必多。康、雍户口较之嘉、道时，只一二十分之一，所编审者，亦非真相，不如厉行保甲之有实际。特自治之事，当假手于愿治之民人，古未深明此理，遂无彻底综核之法。康、雍之不欲扰民，自是当时善政，不必异世而转作不恕之词也。丁银摊入地亩，以直隶李维钧奏请为始，每地赋一两，摊入丁银二钱二厘。嗣后各直省一体仿行，于地赋一两，福建摊丁银五分二厘七毫至三钱一分二厘不等，山东摊一钱一分五厘，河南摊一分一厘七毫至二钱七厘不等，甘肃河东摊一钱五分九厘三毫，河西摊一分六毫，江西摊一钱五厘六毫，广东摊一钱五厘六毫，广西摊一钱三分六厘，湖北摊一钱二分九厘六毫，江苏、安徽亩摊一厘一毫至二分二厘九毫不等，湖南地粮一石，征一毫至八钱六分一厘不等。自后丁徭与地赋合而为一，民纳地丁之外，别无徭役矣。惟奉天、贵州以户籍未定，仍地丁分征。又山西阳曲等四十二州县亦另编丁银。察其轻重之故，盖赋重之地，摊丁较轻，因重赋所加，每亩担银数钱，虽每两加数分，已为一两亩地所担之加款，至赋轻之地，数十亩而后担银一两，加至二三钱，在一亩所加，实更微也。

二、养廉。自古官只有俸，而俸恒不足以给用，不能无取盈之计。明俸尤薄，官吏取盈之道，自必于赋额加以浮收，公然认为官吏俸薄，此为应得之调剂。清初命其名曰"火耗"。火耗者，本色折银，畸零散碎，经火熔销成锭，不无折耗，稍取于正额之外，以补折耗之数，重者每两数钱，轻者钱余。行之既久，州县重叙于民，上司苛索州县，一遇公事，加派私征，名色既多，又不止于重耗而已。承明季加派之后，国库严禁加派，而地方不免私征。其端既开，遂无限制。康熙季年，陕西督抚以亏空无法填补，奏请以旧有火耗之名，加征少许，专为填亏空之用，此火耗明入奏案之由来也。

《东华录》：康熙六十一年九月戊子，谕扈从大学士、尚书、侍郎、学士等："据陕西巡抚噶什图奏称：陕西亏空甚多，若止于参革官员名下追补，究竟不能速完。查秦省州县火耗，每两有加二三钱者，有加四五钱者，臣与督臣商议，量留本官用度外，其余俱捐补合省亏空，如此则亏空即可全完"等语。朕谓此事太有关系，断不可行。定例私派之罪甚重。火耗一项，特以州县官用度不敷，故于正项之外，量加些微，原是私事。朕曾谕陈瑸云：'加一火耗，似尚可宽容。'陈瑸奏云：'此乃圣恩宽大，但不可明谕许其加添。'朕思其言深为有理。今陕西参出亏空甚多，不得已而为此举，彼虽密奏，朕若批发，竟视为奏准之事，加派之名，朕岂受乎？特谕尔等满汉诸臣共知之。"越六日甲午，又谕扈从大臣等："总督年羹尧将亏空钱粮各官，奏参革职，其亏空钱粮，至今不能赔补。今又因办理军需，陕西巡抚噶什图、总督年羹尧会商，将民间火耗加增垫补等情奏请。第民间火耗，止可议减，岂可加增。朕在位六十一年，从未加征民间火耗，今安可照伊等所奏加增乎？"

康熙未之提及火耗，为督抚计及挪用，而圣祖不肯允从，恐为盛德之累。然又明知故昧，留以赡官吏之私，此不彻底之治法，沿历代故事而来。在圣祖为恤民艰、存政体，虑官困，多方兼顾，而非以自私，自是有道之象。然至世宗，则有以成就之矣。

《东华录》：雍正二年六月乙酉，山西布政使高成龄折奏："臣见内阁交出请禁提解火耗之条奏，臣伏思直省钱粮，正供之外，向有耗羡。虽多寡不同，皆系州县入己。但百姓既已奉公，即属朝廷之财赋。臣愚以为州县耗羡银两，自当提解司库，以凭大吏酌量分给，均得养廉。且通省遇有不得已之费，即可支应，而免分派州县，借端科索。至以羡余赔补亏空，今抚臣诺岷，将每年存贮耗羡银二十万两，留补无着亏空之处，先经奏明。臣请皇上敕下直省督抚，俱如山西抚臣诺岷所奏，将通省一年所得耗银，约计数目，先行奏明，岁终将给发养廉、支应公费、留补亏空，若干之处，一一具折陈奏。则不肖之上司，不得借名提解，自便其私，如条奏所虑矣。"谕："此事着总理事务王大臣、九卿詹事科道，平心静气，秉公持正会议，少有一毫挟私尚气，阻挠不公者，国法具在，断不宽宥。各出己见，明白速议具奏。如不能画一，不妨两议三议皆可。"

当时内阁条奏，系请禁提解火耗。禁提解非禁征收，则州县可取火耗于民间，上司不能提火耗于州县，私收者永任其为私，监司不许过问而已。此为体恤州县，而又不欲监司分肥，亦不彻底之见解。但较之前代，以进羡余而得奖擢者，得体已多。高成龄辨正阁奏，以为火耗非提解不可，无所利于提解，仍以体恤州县，明定为永久之公廉，及补一时之亏空，一举而数善备。养廉之说始此。

是年七月丁未，总理王大臣、九卿科道等，议复高成龄疏，得旨："所议见识浅小，与朕意未合。……朕非不愿天下州县丝毫不取于民，而其势有所不能。历来火耗皆州县经收，而加派横征，侵蚀国帑，亏空之数，不下数百余万。原其所由，州县收火耗，分送上司；各上司日用之资，皆取给于州县。以至耗羡之外，种种馈送，名色繁多，故州县有所借口而肆其贪婪，上司有所瞻徇而曲为容隐。与其存火耗以养上司，何如上司拨火耗以养州县乎？"

以上为俸薄不能无火耗，而火耗不可不使公开。不公开则为州县存火耗以养上司，公开则为上司拨火耗以养州县，二语最中的。世宗见解实出廷臣之上。

又云："尔等请将火耗酌定分数。朕思州县有大小，钱粮有轻重。地广粮多之州县，少加火耗已足养廉，若行之地小粮少之州县，则不能矣。惟不定分数，遇差多事烦，酌量可以济用，或是年差少事简，即可量减。又或遇不肖有司，一时加增，而遇清廉自好者，自可减除。若竟为成额，必致有增无减。"

此时养廉制未定，世宗所虑者，仍是后来反对养廉制之理论。未几仍为定额，见下。此驳定分数之议。

又云："又奏称提解火耗，将州县应得之项，听其扣存，不必解而复拨。今州县征收钱粮，皆百姓自封投柜，其拆封起解时，同城官公同验看，耗羡与正项同解，分毫不能入己。州县皆知重耗无益己，孰肯额外加征？"

随征随解，显然有据，解时不能隐匿，解后不能重征，惟解乃为正耗分明，此驳扣存之议。

又云："应令诺岷、高成龄二人，尽心商榷，先于山西一省内试行，此言尤非。天下事惟可行不可行两途。以为可行，则可通行于天下；以为不可行，则不当试之于山西。以药试病，鲜能愈者。以山西为试之之省，朕不忍也。"

世宗意在定制通行，此驳山西试行之议。

又云："又奏称提解火耗非经常可久之道。凡立法行政，孰可历久无弊？提解火耗，原一时权宜之计，将来亏空清楚，府库充裕，有司皆知自好，则提解自不必行，火耗亦当渐减。今尔等所议，为国计乎？为民生乎？不过为州县起见。独不思州县有州县之苦，上司亦有上司之苦。持论必当公平，不可偏向。"

当时议者，不反对火耗名色，而反对提解，故世宗谓"为州县起见"。又养廉之制未定，提解火耗，仍兼顾见在之亏空，亏空完后，乃可专定养廉也。故下文又言朝廷与百姓一体，朝廷经费充足，歉收可以赈恤，百姓自无不足之虞。清补亏空，于国计民生均益，是提解仍注重清亏空。

又云："尔等所奏，与朕意不合。若令再议，必遵议复准，则朕亦不能保其将来无弊。各省能行，听其举行；不行者，亦不必勉强。可将此谕旨，并尔等所议之本，交存内阁。"

据此则本令详议，却仍以不议终结；本不欲独令山西试行，却又不令他省必行，世宗亦慎重之至。《清史稿·食货志》浑括此文，殊不清晰。今从《东华录》核之。当雍正二年六七月间，朝廷虽极力议论此事，帝意不以廷臣之延宕为然，尤不以主张不提解为然，而卒留作悬案。以后至何时勒定火耗改为养廉，《东华录》不复见。《食货志》言："于是定为官给养廉之制。"此句着于浑括二年谕旨之后，实与谕旨原文不贯。考之《会典事例》，则至五年始为各省定额。

《会典事例·户部俸饷门·外官养廉类》首叙其缘起云：雍正五年（1727年），山西巡抚奏裁汰州县耗羡，酌中量留，分给各官养廉，以为日用之资。奉旨：各省督抚就该省情形酌议具奏。嗣据各省陆续奏到，节省增减，著为定额。

山西巡抚发端是二年事，奉各省酌议具奏之旨，当即七月乙未谕后所云"交与内阁，内阁即更请旨饬下各省"也。以非明发，亦无决断，遂不入《实录》，故不见《东华录》。各省陆续复到，终成定制，首冠以雍正五年，即其定制之年矣。不然，山西发端在二年，何云五年耶？

要之，清初沿明，官俸太薄，官无自给之道，不得不有所取资。制定养廉，即是加俸。且俸因处分而可罚，廉则罚所不及。廉之数较之俸，多至数十倍，如正从一品俸银一百八十两，米一百八十斛，正从二品俸银一百五十五两，米一百五十五斛。总督兼尚书衔者为从一品，不兼者为正二品。而总督养廉，多者若陕、甘、云、贵，至二万两，少者若浙、闽、四川，亦一万三千两。其间一万八千、一万五千各有差。又如七品俸银四十五两，米四十五斛。而知县七品，其养廉多者，首县至二千两，少者简缺亦六百两，其有四五百两者，则简不成体之县，间有一二，盖例外矣。其后京官亦有有养廉者，八旗官员亦有有养廉者，皆别指款项，不在火耗之内。供各省官员养廉，地大粮多之县，火耗甚微。以吾所知，吾乡武进、阳湖等县，正银一两，加耗仅三分耳。

清世制度，多沿明旧。清全盛时，极知补救，然不敢言制作，故历帝皆倾佩明太祖，奉行惟谨。而不敢学其自我作古，此亦或有自知之明。如官员加俸一事，仅以养廉之名，补苴于俸之不足，仍不敢动额定之俸。惟加征火耗，悉数用于外官之养廉，无丝毫流用，则可见清帝于财用之致慎。既与国人约永不加赋，终清世谨守之。惟以用银剪凿不便，折价收钱，清末以二千二百文为一两。当时银贱，每两有数百文之余，谓之平余。漕米则每年由藩司约省城绅士公议，照时定价，本折兼收，听民自便。惟每石征脚费钱一千零五十二文，由官收兑运解。此清末纲纪未破裂时所永遵行者。吾乡为赋重之区，每平原上则田一亩，征银两忙共一钱三分有零，征米六升三合有零。当时无所谓附加税，完纳此数，即所入皆民之生产矣。故清世之赋甚轻，其税额后虽不可复用，然其制节谨度，不敢逾定制一步，清之历朝遵行不替，其风亦可嘉也。

其尤可念者，清一代惟加征火耗为迹近加赋，雍正朝之审慎出之，绝不流用，专用于外官之养廉，似已心安理得。乃至高宗初立，尚以为疑，复大征廷臣意见。此亦清之家法，视加派为最不祥之事也。

《食货志》：自山西提解火耗后，各直省次第举行。其后又酌定分数，各省文职养廉二百八十余万两，及各项公费，悉取诸此。及帝即位，廷臣多言其不便，帝亦虑多取累民，临轩试士，即以此发问，复令廷臣及督抚各抒所见。大学士鄂尔泰、刑部侍郎钱陈群、湖广总督孙嘉淦，皆言："耗羡之制，行之已久，征收有定，官吏不敢多取。计已定之数与策定之前相较，尚不逮其半。是迹近加赋，实减征也。且火耗归公，一切陋习悉皆革除。上官无勒索之弊，州县无科派之端，小民无重征之累，法良意美，可以垂诸久远。"御史赵青藜亦言："耗羡归公，衷多益寡，宽一分则受一分之赐。且既存耗羡之名，自不得求多于正额之外。请无庸轻议变更。"惟御史柴潮生以为耗羡乃今日大弊。诏从鄂尔泰诸臣议。

轻徭薄赋，为清一代最美之政；而官俸太薄，有此提解火耗、制定养廉之举。乾隆间尚恐其迹近加赋，而与内外诸臣共议之。《食货志》浑括甚略，今各举其事实如下：

《东华录》乾隆七年（1742年）四月乙未谕下注云："是月庚寅朔，策试天下贡士金甡等，制曰：'……务民之本，莫要于轻徭薄赋，重农积谷。我国家从无力役之征，斯固无徭之可轻矣，而赋犹有未尽合于古者乎？赋之外有耗羡，此固古之所无也。抑亦古尝有之，不董之于官，则虽有若无，而今不可考耶？且康熙年间无耗羡，雍正年间有耗羡。无耗羡之时，凡州县莅任，其亲戚仆从，仰给于一官者，不下数百人，上司之苛索，京官之勒助，又不在此限。而一遇公事，或强民以乐输，或按亩而派捐，业田之民，受其累矣。自雍正年间，耗羡归公，所谓诸弊，一切扫除，而游民之借官吏以谋生者，反无以糊其口。农民散处田间，其富厚尚难于骤见，而游民喧阗城市，其贫乏已立呈矣。人之言曰："康熙年间有清官，雍正年间无清官。"亦犹"燕赵无镈"，非无镈也，夫人而能为镈也。语出《考工记》。作"粤之无镈也"，不作"燕赵无镈"。下又云"燕之无函也，秦之无庐也，胡之无弓车也。"各自为文。则此句作"燕赵无镈"有误。而议者犹訾征耗羡为加赋，而不知昔之分项，皆出于此而有余，今则日见其不足，且动正币矣。是以徒被加赋之名，而公私交受其困而已矣。将天下之事，原不可以至清乎？抑为是言者，率出于官吏欲复公款者之口乎？多士起自田间，其必不出此，而于农民之果有无利弊，必知之详矣……其毋以朕为不足告，而闷之隐之；其尚以朕为可告，而敷之陈之。悉言其志，毋有所讳。'"

乙未谕："办理耗羡一事，乃当今之切务。朕夙夜思维，总无善策，是以昨日临轩试士，以此发问。意诸生济济，或有剀切敷陈，可备采择见诸施行者。乃诸贡士所对，率皆敷衍成文，全无当于实事。想伊等草茅新进，未登仕籍，于事务不能晓彻，此亦无怪其然。今将此条策问，发与九卿、翰林、科道阅看。伊等服官有年，非来自田间者可比，可悉心筹画，各抒所见，具折陈奏，候朕裁度。若无所见，亦不必勉强塞责。至外省督抚，寄重封疆，谅已筹算有素，并着各据所见，具折奏闻。务期毋隐毋讳，以副朕集思广益之意。"

此为临轩发问，不得要领，再征内外清要大僚意见之事实。是科一甲三人：金甡，状元，浙之仁和人。榜眼杨达曾、探花汤大绅，皆苏之阳湖人。一时羡科第之荣。其实廷对碌碌，无裨实用，此见科目之非必得才，而成才实资阅历，未必闭户读书，真能知天下事也。既而言者纷然，又妄有揣摩，以为帝意求取民善法，除加赋而别计殖财，竟未信天子实有官民兼恤之心，只问火耗之当征不当征，非有他意，遂复遭申饬。而清一代慎重于加赋之意愈见。

是月乙巳谕："各省办理火耗，朕恐有不便于民，是以于廷对入之策问。诸生无所敷陈，甚有不知耗羡为何事者。又降旨询问九卿、翰林、科道并督抚等，庶几合众论以求一是。此集思广益之意。有所见即就事敷陈，无所见不必勉强塞责，谕旨甚明。乃诸臣竟有于耗羡之外，旁牵侧引，答非所问，即说到耗羡，亦究竟不知原委，万难见诸施行。甚至潘乙震之请开捐，路斯道之请铸币，尤为荒谬之极。诸臣沾沾以国用为言，竟似国用实有不足，不得不从权计议者。此风一开，言利之徒，接踵而起，为害甚大，岂止有妨政体。不但诸臣不当揣摩及此，即专司钱谷之臣，亦不当徒以综核为尽职也。因系降旨询问，虽乖谬特从宽宥。此后再有节外生枝，必治罪以为妄言之戒。"

于是廷臣商榷甚久，又逾半年以上，至十一月乙丑，由大学士等归纳内外诸臣复到各奏，统为一议，奏略如下：

耗羡归公，法制尽善，不可复更，众议佥同。有一二异议者，皆系不揣事势、不量出入之论。伏思耗羡由来已久，弊窦渐生。世宗宪皇帝允臣工所请，定火耗归公，革除州县一切陋习。各该省旧存火耗，提解司库，为各官养廉，及地方公事之用。从此上官无勒索，州县无科派，小民无重耗。以天下之财为天下之用，国家毫无所私，可以久远遵行，弗庸轻改。至总督高斌、孙嘉淦等请耗羡通贮藩库，令督抚察核，仍复年终报部之例。查各省动用存公银，款项繁多，若未悉情形，既行饬驳，势必掣肘。若竟听其任意费用，则侵滥之弊，无从剔除。惟送部查核，诸弊可厘。应如所请行。

此为内外众议，复由大学士取为定论，请定永远遵行。得旨如下：

钱粮有耗羡，事势必不得已。未归公以前，贤者兢兢守法，不肖者视为应得，尽入私囊。一遇公事，或强民输纳，或按亩捐派，无所底止。州县以上官员，养廉无出。收受属员规礼节礼，以资日用。州县有所借口，恣其贪婪，上官瞻徇而不敢过问，甚至以馈遗之多寡，为黜陟之等差。吏治民生，均受其弊。我皇考定归公之例，就该省旧收之数，归于藩司，酌给大小官员养廉，有余则为地方公事之用。小民止循旧有之章，有轻减无加益也。而办公有资，捐派不行，贤者无用矫廉，不肖不能贪取，爱养黎元，整饬官方，并非为国用计而为此举。以本地之出，供本地之用，国家并无所利于其间。然通天下计之，耗羡敷用之处，不过二三省，其余不足之处，仍拨正供以补之，此则臣民未必尽知者。此十数年中办理耗羡之梗概。朕御极以来，颇有言其不便者，是以留心体察，并于今年廷试，以此策问诸生，诸生敷衍成文，无当实事，于是降旨询问九卿、翰林、科道并各省督抚。今据回奏，大抵以官民相安已久，不宜复议更易。其中偶有条陈一二事者，不过旁枝末节，无关耗羡归公本务。朕再四思维，州县所入既丰，可以任意挥霍，上司养廉无出，可以收纳馈遗。至于假公济私，上行下效，又不待言矣。向朕所闻，未必不出于愿耗羡在下以济其私者之口。朕日以廉洁训勉臣工，今若轻更见行之例，不且导之使贪，重负我皇考惠民课吏之盛心乎？此事当从众议，仍由旧章。特颁谕旨，俾中外臣民知之。余着照大学士等所议行。

于是火耗与正赋，并明载由单串票。养廉自督抚至杂职，皆有定额。因公办有差务，作正开销，火耗不敷，别支国库。自前代以来，漫无稽考之赡官吏，办差徭，作一结束。虽未能入预算决算财政公开轨道，而较之前代，则清之雍、乾，可谓尽心吏治矣。因此事利弊复杂，再举当时赞否两方议论之工者作一比较，俾是非可了然焉。

《史稿·钱陈群传》：及敕询州县耗羡，疏言："康熙间，州县官额钱粮，收耗羡一二钱不等，陆陇其知嘉定县，止收四分；清如陇其，亦未闻全去耗羡也。议者以康熙间无耗羡，非无耗羡也，特无耗羡之名耳。世宗出自独断，通计外吏大小员数，酌定养廉，而以所入耗羡，按季支领，吏治肃清，民亦安业。特以有征报收支之令，不知者或以为加赋。皇上询及盈廷，臣请稍为变通。凡耗羡所入，仍归藩库，各官养廉及各州县公项，如应支给，其续增公用名色，不能画一，多寡亦有不同，应令直省督抚，明察某件应动正项，某件应入公用，分别报销。各省州县，自酌定养廉，荣悴不一，其有支绌者，应令督抚确察量增，俾稍宽裕。仍饬勿得耗外加耗，以重累民。则既无加赋之名，并无全用耗羡办公之事。州县各有盈余，益知鼓励。"

据此知康熙间不归公之耗羡，以陆清献之清，只取每两四分，是为康熙朝有清官。至养廉既定，就吾所见，清末之吾乡武进、阳湖二县，每两不过三分；嘉定亦赋重粮多之县，断不亚于武、阳，而犹非每两四分不能给，则有耗羡以后之州县，其清有过于陆清献，而决不得谓之清官，是为雍正朝无清官矣。不均者重行支配，公事多者并动正项报销，办公且不全仰耗羡，是即谕旨中申定之意。盖即自钱文端发之。其极指耗羡归公为大弊者，则如下：

又《柴潮生传》：疏言："耗羡归公，天下之大利，亦天下之大弊也。康熙间，法制宽略，州县于地丁外，私征火耗，其陋规匿税，亦未尽厘剔。自耗羡归公，一切弊窦悉涤而清之，是为大利。然向者本出私征，非同经费，其端介有司，不肯妄取，上司亦不敢强。贤且能者，则以地方之财，治地方之事，故康熙循吏多实绩可记，而财用亦得流通。自耗羡归公，输纳比于正供，出入操于内部，地丁公费，除养廉外无余剩。官吏养廉，除分给幕客家丁，修脯工资，及事上接下之应酬，舆马蔬薪之繁费，亦无余剩。地方有应行之事，应兴之役，一丝一忽，悉取公帑。有司上畏户、工二部之驳诘，下畏身家之赔累，但取其事之美观而无实济者，日奔走之以为勤，故曰天下之大弊也。夫生民之利有穷，故圣人之法必改。今耗羡归公之法，势无可改，惟有为地方别立一公项，俾任事者无财用窘乏之患，而后可课以治效之成。臣请将常平仓储，仍照旧例办理，捐监一项，留充各省公用。除官俸、兵饷动用正项，余若灾伤当拯恤，孤贫当养赡，河渠水利当兴修，贫民开垦当借给工本，坛庙祠宇桥梁公廨当修治，采买仓谷价值不敷，皆于此动给，以地方之财，治地方之事。如有大役大费，则督抚合全省而通融之。又有不足，则移邻省而协济之。稽察属司道，核减属督抚，内部不必重加切核，则经费充裕，节目疏阔，而地方之实政皆可举行。设官分职，付以人民，只可立法以惩贪，不可因噎而废食。唐人减刘晏之船料，而漕运不继；明人以周忱之耗米为正项，致逋负百出，路多饿殍。大国不可以小道治，善理财者固不如此。此捐监之宜充公费也。"

潮生此疏，《食货志》谓其独指耗羡归公之弊，并乾隆七年廷议耗羡而言之。其实潮生奏在十年，所陈理财三策，此乃捐监宜充公费之一策，故言耗羡归公，法无可改。但有司无宽余任用之资，治地方一切之事，咎耗羡归公之约束太严，其说绝不可行。必欲财政不为法拘，仍当立活动之法。所谓国税、地方税之分款，预算、决算之逐年制定，人民有权监督财政，尤为根本。既不当徒咎耗羡之归公，更不当指捐监为不竭之财源，成永久之裨贩。捐监随人所愿，既无的数可定，监生尽出捐纳，太学之制已亡。尽人皆为监生，久久又谁甘捐此滥品？其立想已非通论。故凡不愿耗羡归公者，皆非通达政体之言也。清世最重民生，其蠲免赋税，至不待凶歉，而以丰年留民余力，颇似汉之文、景。康熙五十年以后，每用三年一周普免天下钱粮之法，所谓"百姓足，君孰与不足"，康、雍、乾三朝，颇知其旨矣。

第三节
武功之继续——取准噶尔

准部自康熙初，代和硕特雄长四部厄鲁特，旁掠诸部，东则喀尔喀外蒙，西则哈萨克及葱岭东西回部，南及唐古特，为最强悍之种族。自为圣祖所膺惩，而其酋噶尔丹走死，策妄阿喇布坦旋即代兴，既扰西藏被逐回，入雍正朝阴结青海为变。世宗平青海，策妄阿喇布坦纳青海叛酋罗卜藏丹津，诏索之，始终不奉命。雍正五年冬，策妄阿喇布坦死，子噶尔丹策零立，好乱如其父，无驯伏意，朝廷谨防之。大军再定藏地，噶尔丹策零使至，奏请入藏煎茶，其辞不顺，至徙达赖喇嘛入内地避之。七年二月，谕王大臣等议申讨，谕文备详本末，可明历来史实。稍浑括其文如下：

《东华录》：雍正七年（1729年）二月癸巳，谕诸王、内阁、九卿、八旗大臣等：准噶尔噶尔丹、策妄阿喇布坦，世济其恶。我朝定鼎，各处蒙古倾心归顺，八十余年，惟准噶尔一部落，遁居西北五千里外，扰乱离间众蒙古。噶尔丹身为喇嘛，破戒还俗，娶青海鄂齐儿图车臣汗顾实汗兄拜巴噶斯之子之女为妻即阿奴，后又潜往青海，贼害妻父，掳其属人。续因喀尔喀七旗内，彼此稍有嫌隙，奏恳圣祖仁皇帝为之和解，因遣大臣同达赖喇嘛使者前往。噶尔丹遣人暗探消息，遂以喀尔喀卑视达赖喇嘛使人为辞，遣伊族内微末台吉多尔济查布，将喀尔喀汗、台吉等肆辱。喀尔喀汗等怒彼狂悖，将彼杀害，遂称杀害伊弟多尔济查布，猝击喀尔喀众溃，纷纷来投，圣祖仁皇帝施恩养育，遣使往谕噶尔丹与喀尔喀和好。讵噶尔丹借追袭喀尔喀之名，入犯边汛。仁皇帝遣使责问，噶尔丹设誓撤兵，乃并不归依牧所，潜居克尔伦图拉，暗行窥伺。仁皇帝复降旨谕回原牧，佯称遵旨，仍潜掠沿边蒙古畜牧，蒙古不获安居。我皇考遂亲统大兵，声罪致讨。噶尔丹接战大败，妻子被擒，窘迫自杀。彼时恐有黩武之议，中止捣巢。噶尔丹之侄策妄阿喇布坦与伊叔不睦，带领七人潜逃至吐鲁番居住。圣祖以伊遁迹逃生，加以恩泽，伊当感激归诚，将噶尔丹余剩部落赏给策妄阿喇布坦。彼时，策妄阿喇布坦甚为恭顺。其后，离间伊妻父图尔古特即土尔扈特之阿玉气汗与其子三济札布，诱三济札布携万余户至伊牧处，因而强占入己。从此窥伺青海。被哈密驻兵击败遁回，又假黄教为名，潜兵入藏，杀伊妻弟拉藏汗策妄后妻顾实汗曾孙女，毁寺庙，杀喇嘛，掠供器。是以特遣大臣往问，乃伊阻兵拒命，圣祖仍赐包容，令大兵缓进，遣使示以能悔过恩恩，具奏时另降谕旨。朕绍登大宝，伊虽遣使求和，朕谕来使分析利害，又恐伊心怀疑贰，将两路大兵尽撤。伊因此愈生骄傲，于定界一事妄欲侵占，朕又向来使降旨，令告知伊定界实于伊有益，如遵旨即遣使具奏，不遵亦必遣使前来。乃伊并不回奏。伊旋身故，伊长子噶尔丹策零使来，奏闻伊父已经成佛，又称欲使众生乐业，黄教振兴。

此即上所云"奏请入藏煎茶，其词不顺"。此岂噶尔丹策零应出之语？伊欲求和，应代伊父谢罪恳恩，送回青海叛逃之罗卜藏丹津；乃敢以如许诞妄之词，见之陈奏。闻策零甚属凶暴，西藏阿尔布巴等罪状，皆因与伊处相近，而罗卜藏丹津原系姻戚，彼此相依，仓猝窘迫时，必有投奔准部之计，因颇罗鼐奋勇截其去路，未得前进，即被擒获。今朕已将来使遣回，若伊遵旨陈奏，临时裁夺降旨。倘仍前顽抗不恭，将来必生事妄为。西北两三路大兵尽撤，如许安享太平之喀尔喀等，及安插妥帖之青海、西藏，必被扰害，此乃圣祖皇考注意未完之事，仰赖天祖福佑，帑充军奋，征讨可行。迟疑不决，定贻后悔。此朕一人之见。用兵大事，不可轻率，着各抒所见，公同密议具奏。寻议："准部三世踵恶，留听余孽，喀尔喀、青海、西藏，必被扰乱，乞大彰天讨。"得旨：众议佥同，即着办理。

以上谕旨中，留其有关事实而略其故示威德之空文。又其述准部先世源流，与《明史》不合，与《蒙古源流》亦不合。《朔漠方略》具载谕文，张穆《游牧记》中已辨正之。谓准部未平，中朝传闻未审。乾隆时撰《蒙古王公传》所叙即不如此，故删之。

三月丙辰，命领侍卫内大臣、三等公傅尔丹为靖边大将军，北路出师；川陕总督、三等公岳钟琪为宁远大将军，西路出师，征讨准噶尔。六月，上御太和殿，命大学士捧敕印授大将军傅尔丹出征。官吏行礼毕，上率大将军等诣堂子行礼。吹螺于兵部，大纛前行。礼毕，遂御长安门外黄幄，大将军等佩弓矢跪辞，以次行跪抱礼，上亲视大将军等上马启行。其进兵攻战之期，则犹定在明年也。十月十三日甲寅，岳钟琪自巴尔库（后改巴里坤，又改镇西府，复为厅）。奏："噶尔丹策零使臣特磊，于十月初六日至军营言：原解送罗卜藏丹津前来，闻总督有兵从哈密来，是以请示策零，将罗卜藏丹津仍回伊犁，轻骑赍折前来，语难凭信。"得旨：差员伴送至京。初六由巴里坤发折，十三日已奉旨，当时驿递亦甚速。八年五月谕："准噶尔藏匿罗卜藏丹津，发兵致讨，期于今年直捣伊犁。今噶尔丹策零遣使特磊奉表陈奏，谓已解送罗卜藏丹津，闻兵信暂中止。若赦其已往，即行解送。朕欲将进兵之期暂缓一年，遣回特磊，并差大员往谕准噶尔，受封定界，敦族睦邻，送出逃匿。俟特磊起身后，着岳钟琪、傅尔丹及参赞大臣等来京，应行事宜，著详议具奏。"寻议：由傅尔丹知会岳钟琪，先后到京，会同商酌。

《圣武记》谓噶尔丹策零之将解送罗卜藏丹津，以罗卜藏丹津与其族罗卜藏舍楞谋杀噶尔丹策零，事觉被执，故使特磊表献，闻师出而止。此说不确。罗卜藏丹津依准部三十余年，至乾隆二十年（1755年），伊犁平，乃就俘，高宗待以不死，且授其二子蓝翎侍卫，则其久依准部，非有相谋之隙。至罗卜藏策凌乃噶尔丹策零妹夫，其弃噶尔丹策零将内附，且败噶尔丹策零之追兵，亦傅尔丹所得谍传，不足信。解送之说，乃诡词以玩中朝耳。傅尔丹所奏谍言，在九年六月，尤非此时事，乃其败绩前数日所奏也。

两路大将军方入觐，噶尔丹策零已令其宰桑祸木特，以兵二万至科舍图汛，谋掠牛马。总兵樊廷等御却之。九年四月，傅尔丹筑城科布多，于五月初六日，身至筑城处，据侍卫巴尔善等所获准夷苏尔海丹巴一名供称："噶尔丹策零遣其将大小策零敦多卜以兵三万来犯，小策零敦多卜已至察罕哈达，大策零敦多卜兵未到，见到者止二万余名。而噶尔丹策零恐哈萨克闻讯，乘虚来攻，分兵两处各万人防守，噶尔丹策零游牧处，兵丁不过二千自保。"又供："噶尔丹策零前令其妹夫罗卜藏策零，率兵防哈萨克，罗卜藏策零自率其属归顺中朝，噶尔丹策零又派兵追之，为所败，续遣兵再追，因此大策零敦多卜延不得至。"傅尔丹信之，迭次具奏，并称选兵万人，轻装由科布多河西路，以六月初九疾进。途次复迭获准夷，语符前供。至七月丁卯（初六），谕大学士等："据傅尔丹奏，罗卜藏策零来投，曾降旨缘路查问安置，今情形可疑，着密谕加谨防范。"而傅尔丹已于六月二十日，遇贼二万余，连日交战被围，阵亡副将军巴赛、查纳弼，将校死者甚众。索伦蒙古兵皆溃，惟满兵四千卫辎重，退渡哈尔哈纳河。七月朔，得还科布多者二千人。岳钟琪闻北路被围，使纪成斌进攻乌鲁木齐（即今迪化），以分贼势。贼已委城先徙，无所得。诏降傅尔丹为振武将军，以顺承郡王锡保代之，斩先遁之参赞陈泰，移科布多营退至察罕廋尔。又以马尔赛为抚远大将军，屯归化城，为后路援应。是役也，世宗张皇大举，命将之礼极隆，盖狃于青海之骤胜，实未尝得准部要领，与康熙间朔漠之功大异。康熙时，噶尔丹转驱喀尔略来投，而策妄阿喇布坦已绝噶尔丹之归路，圣祖皆先得其情而投其间。雍正时，准夷无间可投，彼之行诈，中国之将帅茫然。夫无间可用，虽有良将，胜败亦在相持之数，况命将又为蠢蠢之傅尔丹耶？

《史稿·傅尔丹传》：颀然岳立，面微赪，美须髯。其为大将军，廷玉张实荐之。钟琪尝过其帐，见壁上刀槊森然，问安用此？傅尔丹曰："此吾所素习者，悬以励众。"钟琪出曰："为大将，不恃谋而恃勇，败矣！"此据《先正事略·岳钟琪事略》载入。

时青海部落以防准夷设汛，亦乘间叛。虽由其本部未叛之王、台吉自相追捕，已颇纷扰。世宗抚谕甚至，谓蒙古系元后，准部系奴仆，投中朝则爵赏稠叠，投准夷则徒受虐使。前后封赏劝导，论旨谆切，而准部亦遣间诱煽，狡展不示弱。蒙古台吉颇有从叛者。西藏亦以防准夷故，再内徙达赖喇嘛至泰宁。九年八月，西藏贝勒颇罗鼐奏报："准噶尔欲送回拉藏之子苏尔杂，立为西藏汗。"谕以"准夷杀害拉藏而掳其子，今称送回，又与往年噶夷遣策零敦多卜送回拉藏长子噶尔丹丹忠，遂袭藏而杀拉藏，如出一辙。"令颇罗鼐以此宣谕唐古特众。准夷屡窥北路科布多，清廷已命抚远大将军、大学士马尔赛由归化城进扎图拉等处，会同喀尔喀王公防守。九月，准夷大策凌敦多卜取道阿尔台迆东，略喀尔喀。土谢图汗部亲王丹津多尔济、三音诺颜部郡王额驸策凌，时皆以从征功授定边副将军，迎击准夷，斩其骁将喀喇巴图尔。大策零敦多卜退走，仍布伪书，诱厄鲁特公、台吉等，多从叛者。复谆谕未叛者省悟，赏丹津多尔济银万两，策零晋和硕亲王，亦赏银万两。十年六月，准夷小策零敦多卜率众三万犯北路。七月，傅尔丹接战大败，西路岳钟琪之师亦久无功。谕以钟琪办理军务不妥，召还京。其先钟琪奏军事十六条，谕谓"一无可采"。又奏筑城于巴里坤西北四百余里之木垒，屯兵一二万，与巴里坤大营犄角。城未成，贼众已逼哈密。钟琪遣总兵曹勷击败之于二堡，又遣将军石云倬等赴南山口、梯泉等处，截贼归路。云倬发兵迟一日，贼已窜越。钟琪劾之，既治罪，而大学士鄂尔泰并劾钟琪。得旨：削公爵及少保，降三等侯，戴罪立功。七月城成，大军由巴里坤进驻木垒，而已奉召还之旨，以副将军张广泗护大将军印。钟琪奏木垒四面受敌，必不可驻大兵。诏速撤回巴里坤。广泗并言钟琪主用车战，敌准贼马力。谕革钟琪职，交兵部拘禁候议。越二年，大学士等复讯，拟斩决。得旨，改斩监候。

礼亲王昭梿《啸亭杂录》：岳威信公佩抚远大将军印，以入觐，命提督纪公成斌权其篆。会准夷入寇，掳马驼万余，纪不时奏，乃为总督查郎阿所发，遂褫岳公爵，置纪于法。然尝闻老卒有云："岳既入朝也，纪以满人强劲，因以驼马命副参领查廪领卒万人驱牧。廪性懦葸，畏边地寒，因以马驼付偏裨，以五十人放牧，而己率众避寒山谷间，日置酒高会，挟娼妓以为乐。会准夷入寇，偏裨报廪，廪笑曰：'鼠盗之辈，不久自散。'因按兵不往。及马驼被掳，廪闻信，乃先弃军去。过曹总兵勷垒，呼曹救之。曹性卞急，因率兵往，为其所败，单骑而奔，赖樊提督廷率本标卒追之，转战七昼夜始却敌。廪见纪公，皆委罪于曹勷，纪笑曰：'满人之勇，固如是耶？'将收缚斩之，会岳公至。纪告其故，岳公惊曰：'君今族矣。满人为国旧人，宗戚甚众，吾侪汉臣，岂可与之相抗以干其怒耶？'因解廪缚，以善言谕之，因皆委罪于曹，斩之以徇，而以捷闻。廪乃恨公刺骨。会查郎阿巡边，故廪戚也，廪因矫控岳公诸不法事，以及纪公掩败为功诸状。查故怒岳公，因诬实其言以闻。上大怒，斩纪公于营，置岳公于诏狱，而廪官固如故也。"呜呼！世宗之于岳公，君臣之际，可谓至矣，因忤一满人卑职者，乃使青蝇之谗，为祸若尔，持国柄者可不省欤！

昭梿袭爵在嘉庆间，去雍正时七八十年，据一老卒言，未必极确。但钟琪为将有名，亲贵犹崇拜之，觉世宗之谴责为太过，则公道不可诬也。世宗以初即位时，平青海太易，时即收功于钟琪。至此大举幸功，已属骄兵，逮一再挫衄，以敌无衅可乘，虽钟琪亦无必胜之策，遂斥其所陈军事一无可采。旋因小人之间，至怒而欲杀钟琪，此特泄忿于钟琪耳。吐鲁番产粮，钟琪发驮马往运，会准夷入寇，世宗谓为钟琪炫视粮多之故，应给价令吐鲁番自运云。以此归罪，何至夺爵下狱论斩。故雍正年之用兵准部，为失败之兵事。特内度其帑藏充盈，军士用命，尚不至遽伤元气。则虽不知彼，尚能知己，故不至甚败。且旋即与准部议和撤兵，泄忿于将帅而不敢泄忿于敌，故不以忿兵致害，此尚为明主之事耳。然亦幸外蒙有一策零能拒强敌，若纯恃满洲军，外蒙不可保，而青海、西藏皆震动生变矣。危哉！

北路战事，当十年七月，傅尔丹再失利，准夷突至杭爱山，掠哲卜尊丹巴胡土克图牧地。时哲卜尊丹巴已徙避至多伦泊，空无所得。八月，探知策零军赴本博图山，遂突袭其帐于塔密尔河，尽掠子女牲畜。策零还击贼，并急报顺承郡王，请夹攻。贼方饱掠不设备，蒙古兵夜半绕间道出山背，黎明自天而下，贼仓皇溃遁，追击大战二日，贼大败，而援师不至。策零独转战至额尔德尼昭，锡保及丹津多尔济无能为助。额尔德尼昭地右阻山，左逼水，道狭而喇嘛寺横亘之。（寺，即蒙古语谓之昭也。）蒙古兵乘暮薄险蹴准夷，贼三万，击斩其半，挤坠溺死亦半。蒙古兵伤者甚少。以无兵夹攻，贼得突围推河，尽弃辎重山谷间以阻追师。策零急檄驻拜达里克河马尔赛之师，邀其归路。拜达里克有城，城中有兵万三千，副将军达尔济整兵待发，不许；副都统傅鼐至跪求亦不应。敌骑过者，无复行列。翌日，将士皆不问将军下令，自开城追斩尾贼千余，贼酋则已先过矣。事闻，诏斩马尔赛及附和阻挠之都统李杕以殉，旋并罪顺承亲王锡保、土谢图汗亲王丹津多济，独奖额驸策零，晋封和硕超勇亲王、大札萨克。策零在雍正三年，已奉诏于喀尔喀三部中自袭祖称三音诺颜号，别为三音诺颜部。——喀尔喀于是始有四部。盖分土谢图汗部为二，以土谢图汗部已渐收西北境，拓至乌梁海科布多，由十七旗滋息至三十八旗，以策零功，分二十旗使之别自为部。至是更以讨准夷大捷，受上赏。若非此捷，则漠北大扰，震及漠南，讨准一役为不可收拾矣。亲贵无能，将帅失律，不审敌情，骄兵取败，赖策零以蒙古兵累胜，佩定边左副将军印，屯科布多，总理进剿机宜，相持逾年。于十二年五月，谕停止进兵，遣使宣示准夷利害，退驻北路兵，示和意。十三年三月，噶尔丹策零亦报使请和，争定地界，谓阿尔泰原系厄鲁特牧，杭爱乃喀尔喀牧，请由哲尔格西喇呼鲁苏至巴里坤，画界分守。诏下策零议，策零言："喀尔喀牧地可如所请，惟设汛已在哲尔格西喇呼鲁苏界外，应如故。准噶尔游牧，应以额尔齐斯及阿尔泰为界。"帝韪之。谕噶尔丹策零："阿尔泰之属厄鲁特，乃噶尔丹从前之事，今可以为界，不可以为牧地。"付准夷使臣赉谕归，并撤青海驻防兵。达赖喇嘛回藏，哲卜尊丹巴胡土克图亦回牧。此雍正之于准噶尔，以征讨始，以约和终。是为西陲未竟之局。岳钟琪至乾隆二年（1737年）方出狱，囚禁盖已五年。家居逾十年，至乾隆十三年（1748年）用兵金川，乃再出立功，以十九年卒。明年，准部内衅已熟，大军讨平之，钟琪不及见矣。

　　终世宗之世，以与准部议和为归结。乾隆元年（1736年），撤两路大军还。北路于乌里雅苏台为前线，鄂尔坤为后路。西路以巴里坤为前线，哈密为后路。各留兵戍守。嗣是噶尔丹策零尚与策零往返争阿尔泰地，亦遣使来请于朝，俱弗许。四年，界议始定。十年，噶尔丹策零死，次子策妄多尔济纳木札勒嗣。于时准部尚守约，清廷以其间平金川，盖自十一年瞻对土司之乱始，至十四年春乃定。十五年二月，定边左副将军、超勇亲王额附策零卒，特敕配享太庙，创蒙古诸藩未有之典，视怡贤亲王例，崇祀京师贤良祠，谥曰襄，建碑纪功烈。从其世子成衮札布言，以遗意祔葬公主园寝。初，策零有二子陷准部中，与准部议界时，准使至京师语及之，策零不为动，厉辞拒折，准使意沮，乃定议。六月，授其子成衮札布嗣为定边左副将军。西藏郡王颇罗鼐卒于十二年三月，颇罗鼐子珠尔默特那木扎勒，以颇罗鼐请，越其兄为长子（郡王之应袭者称长子）。至十五年，阴通准部为外应。既请罢驻藏兵，得允，又袭杀其兄，扬言准部兵至，欲为变。驻藏大臣都统傅清、左都御史拉布敦，先发图之。以无兵，乃诱珠尔默特那木扎勒至寺中，登楼手刃之。二人亦为其党所害。帝命四川总督策楞、提督岳钟琪引兵入藏，达赖喇嘛已使公爵班第达擒逆党以闻，遂止所调大兵，封赠先事靖变之二臣。自是藏中不复封汗王贝子，以四噶布伦分其权，而总于达赖喇嘛。命副都统班第为驻藏大臣。班第达，颇罗鼐婿也，不附逆，先为珠尔默特纳木札勒所恶，夺其孥，至是以达赖喇嘛令摄藏事，遂平乱。诏以其未能救护二臣，仅使以辅国公爵，管理噶卜伦事。

两金川即大小金川，位于今四川省西部，大金川是大渡河上流，小金川是大渡河上流东面的支流，都为藏族聚居地。从元朝开始，中央政府先后在两金川分设土司，令其各自管辖、相互牵制，以巩固边围安全。但因为土司众多，彼此之间每次都因为承袭土职或边界纠纷而不断争斗仇杀。清朝初年，沿袭明朝旧制，颁授土司印信，接受清廷册封。但效果不佳，土司们依旧常常以朝廷名号恃强掳夺，蚕食邻邦，导致边境不安。另外，在地理位置上，大小金川靠近成都，远连卫藏，为了永靖边围，威胁到内地安全，乾隆皇帝兴师进剿。于是才有平定大小金川之战。《平定两金川得胜图》反映的正是清政府两次出兵平定大小金川叛乱这一史实。

《平定两金川得胜图》
（清）徐扬绘　收藏于北京故宫博物院

收复小金川

攻克喇穆及日则丫口

攻克罗博瓦山碉

攻克宜喜达尔图山梁

攻克日旁一带

攻克康萨尔山梁

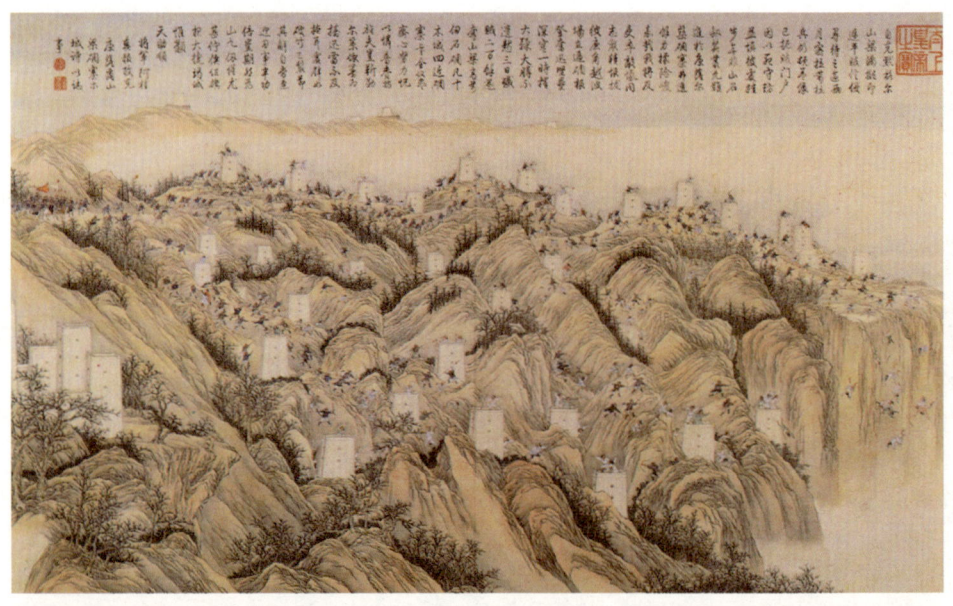

攻克木思工噶克丫口

攻克宜喜、甲索等处碉卡

攻克石真噶贼碉

攻克咱则大海、昆色尔山梁并拉枯喇嘛寺等处

攻克科布曲、索隆古山梁等处碉寨

攻克噶喇依报捷

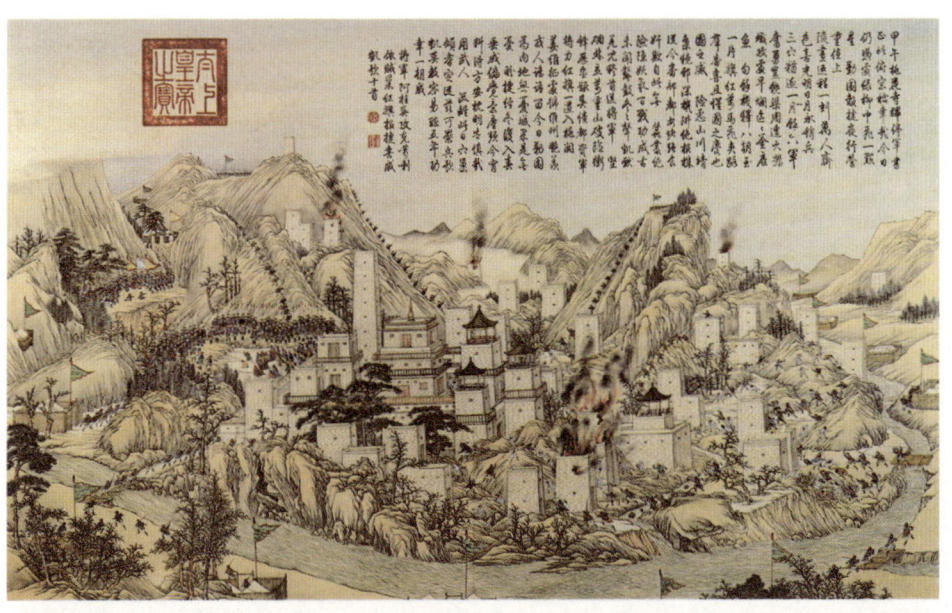

郊台迎劳将军阿桂凯旋

午门受俘

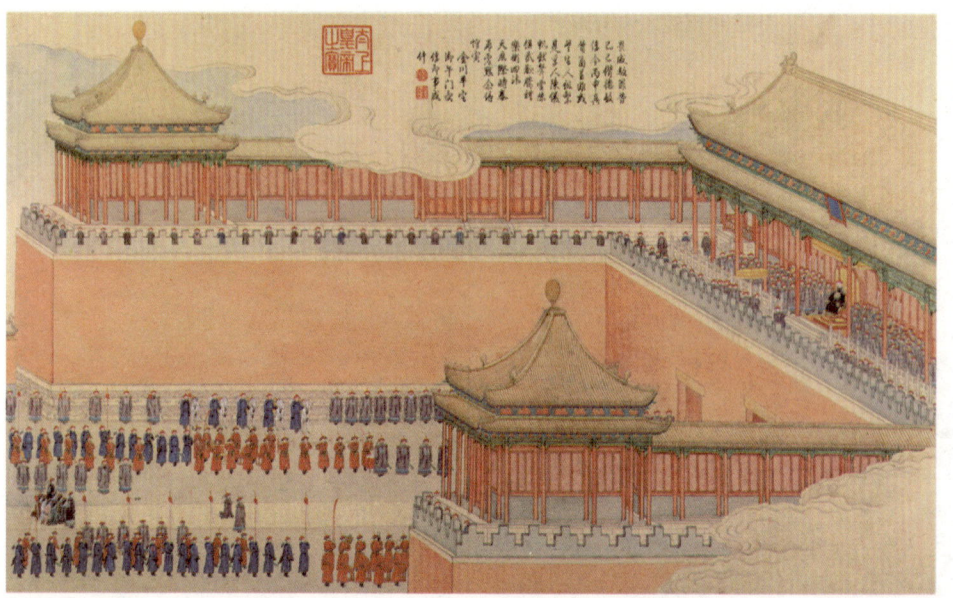

紫光阁凯宴成功诸将士

金川，内地土司也。用兵虽久，得人即蒇事。藏乱则与准噶尔相呼应。准部不平，西事终为患。至乾隆十五年间，准噶尔内衅生，朝廷开辟新疆之机乃成熟。是年正月壬子，准部使来，犹为策妄多尔济纳木扎勒所遣。盖嗣汗位既第六年矣。九月壬戌，准部宰桑萨喇尔率众来降，朝廷始知策妄多尔济纳木札勒已为其姊夫萨奇伯勒克所杀，而助其庶兄喇嘛达尔札篡汗位。准部有同族两台吉，皆名策零敦多卜，冠大、小字为别，皆以谋勇辅策妄阿喇布坦父子，屡扰邻境。及汗被弑，小策零敦多卜之子达什达瓦与辉特台吉阿睦尔撒纳、和硕特台吉班珠尔，谋立噶尔丹策零幼子策旺达什为汗，达什达瓦及策旺达什二人，皆为喇嘛达尔札所杀。时大策零敦多卜之孙达瓦齐游牧额密尔，领准噶尔二十一昂吉之一，与阿睦尔撒纳等惧祸及，欲来降。定边左副将军成衮札布以闻，诏以准夷与中国只定界约，未尝定不纳降人之约，许纳之。而达瓦齐已变计走哈萨克，喇嘛达尔札索之，遂窜归，与阿睦尔撒纳等又弑喇嘛达尔札而袭其位。准噶尔与杜尔伯特部同姓绰罗斯，同为明时也先后，向与准部同牧，牧地在额尔齐斯河。其台吉有三车凌，因部内乱，达瓦齐方篡，又与小策零敦多卜之孙纳默库济尔噶尔构兵，各召令为助，三车凌不知所可，遂谋内附以避之。三车凌，一名车凌，一名车凌乌巴什，一名车凌蒙克。内附之讯既达，诏定边左副将军纳之，其部众从者至五千余户，入边令暂驻乌里雅苏台。达瓦齐遣宰桑祸木特追之，由博尔济河入喀尔喀汛，不及，复逸出。上以"守汛不谨"，责驻防乌里雅苏台副都统达青阿。达青阿召祸木特至，诱擒之，械送京师。谕又责其"召而辄至，何用诱擒"，宥罪给冠服，就道中释之归。盖用攻心之术矣。三车凌子弟亦有叛遁，诏厚抚其未叛以致之。准部日有离散，未几内哄又起。

《马术图》
(清)郎世宁等绘 收藏于北京故宫博物院

清乾隆十九年（1754年），在清军平反厄鲁特蒙古族准噶尔部叛乱的关键时期，厄鲁特蒙古族的杜尔伯特部首领策反阿拉布坦的外孙阿睦尔撒纳投奔清朝。乾隆皇帝对这一维护国家统一的行为很是赞扬，亲自在承德避暑山庄接见了杜尔伯特部的首领，对其进行封爵和赏赐，并在宴会上一起观看马术表演。此图反映的正是这一历史事件。图中骑队列前端的锥形大臣组成的锥形队列前端的便为乾隆皇帝。

  达瓦齐之篡也，恃阿睦尔撒纳及班珠尔等羽翼之。既而小策零敦多卜之孙纳默库济尔噶尔与达瓦齐构兵不解，将与分辖准部。阿睦尔撒纳复计诱纳默库济尔噶尔杀之，恃功益骄横。达瓦齐不能堪，以兵击之，阿睦尔撒纳遂偕班珠尔内附。事在十九年七月。阿睦尔撒纳者，策妄阿喇布坦之外孙，班珠尔则其同母兄也。其父为和硕特顾实汗之玄孙，名噶尔丹丹衷。顾实汗曾孙拉藏，康熙末为西藏汗，其子丹衷，赘于准部。时准酋策妄阿喇布坦娶拉藏之姊，而以其女赘丹衷，假送婿女归藏名，袭杀拉藏，亦杀丹衷。丹衷妻先生子名班珠尔，丹衷死时复有孕，生阿睦尔撒纳，再嫁辉特部，阿睦尔撒纳遂冒为辉特台吉，班珠尔则仍为和硕特台吉而居准部，至是来归。准部中，杜尔伯特部酋讷默库以下，封郡王、贝勒、贝子、辅国公、台吉有差，辉特部酋阿睦尔撒纳封亲王，和硕特部首班珠尔以下，封郡王、辅国公。祃木特之归也，为达瓦齐掠阿睦尔撒纳罪。阿睦尔撒纳既内附，祃木特感不杀恩，亦有归志，诏授内大臣。二十年二月，大举讨准噶尔，命班第为定北将军，出北路，阿睦尔撒纳副之，科尔沁亲王色布腾巴勒珠尔、郡王成衮札布、内大臣祃木特，参赞军务。永常为定西将军，出西路，萨喇尔（十五年来降之准部宰桑）副之，郡王班珠尔、贝勒札拉丰阿、内大臣鄂容安，参赞军务。各携两月粮，分出乌里雅苏台及巴里坤，期会于博罗塔拉河。缘途降者相继。博罗塔拉河距伊犁三百余里，达瓦齐素纵酒，不设备。至是，仓猝遣亲信两宰桑出令箭征兵，自率亲兵万人，走保伊犁西北百八十里之格登山，阻淖为营。官军遮获其征兵之宰桑，具悉其国中解体状，士争奋渡伊犁河，追袭将及格登山，夜遣降人阿玉锡等率二十余骑觇路。阿玉锡即乘夜大呼突其营，夷众瓦解，达瓦齐逾冰岭南走回疆，官兵以二十余骑收其众七千余。达瓦齐率余众半途逃散，仅余百骑，投所善乌什阿奇木伯克霍吉斯。大军于伊犁获数十年未获之罗卜藏丹津，霍吉斯亦承将军檄，执达瓦齐献之。准部不血刃而平。逮献俘至京师，帝以罗卜藏丹津在世宗曾有来归不死之谕，亦赦之。既封功臣，亦封阿睦尔撒纳双亲王，食双亲王俸。萨喇尔一等超勇公。旋封达瓦齐、霍吉斯皆为亲王、郡王。分建四厄鲁特汗，各部落设盟长及副将军一人。

十月，阿睦尔撒纳复乱。时大军已撤，班第、鄂容安留伊犁筹善后，仅余兵五百。初，四部厄鲁特本各有汗，准部强盛，伊犁始为四部长，抗中国者数世。帝既命分建四部，阿睦尔撒纳意不慊，阴使哈萨克、布鲁特诸部纵流言，非己总四部，边不得安。擅诛杀掳掠，擅调兵，不服赐衣翎顶，不用副将军印，自用浑台吉菊形篆印。帝令九月至热河行饮至礼，中道北逸，日出煽乱。伊犁诸喇嘛、宰桑蜂起相应。班第、鄂容安力战走二百余里，被围死之。北路军将既陷，西路永常有兵不相援，仓皇退回巴里坤。帝逮治永常，以策楞代，永常道死。又命玉保、富德、达尔党阿为参赞。赐轻信纵逃之喀尔喀亲王额林沁多尔济自尽。二十一年二月，策楞等复伊犁，阿睦尔撒纳遁入哈萨克。时追贼将及，贼遣人诳报，有台吉诺尔布已擒阿逆来献。玉保驻军待之，先以红旗报捷于策楞，策楞据以入奏。既知为贼所误，将军、参赞互相咎，谓马力竭顿师伊犁不进。帝命达尔党阿、哈达哈代之，命兆惠自巴里坤赴援。二十二年二月，达尔党阿由西路击败哈萨克二千人，阿酋易服潜遁。又使哈萨克人来言："需汗至即擒献，乞暂缓师待。"达尔党阿果下令驻军，阿酋飏去。哈达哈出北路，又遇哈萨克不击。从征降人宰桑见两将军皆见卖无能，皆轻之，诸部并叛，都统和起被诱歼焉。策楞、玉保逮问，途次为厄鲁特所杀。兆惠以兵千五百入伊犁。阿酋闻诸部构乱，自哈萨克归，会诸部于博罗塔拉河，欲自立为汗。准部大扰。兆惠闻变，自济尔噶朗河转战而南，沿途杀敌数千，于二十二年正月至乌鲁木齐。敌众皆会，连日数十百战，至特讷格，不复能冲击，乃结营自固。会帝先命侍卫图伦楚率巴里坤兵往迎，围乃解，复往剿巴雅尔部落（属杜尔伯特），始回巴里坤。四月，议大剿准部，定边左副将军成衮札布出北路，右副将军兆惠出西路。会诸部落自相吞噬，兆惠兵至，诸酋先后授首，阿酋投哈萨克。哈萨克汗阿布赉已与阿酋积衅，且惧大兵，遣使入贡。阿酋来投只率二十人，遂先收其马，阿酋惊，携八人夜走俄罗斯界。帝命移檄索之，阿酋适患痘死，移尸近边，命喀尔喀亲王等赴验以闻。成衮札布以定边左副将军归镇乌里雅苏台。兆惠率兵四千，弹压厄鲁特余党。未几，而回疆兵事又起。

准格尔之强也，西域、回疆皆为所属，并属及哈萨克、布鲁特诸部，至葱岭以西回部，阿富汗俾路是等，皆役属焉。准部既平，清之西北，自当以准部旧属为属。顾后来以俄人认哈萨克为其所属，清廷不能纠正，哈萨克呼吁，亦畏难不欲受理，且视为茂远无稽，不确求其清理之道，盖自嘉庆初年而已然。道光后渐多事，至西陲沦陷，俄占伊犁，交涉收回，天然让步。但在兵力克取新疆之后，尚不十分寒乞，较之东北界务，其丧失正同。无故各割地数千里，惰气所乘，视疆宇无足爱惜。乾隆以前，日有进取；乾隆以后，日有放弃。殆所谓不进则退者耶。

第四节
武功之继续 —— 取回疆

回疆已服属于准噶尔，准部既平，似已一并收功，不烦再举，高宗初志本然。乾隆二十年正月甫动讨准之兵，二月即传谕西路参赞鄂容安："汉时西陲，塞地极广，乌鲁木齐及回子诸部落，皆曾屯戍，有为内属者。唐初都护开府，扩地及西北边。今遗地久湮，此次进兵，凡准噶尔所属之地、回子部落内，伊所知有与汉唐史传相合可援据者，并汉唐所未至处，一一询之土人，细为记载，遇便奏闻，以资采辑。"此谕见《东华录》，可见成功者自有意识，而事实正不如是之易也。数月内果平伊犁，而回部和卓甫脱准部之羁绊，而准部则又有阿睦尔撒纳之变，回部因有大、小和卓之生心。鄂容安亦死于阿酋之变。回疆乃终烦武力取之矣。

回疆在汉唐时，早为西域城郭之国。唐以前佛教流行，其变为回教，世系有不能详。而《圣武记》特凿凿言之，虽未知其所根据，然与他官书多未尽合，则亦不敢尽信也。

《圣武记》：隋、唐之际，其国王天方国谟罕蓦德者，生而神圣，尽臣服西域诸国，始扫佛教，自立教，造经三十篇，敬天礼拜，持斋戒。葱岭以西，皆尊曰天使。回回语称天使为别谙拔尔，亦曰派罕巴尔。传二十有六世，曰玛墨特者，当明之末年，与其兄弟分适各国，始自墨德逾葱岭，东迁喀什噶尔，是为新疆有回酋之始，即霍集占兄弟等之高祖也。其回部旧汗，本元太祖次子哈萨岱之裔，世封回部。及玛墨特自西方至，各回城靡然从之。旋值厄鲁特强盛，尽执元裔诸汗，迁居天山以北。回部及哈萨克皆为其属。哈萨克行国仅纳马，而回部各城则分隶诸昂吉准部昂吉二十一。昂吉者，分支也，乃台吉所有之户下，征租税，应徭役，并质回教酋于伊犁。康熙三十五年（1696年），噶尔丹败后，其质伊犁之回酋阿布都实特自拔来归，圣祖优恤之，遣人护至哈密，归诸叶尔羌。是为霍集占兄弟之祖。至其子玛罕木特，噶尔丹策零复袭执而幽之，并羁其二子，使率回民数千，垦地输赋，长曰布那敦，亦曰博罗尼都，次曰霍集占，即所谓大、小和卓也。

篇末又著论，略曰：

考霍集占高祖玛墨特之初迁喀城也，当明之末季，距其始祖派罕巴尔已千余年。徒以来自天方，回人神明奉之，生即所居为寺，没即所墓为祠。其时回疆各城，尚皆有汗，皆元太祖之裔，非回国裔也。顺治初，哈密有巴拜汗，叶尔羌有阿布都汗，吐鲁番有苏勒檀汗，皆以叶尔羌酋为大宗，每表贡皆叶尔羌汗署名。康熙二十五年（1686年），贡表称臣成吉思汗裔，承苏赉满汗业。其时尚未为回酋所有。逮准噶尔强盛，攻破回子千余城，自后无复表贡。而乾隆二十年大军荡平准部时，惟有吐鲁番旧头目莽苏来降，此外无蒙古遗种。吐鲁番旧头目亦已迁居喀喇沙，失其故土久矣。然则回城各蒙古酋汗，盖康熙中准夷灭之，非回教逐之。准夷既灭元裔各汗，并执回教之长归伊犁，是则霍集占祖宗并未占有回疆，享一日之威福。且派罕巴尔子孙分适各国，喀城和卓特其一支，非其嫡裔大宗也。彼大、小和卓兄弟，又非有功德于回民也。王师出之拘幽，反之旧部，饥附饱飏，报德以怨。

据魏氏言，蒙与回之递代，亦由理想推之。事实不可以理想为定断，但当存为一说耳。文已稍嫌武断，证以史实，殊有非是。则因其推断不确，并其确举之名字、世系，亦大有疑问。

《明史·西域四卫传》略言：哈密，汉伊吾卢地，唐为伊州，宋入于回纥，元末以威武王纳忽里镇之，寻改为肃王，卒，弟安克帖木儿嗣。洪武中，太祖既定畏兀儿地，置安定等卫，渐逼哈密，安克帖木儿惧，将纳款。成祖初，遣使来朝贡马。永乐元年（1403年）十一月至京。明年六月，封忠顺王。八年，封兔力帖木儿为忠义王。嗣王脱脱从弟宣德二年（1427年），命二嗣王同理国政，自是二王并贡。弘治三年（1490年），马文升言："番人重种类，且素服蒙古。哈密故有回回、畏兀儿、哈剌灰三种，北山又有小列秃乜克力相侵逼，非得蒙古后裔镇之不可。今安定王族人陕巴，乃故忠义脱脱近属从孙，可主哈密。"五年春，立陕巴为忠顺王。六年春，吐鲁番速檀阿黑麻袭哈密，执陕巴。廷臣议：陕巴即使复还，势难复立，令都督奄克孛剌总理哈密事，与回回都督写亦虎仙、哈剌灰都督拜迭力迷失等，分领三种番人以辅之。十年，阿黑麻送还陕巴，土军仍旧封。十八年，陕巴卒，其子拜牙即自称速檀，命封为忠顺王。时吐鲁番阿黑麻已卒，其子满速儿嗣为速檀。正德六年（1511年），满速儿甘言诱拜牙即叛。八年，拜牙即弃城叛入吐鲁番。嘉靖初，刑部尚书胡世宁言："拜牙即久归吐鲁番，回回一种，早已归之，哈剌灰、畏兀儿二族逃附肃州已久，不可驱之出关，然则哈密将安兴复哉？乞置哈密勿问。"后哈密服属吐鲁番，迄隆庆、万历朝，犹入贡不绝，然非忠顺王苗裔矣。

综《哈密传》文，明初其地已属色目，而非蒙古。色目有三：曰畏兀儿，曰回回，曰哈剌灰。元以色目与蒙古为阶级，自与蒙古为标异。《辍耕录》载色目三十一种，畏兀儿作畏吾儿，回回同，哈剌灰当即阿儿浑。畏兀儿、哈剌灰所奉之教，未敢必为回教。回回则必系回教，非回纥或回鹘旧有之名。唐回纥亦佛教，后天方之摩诃末教渐风行各国。元初惟知回纥为西方大国，而奉摩诃末教，即名此教为回纥教，而奉此教者即名之为回纥，不暇深辨，音又讹为回回。盖回回之名，即从奉回教而来，说详屠氏寄《蒙兀儿史记》。哈密为回疆东界，元时已为回族所居，则谓明末始有谟罕蓦德二十六世裔孙玛墨特东迁喀什噶尔，为新疆有回酋之始。其意殆谓以前只有回民，而其中并无布教之领袖耶？且玛墨特与其兄弟分投各国，皆在同时，独玛墨特东逾葱岭，为新疆回酋之始，其他兄弟所适之国尚多，当葱岭以西回教之国，皆待此而有回酋耶？哈密忠顺王为元代威武王之裔，非元祖次子哈萨岱之裔。哈萨岱，《元史》作察合台，官书叙回部之祖，亦作察哈岱，《圣武记》作哈萨岱，字已误倒。威武王，《元诸王表》作威武西宁王出伯，大德八年（1304年）封。十一年，进封豳王。又，豳王、出伯，大德十一年（1307年）由威武西宁王进封。喃忽里，延祐七年袭封。喃忽里即纳忽里。然在进封豳王之后始袭，所进王非肃王，《明史》微误。此王驻西宁或豳州，兼辖哈密，或元亡后退驻边外而抵哈密。要为元在中国本部之藩王，非察合台藩国之分王。速檀系回部酋长之称，《哈密传》中一见。下《吐鲁番传》中，累易酋长，皆称嗣速檀位，盖即今回教国中所称苏丹，清官书作"苏勒檀"。顺治中之吐鲁番苏勒檀，名阿布勒阿哈默特。魏氏以苏勒檀为吐鲁番汗之名，亦殊不审。

《明史·吐鲁番传》略言：去哈密千余里，汉车师前王地，隋高昌国，唐灭高昌置西州及交河县，此则交河县安乐城也。宋复名高昌，为回鹘所据，尝入贡。元设万户府。永乐四年（1406年），其万户赛因帖木儿遣使贡玉璞，后其酋迭来朝贡，命为都督佥事，或指挥佥事，或都指挥佥事。正统间，其酋也密力火者，侵并火州、柳城，国日强，僭称王。景泰、天顺间，一再来贡。成化五年（1469年），遣使来贡。其酋阿力，自称速檀，迭有奏请，不可尽从。九年春，袭破哈密，执王母，夺金印，分兵守之而去，而修贡如故。谕献还哈密王母及城印，屡不果。十四年，阿力死，其子阿黑麻嗣为速檀，而哈密都督罕慎于十八年潜师克哈密。弘治元年（1488年），罕慎复被诱杀，仍据哈密，后献还，又夺又还，求通贡如常。十七年，阿黑麻死，长子满速儿嗣为速檀，桀骜变诈逾于父，修贡如故。正德九年（1514年），诱哈密袭王拜牙即叛归己，复据哈密。朝廷大臣张璁、桂萼等倾陷异己，阴庇满速儿，起封疆之狱，谴逐杨廷和、彭泽诸人。满速儿桀骜益甚。中朝许通贡，而哈密存亡置不复问，河西稍获休息。嘉靖二十四年（1545年），满速儿死，长子沙嗣为速檀，其弟马黑麻亦称速檀，分据哈密，而兄弟鬩杀。嗣其弟琐非等三人，亦各称速檀。迄万历朝，奉贡不绝。

吐鲁番在元设万户府，则非有驻守之汗王。其为元裔与否，《明史》不著。正统间，酋阿力自称王。成化间，贡使亦称其酋为速檀。自阿力以下，传其嗣阿黑麻及满速儿，三世桀骜。满速儿尤能使哈密自投，明廷不能复问，享国尤长，为吐鲁番最悍之酋。疑后世彼族自称先业，侈言苏赉满汗，即此满速儿译音之歧出也。

《旧国史·吐鲁番回部总传》：顺治三年，吐鲁番苏勒檀阿布勒阿哈默特阿济汗，遣都督玛萨朗琥伯峰等奉表贡。谕曰："吐鲁番乃元青吉思汗次子察哈岱受封之地，前明立国，隔绝二百八十余载，今得幸而复合，岂非天乎？"苏勒檀者，犹蒙古称汗。明成化时酋号如之。十年，贡表署苏勒檀赛伊特汗。十二年，回使克拜赉叶尔羌表至，表署阿布都喇汗。诘表异名违例故，克拜告曰："哈密、吐鲁番、叶尔羌长皆昆弟，其父曰阿都喇汗，居叶尔羌，卒已久，有子九，长即阿布都喇汗，居叶尔羌。次即阿布勒阿哈默特汗，居吐鲁番，先二年卒，次苏勒檀赛伊特汗嗣之。次巴拜汗，居哈密，以得罪天朝故，为叶尔羌长所禁，阿布勒阿哈默特汗子代之。次玛哈默特苏勒檀，居帖力。次沙汗，居库车。次早死。次伊思玛业勒，居阿克苏。次伊卜喇伊木，居和阗。前叶尔羌汗遣其弟自吐鲁番请贡，故表称吐鲁番罕名。今以叶尔羌为昆弟长，故表称叶尔羌汗名。"康熙十二年，吐鲁番使乌鲁和卓等至，贡表称祃木特赛伊特汗，署一千八十三年。二十年，吐鲁番使伊思喇木和等贡，表署阿布勒穆咱帕尔苏勒檀玛哈默特额敏巴图尔哈什汗。二十五年，复遣使乌鲁和卓至，表称："臣青吉思汗裔，承苏赉满汗业，谨守疆界，向风殊切，今特遣献方物。"三十四年，大军议征噶尔丹。先是，噶尔丹强胁吐鲁番为己属，兄僧格子策妄阿喇布坦与构怨，携父僧格旧臣七人入走吐鲁番，寻徙和博克萨哩。吐鲁番为策妄阿喇布坦属。至是刑部尚书图纳请檄吐鲁番，令知罪只噶尔丹，勿惊惧。诏允之。三十五年，噶尔丹败遁，叶尔羌汗阿卜都斯伊特自军所降，告叶尔羌有兵二万，吐鲁番有兵五千，请携孥赴吐鲁番，宣圣德，偕策妄阿喇布坦擒献噶尔丹。上悯其情，遣归，噶尔丹寻走死。

顺、康间，回部来贡诸酋之为元裔，略如魏氏之说。惟称吐鲁番之回酋独为苏勒檀汗，稍未审。《传》言噶尔丹强胁吐鲁番为己属，策妄阿勒布坦因与噶尔丹构怨，走吐鲁番，吐鲁番遂属于策妄阿勒布坦，为弱小顺服随遇而安之常态。仰准部为上国，不获自达于中朝。谓攻破千城，故无贡表，未必确。回虽属于准，固未尝灭绝。魏氏误以蒙与回分为二，其实回疆之蒙古诸汗即是回酋。康熙十一年为回历千八十三年，十二年始达京师，署表固在前一年也。叶尔羌汗阿卜都斯伊特即魏氏所谓回酋阿布都实特，而又谓为即霍集占兄弟之祖，则自为派罕巴尔种，而非蒙古种，此为官书所绝不言。不但此《传》不言，其详叙霍集占源流时亦不言，疑未必确。康熙时，大军未至伊犁，噶尔丹走死，伊犁已为策妄阿勒布坦所据，所云"自军所降"，未必由伊犁自拔来归，特为噶尔丹挟以从军，军败出降耳。为质伊犁之说既不确，且亦当是蒙裔之回酋，非派罕巴尔裔也。

《旧国史·回部台吉哈什木传》：吐鲁番人，姓博尔济吉特，为元太祖裔。初，元太祖定西北诸部，分遣王、驸马等领之。次子察哈岱居伊犁，兼辖吐鲁番回众。越十传，至特木尔图呼鲁克，弃蒙古俗，习回教。子吉匜尔和卓布哈尔拜密尔徙居吐鲁番，不复有伊犁地。本朝康熙二十五年，有阿布勒穆咱帕尔苏勒檀玛哈玛特额敏巴图尔哈什汗者，自吐鲁番贡称元裔，见《吐鲁番回部总传》。五十九年，大军讨准噶尔，由吐鲁番进击乌鲁木齐，哈什木兄莽苏尔迎献驼马。军还，策妄阿勒布坦罪之，禁诸喀喇沙尔。乾隆二十年，大军定准噶尔，莽苏尔闻之乞降，定北将军班第奏请遣辖吐鲁番旧属，未定议而阿睦尔撒纳叛，莽苏尔等不获归吐鲁番。二十四年，叶尔羌诸回城定，乃获莽苏尔及哈什木。二十五年入觐，上以其为元太祖裔，诏并授一等台吉，留京师。

此为吐鲁番旧头目莽苏尔事之曲折。其迁喀喇沙，缘策妄阿勒布坦怒其迎大军，献驼马。阅四十年而归京师，受爵传世，以终回疆、蒙古之局。魏氏恍忽言之，反滋疑窦矣。

《国史·回部贝勒霍集斯传》：霍集斯，乌斯人，父阿济斯和卓，为吐鲁番头目。准噶尔胁徙喀喇沙尔，复自喀喇沙尔徙乌什。阿济斯和卓死，葬阿克苏。霍集斯嗣，居乌什。其兄曰阿卜都伯克，弟曰阿卜都里木，居阿克苏。乾隆二十年，大军征准噶尔，抵伊犁，达瓦齐窜逾库鲁克岭。霍集斯侦达瓦齐将赴喀什噶尔，伏兵绐迎，擒以献。阿卜都伯克告叶尔羌、喀什噶尔，将偕色沁准部官名，专司炮者。希卜察克众，袭库车、阿克苏、赛里木、多伦诸回城，请遣旧和卓子归。旧和卓曰阿哈玛特，为派罕帕尔裔，世居叶尔羌、喀什噶尔辖回族，准噶尔诱执之，禁诸阿巴噶斯，赍恨死。子二：长布拉呢敦，次霍集占，仍羁阿巴噶斯。大军至，乃释之。将军班第遵旨，遣霍集斯偕布拉呢敦归抚叶尔羌诸城。

此为霍集占兄弟之缘起。其父为旧和卓，名阿哈玛特，与魏氏作玛罕木特者略异。旧和卓为世居叶尔羌、喀什噶尔辖回族者，不言其先世之名，魏氏以为即名阿布都实特者。据前《吐鲁番总传》，叶尔羌汗阿卜都斯伊特，自即阿布都实特其人。称汗而不称和卓，是蒙而非回。和卓与汗同居一地，特和卓专辖回族，是为宗教之首领，与汗、王等酋长之称不同，恐非旧和卓之父也。魏氏盖粗阅官书，遽以理想推断，出之太快，于事实有未尽合。盖准、回两部，经兵力荡平，后又以其地改设行省，不为藩属。藩属尚多有记其原委者，有《准部纪略》，高宗所制，以矫正雍正间传闻之误，故尚有可据。回则无翔实之记载。魏氏约略叙之，不免失实，特为疏通证明之如此。

乾隆二十年平伊犁，大、小和卓被羁于伊犁者，奉诏遣大和卓布拉呢敦先回，安抚叶尔羌等处。小和卓霍集占尚留伊犁。未几，阿睦尔撒纳复叛于伊犁，霍集占颇为阿酋用。二十一年三月，官兵再入伊犁，阿酋遁入哈萨克，霍集占亦遁归叶尔羌，遂与其兄布拉呢敦共谋，纠回众据境自守。朝廷方遣侍卫托伦泰赴叶尔羌、喀什噶尔抚谕大、小和卓，久未返。七月，定边右副将军兆惠自伊犁奏遣副都统阿敏道率兵往收阿克苏、库车、乌什各回部，且侦托伦泰信。是月，霍集占送托伦泰还，兆惠饬阿敏道驰往抚谕。霍集占驱率回众，列城尽靡，库车、拜城、阿克苏等城阿奇木伯克（统理地方诸务之回官）鄂对等不从乱，奔伊犁。十月，兆惠奏霍集占悖逆状，令鄂对等从阿敏道进兵。鄂对在道闻亲族被杀，各城响应，小和卓心腹阿布都已守库车，劝阿敏道急归，待大军偕进。阿敏道不从，率索伦兵百、厄鲁特兵三千，至库车。霍集占在焉，闭城拒师，且诡言：厄鲁特吾仇，虑为害，撤还即降。阿敏道遂命厄鲁特兵退，以百索伦兵入城，为霍集占所执。明年遇害，从者数将及兵百人皆从死。是时，准噶尔余党以官军自哈萨克撤回，复煽乱。兆惠驻伊犁，后路尽梗，整师东旋，至鄂垒扎拉图。巴里坤办事大臣雅尔哈善以闻，诏趣赴援，甫得脱归。阿酋又回窜伊犁，北疆军事亟。兆惠檄参赞大臣富德追阿酋，自驻济尔哈朗地防回变。谕饬其不知缓急。盖高宗知回部无远图，先以靖准部为急。五月，阿敏道死事闻。九月，乃命兆惠等筹剿回部。诏授兆惠定边将军。二十三年正月，兆惠奏言："沙喇擘勒厄鲁特贼众万户，请先剿除。"诏以参赞大臣雅尔哈善为靖逆将军，专办回部。四月，兆惠奏准噶尔之事将竣，请由伊犁剿回部。七月，命与雅尔哈善合兵进剿。会雅尔哈善已围库车，霍集占来援，为官军击败，入城拒守。城以柳枝、沙土密筑甚坚，炮攻不能入。提督马得胜穴地入城，已将及，雅尔哈善督之急，夜秉燧入穴开凿。城贼见火光，于城内为横沟，沟水入穴，官兵皆没。降回鄂对告雅尔哈善："库车食且尽，霍集占必出走，城西鄂根河水浅可涉，北山通戈壁，走阿克苏，分兵屯此二隘，霍集占可擒也。"不省。越八日，霍集占夜引四百骑，启西门涉鄂根河遁。又数日，阿都卜克勒木复夜遁。余头人阿拉难尔等率老弱以城降。帝闻失霍集占，盛怒，以纳穆札尔代为靖逆将军，三泰为参赞，命兆惠至军，斩疏纵之副都统顺德讷，逮雅尔哈善及得胜返京师。二十四年正月，亦以失机鞫实正法。顺德讷者，当霍集占逃出时，侍卫噶布舒知之以报，顺德讷闻报，以夜不肯往追，令贼得渡河，据桥断后者也。未几，参赞哈宁阿亦论斩。

《平定准部回部得胜图》

（清）郎世宁等绘　收藏于北京故宫博物院

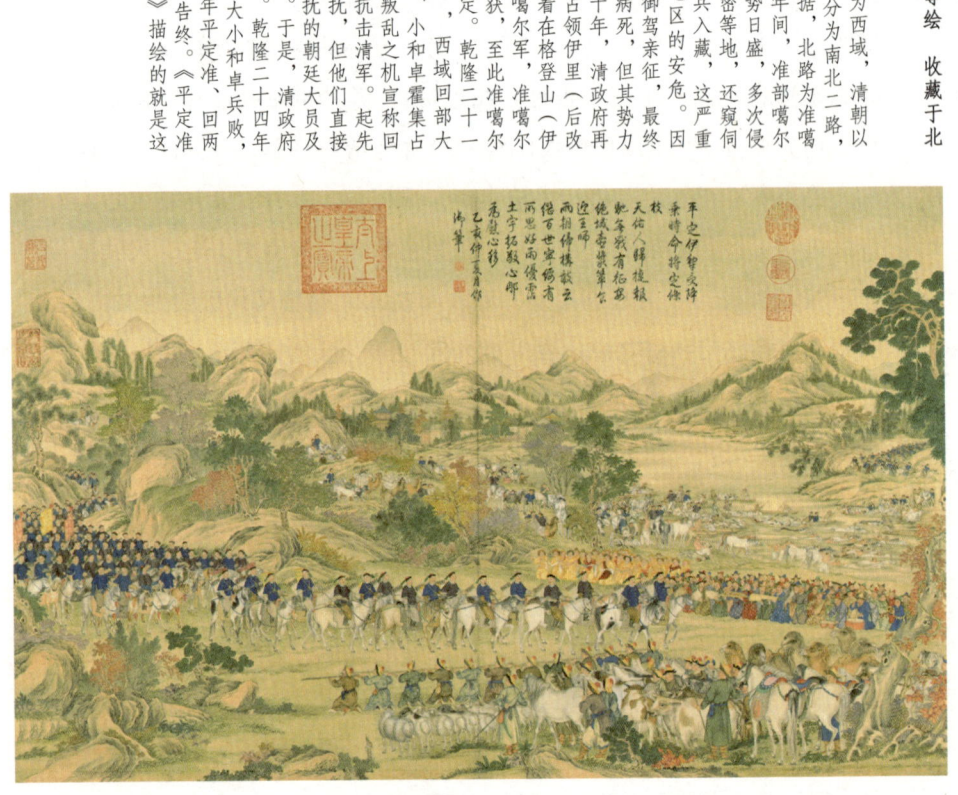

新疆在古代称为西域，清朝以关山为界将其分为南北二路，南路为回部占据，北路为准噶尔占据。康熙年间，准部噶尔丹汗崛起，形势日盛，多次侵犯喀尔喀、哈密等地，还窥伺青海，想要潜兵入藏，这严重扰乱了北疆地区的安危。因此，康熙皇帝御驾亲征，最终噶尔丹汗兵败病死，但其势力尚存。乾隆二十年，清政府再次出兵，首先占领伊里（后改为伊犁），接着在格登山击溃准噶尔军，准噶尔汗达瓦奇被俘获，至此准噶尔叛乱才完全平定。乾隆二十一年（1756年），西域回部大和卓布拉呢敦、小和卓霍集占兄弟乘准噶尔叛乱之机宣称回部独立，起兵抗击清军。起先清政府派员招抚，但他们直接戕害了前往招抚的朝廷大员及随从100余人。于是，清政府移师进剿回部。乾隆二十四年（1759年），大小和卓兵败，清政府历时5年平定准、回两大部落的战役告终。《平定准部回部得胜图》描绘的就是这一历史事件。

平定伊犁受降

格登鄂拉斫营之战

鄂垒扎拉图之战

158

和落霍澌之捷

库陇癸之战

乌什酋长献城降

黑水围解

呼尔璊（mên）大捷

通古思鲁克之战

霍斯库鲁克之战

阿尔楚尔之战

伊西洱库尔淖尔之战

平定回部献俘

扳达山汗纳款

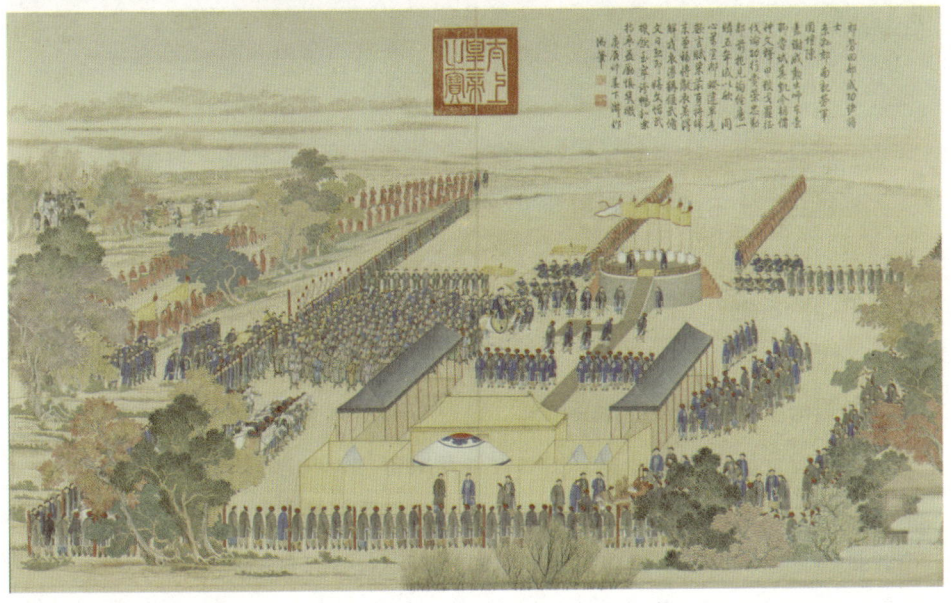

郊劳回部成功诸将士

凯宴成功诸将士

　　回疆自古为城郭国，势分力弱，弓马无特长，剽悍非素习，故西域从无为中国患者，非劲敌也。惟中国之兵远征，则主客异势，一失呼应，后路可虞。统观西师将帅，雅尔哈善等固为旗下纨袴，偾事有余；易以兆惠，不过较勇敢不避艰险耳。比之光绪初湘军之节制，则不逮甚远。其成功乃乘单准部之势，取准部之所已胁服者而继续之，其事至顺。霍集占为回人中稍桀黠者，因其世为和卓之资望，由伊犁脱归，亲见阿睦尔撒纳未俘，准夷已降者亦多反侧，料中朝疲于奔命，无暇南来，故敢于侥幸一试耳。是时中朝实力甚厚，北路之军未撤，别遣专征回部之师，若雅尔哈善等亦属中材，大、小和卓在库车早已就获。迨二酋均逸，将帅骈诛，兆惠移伊犁得胜之师南下，逾天山，抵阿克苏，回部头目颇拉特等以城降。不数日，霍集斯亦自乌什迎降。霍集斯亦回部强族，前大军初定伊犁，霍集斯因准酋达瓦齐遁入回疆，诱擒以献。又以布拉呢敦及霍集占为旧和卓子，请于大军，得释归。故霍集斯以回部盛族，而又有德于霍集占兄弟，霍集占感且惮之。时阿睦尔撒纳方为副将军，预讨达瓦齐有功，霍集斯阴乞阿酋，事平以己长回部，中朝密防之。既而阿酋叛，霍集占兄弟继之，遂析霍集斯兄弟子侄各居一城为伯克。霍集斯父阿济斯和卓，本吐鲁番头目，为准噶尔累徙至乌什。至是，霍集占以霍集斯为和阗伯克，子漠咱帕尔为乌什伯克，兄阿卜都伯克为叶尔羌伯克，兄之子阿布萨塔尔为阿克苏伯克，实挟之以从军。至霍集占自库车出窜，霍集斯绐之，请入乌什召其众从徙。既入乌什，遂以兵拒霍集占。兆惠檄至，霍集斯父子出降，并遣子弟赴叶尔羌，招降其兄阿卜都伯克，时在二十四年九月。回部降者已相踵，无坚城可相抗矣。十月初三日，兆惠兵至，距叶尔羌四十里之辉齐阿里克，讯擒获回人供：霍集占已入叶尔羌城，布拉呢敦驻当噶勒齐，离喀什噶尔一站地。奏言："叶尔羌城大，兵少不足合围，且自乌什进兵，以三千余人，行戈壁千三百里，马亦疲乏。南路通痕都斯坦、巴达克山、喀达喇土尔伯等处，均拟驻兵堵截。又回人多窖粟，须分军搜掘以窘之，令内自生变。以故兵马皆需接济。"十一月奏至，谕前命富德帅师自准部赴兆惠军，着速进。又命阿里衮为参赞大臣，选马三千匹，率兵六百，亲送兆惠军营。而是时兆惠已被围于黑水矣。

黑水之围，清纪载侈张其事，其原盖出高宗《御制十全武功诗》而来。按之《东华录》，当时奏报无此夸大也。神奇之说，本不足信。今两相比较，以考其实。

《东华录》：二十三年十一月丁酉，阿克苏办事头等侍卫舒赫德奏："十月二十日，将军兆惠差人送到文书，并所派往截喀什噶尔贼援之副都统爱隆阿途中相遇，带到移文，内称：将军问知霍集占敌群所在，领兵往攻，至叶尔羌城外，贼众阻河为阵，因渡桥攻剿。过兵甫四百余，桥断，贼四合，将军备击，两易马俱中枪毙，面及胫俱伤，幸不甚重，力战浮水至营。贼马步万余来合围，虽有剿杀，无马不能冲突，遂掘濠结寨，贼亦结寨相持。计军需马驼，尚可供两月食，惟军器火药不足。被围后乘夜前行，遇爱隆阿之兵，令其先来通信等语。"数日间，兆惠奏迭至，略言："臣等渡河向叶尔羌城南进兵，十月十三日，贼兵约四五千骑，步贼在后，并迎出，沟内排立。臣等冲突，贼败走，又放枪拒敌。臣等正在奋击，贼又从两翼夹攻，因马力不能驰骤，回保大营。贼四面合围。我兵杀贼虽多，阵亡亦百余。总兵高天喜，原任前锋统领、侍卫鄂实，原任副都统三格，侍卫特通额，俱殁于阵。骑贼数千，步贼亦多，与我兵接战五昼夜，臣等固守大营，相机剿杀。口粮尚可支持一两月。臣等以阿克苏、乌什既定，机不可失，轻敌妄进。臣兆惠罪实难逭。然策应之兵，年内齐集，尚可合力攻剿。"又据爱隆阿奏："靖逆将军纳穆札尔、参赞大臣三泰，于十月十三日带巴图鲁侍卫奎玛岱并兵二百余，前赴兆惠大营。夜四鼓时，遇回兵三千余，仓猝冲拒，三人均已阵亡。"既而舒赫德又奏："十二月初三日，询据叶尔羌来投回人言，布拉呢敦、霍集占马步万人，合围大兵三十余日，因闻布拉呢敦所辖之喀什噶尔属城英吉沙尔忽被布鲁特抢掠，二贼猝谋御敌，是日薄暮，将军领兵纵火夺贼营二，劫杀看守人众过半。二贼谓将军与布鲁特有约，遣人议和，将军射书传谕，缚献霍集占方允纳款。往复未决，从此遂不交锋。又军营脱出之厄鲁特人告称，军营掘得米一百六十窖，收马千余匹，驼千余只。布拉呢敦因喀什噶尔告急，撤回防御，所留仅二百人。"二十四年二月，谕："富德等奏报，正月初六日领兵至呼尔璊，霍集占等率骑五千抗拒，转战至初九日，马匹远行力乏，不能悉行斩获。是夜月落后，阿里衮送马已到，即与分为两翼，阵戮贼众甚夥。初十日天晓收兵。计五日四夜，杀贼千余，及中伤者无算。布拉呢敦于初六日战时，胁间中枪甚剧，舁入城，旋回喀什噶尔。计阵戮贼巴图尔十五名，大伯克数十名。兆惠闻枪炮声，即遣人赍文通信等语。"奉谕："舒赫德称，有乌什回人告称将军掘得窖粟，及得马驼各千，布拉呢敦已回喀什噶尔。今览兆惠咨文，并未收获马驼，而富德又称布拉呢敦临阵负伤，舁入城中，是来投之回人托克托默特所言，尽属子虚，或系霍集占遣来懈我军心，自应查明此人见在何处，严拿送军营，交与兆惠审理。"越数日，富德又奏："呼尔璊转战五日，得兆惠资，于十三日至叶尔羌河岸侦探，相距二十里。十四日黎明，前进六七里，右翼阿里衮、爱隆阿以枪炮败贼数次，余贼仍依芦苇放枪。臣富德、舒赫德领左翼兵急进，贼渡河而逃。计剿贼二三百人。又防城内突出，中军与右翼以次进攻，令左队努三等领马兵堵截，寻至营盘，知将军大臣官兵无恙，贼人屡败，不敢来犯。见派努三等殿后，徐回阿克苏。"

据上各奏报，兆惠被围，自缘轻进，一时死高职旗员及汉总兵大员为数不少，实属将军失机。至被围数月，回人奄奄如不欲战，可见并非大敌。口粮早称尚可支持，亦不待得窖粟，获马驼，尽邀天赐。回人隔岁之粮，本以窖藏为习惯，故兆惠未被围前，已奉命遣兵搜掘。即得窖粟，非有神奇也。乃《国史·兆惠传》及《圣武记》，则言之甚怪。《清史稿·兆惠传》又用《圣武记》文。魏氏文笔甚健，录如下：

将军兆惠移师而南，时两和卓奔阿克苏，其伯克霍吉斯，即前擒献达瓦齐受封者也，闭城不纳，给令赴乌什，乌什亦不纳，于是小和卓奔叶尔羌，大和卓奔喀什噶尔。兆惠使鄂对抚和阗，而霍吉斯随军。时兵皆未集，惟领步骑四千先行，而留副将军富德剿余贼，俟集大军继进。时小和卓已坚壁清野，刈田禾，敛民入城，使我军无可掠。又于近城东北五里，掘壕筑台，欲持久困我。而大和卓据喀什噶尔相犄角。十月初六日，师至叶尔羌，阵于城东，两翼兵先夺据其台。贼东、西、北三门，各出精锐数百骑，来当我，三战三北，入城固守不出。城大十余里，四面十二门，兆惠以兵少不能攻城，欲伺间出奇。先营城东隔河有水草处，结营自固。葱岭北河经喀城外，葱岭南河经叶尔羌城外。土人称北河为赤水河，南河为黑水河，此所谓黑水营也。回语称赤曰乌兰，黑曰哈喇，水皆曰乌苏。兆惠既分兵八百，使副都统爱隆阿扼喀什噶尔援路，又侦知贼牧群在城南英奇盘山下，谋渡河取之，以充军实。十三日，留兵守黑水营，而率千余骑自东而南，甫渡四百骑，桥忽断，城中贼出五千骑来截。我兵奋力突其阵，步贼万余继之，骑贼复张两翼，围攻我后。我隔河军不能相救，又地沮洳难驰骋，且战且退，浮水还营，中途为贼截隔数队，人自为战。自旦至暮，杀贼千计，而马多陷淖，亦阵亡将士百余，伤者数百。兆惠左右冲突，马中枪，再毙再易，明瑞亦受伤，总兵高天喜等俱战殁。贼复逾河来攻五昼夜，我军且战且筑垒，贼亦筑长围困我。十七夜，兆惠遣五卒分路赴阿克苏告急，舒赫德飞章入告。贼于上游决水灌营，我师于下游沟而泄之。营依树林，枪炮如雨，我师伐树，反得铅丸数万以击贼。会布鲁特掠喀什噶尔，我军纵火攻焚贼营，贼疑布鲁特与我军有约，大和卓乃使人议和。兆惠执其使，射书谕以必先缚献霍集占，方许纳款。又掘井得水，掘窖得粟，三月不困，贼骇为神。初，上以兆惠、富德两军久暴露于外，将士皆劳顿，于两月前即命靖逆将军纳穆扎尔、参赞三格往代，又命增调索伦、察哈尔兵赴之。及是，兆檄爱隆阿率兵还阿克苏催援军，遇靖逆等以二百余骑径进，止之不可，复遇害。富德在北路，闻黑水围急，即率新到之索伦、察哈尔兵二千余，及北路兵千余，冒雪赴援。二十四年正月六日，欢呼尔璊，遇贼五千骑，且斗且前，转战四昼夜，沙碛乏水，齿冰救渴。又乏马，兵半步行。九日，渡叶尔羌河，距黑水军尚三百余里，贼愈众，不能进，适巴里坤大臣阿里衮奉命，以兵六百、马二千、驼一千，合爱隆阿之兵千余，夜至，遥望火光十余里，知官军与贼相持处也。又途遇我劫营之卒，知望援孔急，即横张两翼，大呼驰薄，声尘合沓，直压贼垒，与富德军三路备蹴。贼黑夜不知官兵若干万，自相格杀溃遁。我师遂长驱进，未至黑水营数十里，又击败之。兆惠见围贼日少，又遥闻枪炮声，尘大起，从东来，而营中所掘井忽瞢，知大军已集，即勒兵溃围，杀贼千余，尽焚其垒。贼大败入城。两军会合，振旅还阿克苏。

兆惠于解围后还阿克苏，高宗尚深责之。时和阗方被攻，不急救，乃共还阿克苏。高宗谓前以一军尚进至叶尔羌，今两三军会合，和阗近而阿克苏远，反奔还不顾。后和阗亦未失，回酋实无能为。兆惠此时已因受封一等公，卒以功成加赏宗室公品级鞍辔。富德亦由伯封侯，视其方略则平平也。魏氏于兆惠入回疆时，不叙阿克苏、乌什迎降，未言振旅还阿克苏。围中拔出，未能克一城，何言振旅。中间夸大之语，若圣天子自有神助，即可不用兵力者然。此出高宗不负责之诗歌，遂为官修诸书所承用，然《实录》则无之。高宗当盈满之日，好作粉饰之词，正其日中则昃之象。更录其诗如下：

《御制十全诗文集·黑水行》："喀喇乌苏者，唐言黑水同。去年我军薄狃穴，强弩之末难称雄。筑垒黑水待围解，讵人力也天缾㦿。明瑞驰驿逾月到,自注:毅勇承恩公明瑞,孝贤皇后侄也,命以副都统行间为前锋,召回京,问以被围情状,自叶尔奇木抵京,路万五千里,疾驰逾月而至。面询其故悚予衷。蜂蚁张甄数无万,三千余人守从容。窖米济军军气壮,奚肯麦麹山鞠劳。引水灌我我预备,自注:逆狃导渠淹我营垒,将军兆惠等预开沟引之入河,且转资其用。反资众饮用益丰。铳不中人中营树,何至析骸薪材充。着木铳铁获万亿,自注:贼据高施铳,铅丸垒集营树上,我军斫木为薪,木中得铅丸万亿,即取以击贼,毙贼无算。翻以击贼贼计穷。先是营内所穿井,围将解乃甓其中。闻言为之怅,诸臣实鞠躬。既复为之感,天眷信深崇。敬读皇祖《实录》语,所载曾闻我太宗:时明四总兵未战,正值大雾弥雰雰。敌施火炮树皆毁,都统艾塔往视攻。回奏敌炮止伤树,我兵曾无伤矢弓。匪今伊昔蒙帝佑,觐扬前烈励予冲。讵人力也天骈幪,大清寰海钦皇风。"

此诗明言所据为明瑞口语,非将帅奏报之文。奏报尽载《实录》,《东华录》录之。将帅于奏报,已不无张功掩败之习,若诗歌遣兴,原无信史之责,而官私著述据之。自来帝制神权,合而为一,仗迷信以服人者,皆作如是观可矣。

当黑水解围,已在二十四年正月十四日,而阿克苏办事侍郎永贵奏:"一准前赴和阗之侍卫齐凌扎布等呈称:回党鄂斯璊统众六百,犯和阗所属额里齐、哈喇哈什两回城,破克勒底雅一回城,请兵救援。即一面派兵,一面咨商由北路赴援黑水之参赞都统巴禄,将所领之兵协剿。"巴禄即奏以进援兆惠为要,未往和阗。至兆惠救出以后,各军会合,即远道撤回阿克苏,巴禄亦在撤回之列。兆惠乃于路奏:"拟回阿克苏后,更由阿克苏、和阗两路进兵,此时未便兵驻阿克苏一处,已与阿里衮、巴禄、阿桂驻阿克苏,候马驼粮饷,分兵一半,

紫閣元勳

紫光閣功臣像——阿桂

令爱隆阿驻乌什就粮，兼防喀什噶尔一路。和阗应援，自不可缓，但马力疲乏，先拣官兵数百，令瑚尔起、巴图济尔噶勒前往，沿途捉生询问，若和阗守御如旧，即会同夹击，否则收兵来迎富德，俟粮饷马匹到时，领兵接济。臣兆惠俟办足五千兵粮马，再策应富德，并从和阗往取叶尔羌，并堵截逆贼逃往巴达克山等处路径。"奉谕："兆惠、富德等遽行撤回，不知是何意见？和阗去叶尔羌颇近，阿克苏则甚远，富德救援将军，自谓了事犹可恕，兆惠身为阃帅，待人救出即撤回，太不知愧奋。且不援和阗，岂不为霍集斯所笑。和阗之围，齐凌扎布以寥寥之众尚能相拒，兆惠到彼即可败贼，乃仅遣瑚尔起、巴图济尔噶勒往塞责。又巴禄本接永贵行知，赴和阗援剿，以援兆惠未往，今将军已援出，何以不援和阗？谓兵力不足，则兆惠一军尚能相拒，况与富德两队会合，岂转患其弱？谓马力不足，则既可回至阿克苏，何难就近赴和阗因粮以守？"旋兆惠等奏："瑚尔起等二月二十日至和阗达哩雅河，知额里齐等二城未陷，余为贼据，叶尔羌尚无贼众前来。"谕："所报和阗情形，霍集占兵力已穷蹙，兆惠等正月十四日解围而出，至二月初二日，已逾半月，和阗回人尚云叶尔羌未有贼众前来，是从前围守军营及侵犯和阗，不过乌合之众，兆惠等应就见在兵力，加意奋勉，以冀大功速成。"既而哈喇哈什城被陷，齐凌扎布等脱出，仍随同进兵。兆惠等由阿克苏出兵，途次得和阗之克勒底雅及塔克等，回城人等闻清军将至，擒获敌方所用头目来降。兆惠进兵喀什噶尔，于闰六月初三日至伊克斯哈喇。有喀什噶尔投诚回人，称布拉呢敦将伊等抢掠潜逃，伊等即来迎大兵，即派人驰往喀什噶尔安抚城堡。据所属牌租阿巴特回城伯克呢雅斯呈称：六月间，霍集占遣人告知布拉呢敦，焚毁叶尔羌、喀什噶尔城堡，令回人等迁往巴达克山，我即闭城拒守。闻霍集占兄弟约于色哷库勒之齐里衮巴护相会。于是檄知布鲁特纳喇巴图等，截贼前往色呼库勒投霍罕额尔德尼伯克之路，一面尽力尾追。富德亦奏："由固璘萨纳珠前进，霍集占已弃叶尔羌，逃往英吉沙尔，大、小伯克等迎降，抚定其众四万余户。"七月七日，追及阿尔楚山，复与贼战，戮千余，斩骁贼阿布都等，获甲纛兵械无算，官兵仅伤一卒。又三日，至伊西洱库泊，乃巴达克山界。山麓逼水，仅容单骑，贼辎重徒属拥塞，官军两军分扼其走路，令鄂对霍吉斯树回纛大呼招降，降者蔽山而下，霍吉占手刃之不能止。凡降回众万二千，牲畜万计，两和卓挈妻孥徒众三四百人走巴达克山。巴达克山酋索勒坦沙奉将军檄擒献，以"回部信奉经典，不能自擒族类转送与人"对。既而两和卓怒巴达克山不恭，欲约邻部扰之，乃兴兵拒战于阿尔浑林之岭，擒其兄弟，函首军门以献。八月庚午，捷奏至京，宣示中外。于是葱岭以西布鲁特、爱乌罕、博罗尔、敖罕、安集延、巴达克山诸国皆遣使来。而北路则哈萨克本役属于准部，在当时已从属于中国。嘉庆以后，镇守西北之旗籍大臣，视新疆为彼族豢养地，于界务非所注意，俄人逐渐进占，中央亚西亚回部尽失，而哈萨克亦由俄人认为彼属。哈萨克呼中朝申理，中朝惮烦，遂弃哈萨克为俄属，而准部境内有哈萨克聚居之地，反从而隶属之。不战而割地数千里，为东北西北所同，此又盛极而衰之已事也。

　　高宗之取新疆，虽元代西北土地尚逾于此，然三大藩各自立国，乃蒙古种族之庞大，几与统治中国之元朝无涉。除元以外，清之武功为极盛矣。然考其终极，西北之气运当亡，收其功者无若何名绩可记。高宗庙谟独运于上，指挥颇中肯綮，而元勋上将，若兆惠之俦，细核其功状，实不足满人意。高宗于此役，亦知取乱侮亡，事非艰巨，特予丰镐旧臣，事前假以立功名，事后资以为汤沐，其昏惰甚不堪者乃诛之，即成功者亦何曾有殊绩。纳穆札尔、三泰以将军参赞之任，赴敌就死如偏裨，弥见朝廷命将之失。然且专征已非亲贵，所用不过开国勋臣之裔，亦见八旗人材之日耗，与康熙时已大不侔矣。十全武功，铺张极盛，而衰象早伏其中。清一代纪功之文，汗牛充栋，无有就《实录》胪其平凡之状者。总之，准部自伐而人伐之，回部不能抗准而反欲抗中朝，亦惟两和卓之妄耳。天之予清特厚，高宗无忧盛危明之意，侈十全之武功，是其福过灾生之渐。又以此私厚旗人，于边计益闭塞无远虑。后来一开行省而气象大变，则知高宗之设置新疆，规模不足取矣。

回疆既平，以采玉为一大役。和阗产玉闻天下，叶尔羌次之。定制：春、秋采玉二次。叶尔羌玉山曰密尔岱山，距城四百余里，崇削万仞。山三成，上下皆石，惟中成玉，极望莹然，人迹所不至。采者乘犛牛乃及其巅，凿而陨之，重或千万斤。色黝质青，声清越中宫悬。先后贡重华宫玉磬材、特磬、编磬各如干事，又贡玉册、玉宝各八十具。白微黄者供宗庙，白微红者备庆典。然此任土作贡，未为病民。高宗朝，大功既成，侈心莫遏，遂思以奇宝炫世，屡有采运大玉之事。今宁寿宫有重宝，乃玉一座，周围凿夏禹治水图，是其遗迹之一。阮元《石渠随笔》记："乾隆四十年（1775年）间和阗贡玉，大至高七八尺，围丈许。敕依大禹治水图雕琢，发在扬州建隆寺治之，元时曾往敬观。"阮文达之言如此。此玉入大内以后，外人不复见，无由证文达之说。清亡后乃得之于宁寿宫，具如所说。而又读张澍《养素堂文集》，则知大玉之采，不止一次，劳费之巨，于开辟之土，为病已甚。《圣武记》言："嘉庆四年（1799年），叶尔羌获大玉三，青者重万余斤，葱白者八千余斤，白者三千余斤。边臣侈其祥以闻。上以沙碛辇运劳人，急捐罢之。至今岿然存哈喇沙。"读张澍文，乃知其详。所云嘉庆四年，乃太上皇崩后弃玉之年，非采获之岁也。

张澍《昭武将军桂亭何公传》：余外舅何公，讳守林，字昆峰，又字桂亭，西宁人也。由行伍积功，洊升湖北兴国营参将，以足疾引退。后缘事褫职，论戍武威，遂家焉。澍，武威人，因此得为其子婿。……其官巴里坤游击也……时方运大玉，玉大如屋。制大车凡二十四轮，驾骡马百余匹，百人鸣钲击鼓，千夫挥鞭呼喝从之。骡马奔腾，蹂压夫役多死者。轮数转即止，稍憩复鞭之行。轴或一日数折，则鸠匠修作。或值雨雪，人畜困泥中，官役苦之。大府以上用，不敢奏闻。公慨然曰："是役不已，为害甚大。"乃禀于钦差吴某、将军杜某，言："此役日毙骡马数十，士卒数十，日费金钱若干，万不能运。即运至口，而中原地狭，路窄不可容。且舟船难载，桥梁难胜，亦断不能运至京师。宜奏闻停止，以省民力而节财用。或奏明此玉应作何器，招集玉工，斫成坯段，则运之尚易。"吴使者，和相之舅父也，以此意致书和相。和相不听，督运倍急。公浩叹而已。会仁宗睿皇帝即位，和以罪诛籍没，时于其家得吴书，有以上闻者，即诏停止勿运。公之知大体也如此。

高宗于新疆定后，志得意满，晚更髦荒。和珅以容悦得宠，务极其玩好之娱，不恤边远疾苦，此皆盛极之所由衰也。自此以前，可言武功；自此以后，或起内乱，或有外衅，幸而戡定，皆救败而非取胜矣。雍正西南夷改流，乾隆前后金川两役，以大军与土司相角，胜之不足为武。而初定金川时，以失机诛总督张广泗、经略讷亲；再定金川时，定边将军温福败死，虽终能夷灭之，损耗亦大，而亦预于十全武功之列，皆高宗之侈也。十全武功者，除准噶尔两役、回部一役外，两定金川为土司，一定台湾为内地，缅甸、安南各一役，廓尔喀两役为御外。御外之役，疆土无所增加，政教亦无所推展，皆不复及。

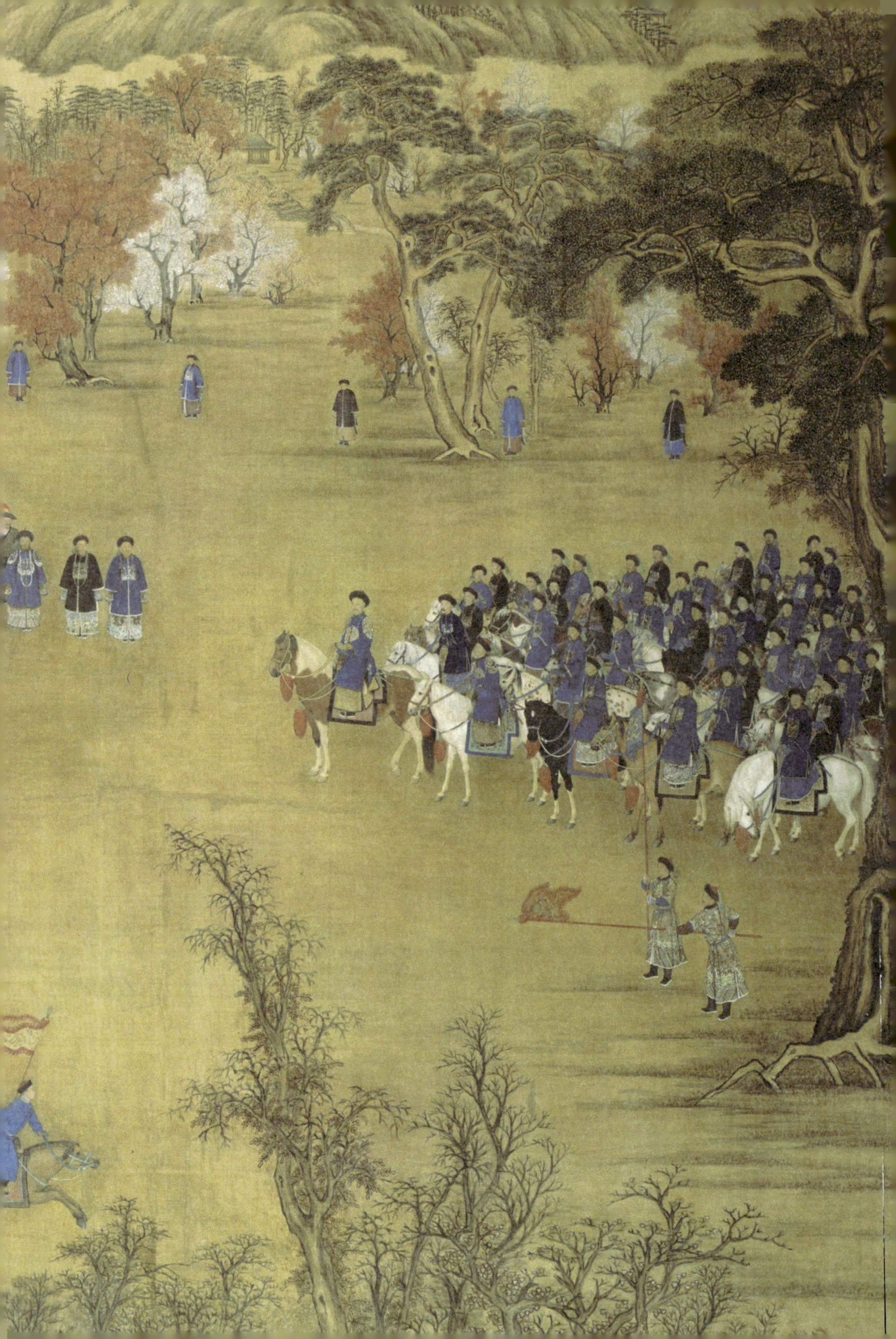

第六章　嘉、道守文

第一节
内禅

乾隆间，高宗常自言：践阼之初，即以周甲归政告天。至六十年九月初三日辛亥，帝御勤政殿，召皇子、皇孙、王公、大臣入见，宣示立皇十五子嘉亲王永琰为皇太子，以明年丙辰为嗣皇帝嘉庆元年（1796年）。

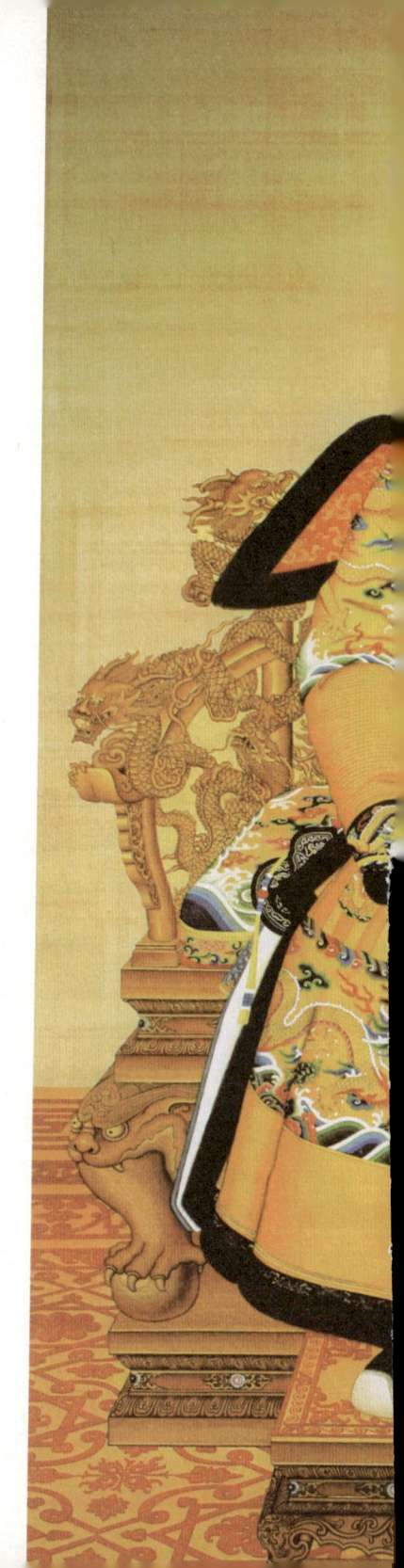

乾隆朝服像

（清）佚名　收藏于北京故宫博物院

清高宗爱新觉罗·弘历（1711—1799年），晚号古稀天子、十全老人，年号"乾隆"。在位前期，乾隆在康熙、雍正两朝文治武功的基础上，励精图治，完成对多民族国家的统一，达到康乾盛世的最高峰。在位后期，宠信和珅，吏治败坏，加剧了社会矛盾，又闭关锁国，拒绝英国的通商贸易，致使中国与西方的差距进一步拉大。嘉庆元年，乾隆禅位于第十五子永琰，训政三年后去世，庙号高宗，葬于清东陵之裕陵。

高宗遵世宗家法，不立太子，惟密定皇储，缄名于乾清宫正大光明匾额后。始于乾隆元年，密定元后孝贤皇后所生皇二子永琏为太子。三年殇，追赠为皇太子，谥端慧。时仁宗未生。至三十八年，仁宗生十四岁，被密建为太子。至六十年九月辛亥，集王公、百官御勤政殿，启密缄，立为太子，并命太子名上一字改书颙字，是为嘉、道两朝帝讳自避习用字之始。

丙辰元旦，举行授受大典。帝侍太上皇帝诣奉先殿堂子行礼，遣官祭太庙后殿。太上皇帝御太和殿，亲授帝宝，帝跪受宝。太上皇受贺毕还宫，帝即位受贺，奉太上皇帝传位诏书，颁行天下，覃恩有差。太上皇帝以宁寿宫为颐养之所。太上有所行幸，帝必从。帝听政，必御乾清门；在圆明园，则御勤政殿。三年之中，太上训政。当乾隆之季，高宗倦勤，和珅用事，帝之得立与否，和珅颇有关系。既受内禅，高宗已称太上，耄而健忘，和珅颇能左右其意指。清世所传如是，然无正大之纪载。及阅《朝鲜实录》，颇足征实。节录如下：

朝鲜《正宗实录》：二十年，即清嘉庆元年，三月十二日戊午，召见回还进贺使李秉模等。上曰："太上皇筋力康宁乎？"秉模曰："然矣。"上曰："新皇帝仁孝诚勤，誉闻远播云，然否？"秉模曰："状貌和平洒落，终日宴戏，初不游目。侍坐太上皇，上皇喜则亦喜，笑则亦笑。于此亦有可知者矣。"李秉模于二月十九日乙未，先有驰启言："正月十九日平明，因礼部知会，诣圆明园。午后，与冬至正、副使入山高水长阁。太上皇帝出御阁内后，入参内班。礼部尚书德明引臣等及冬至正、副使，至御榻前跪叩，太上皇帝使阁老和珅宣旨曰：'朕虽然归政，大事还是我办。你们回国问国王平安。道路遥远，不必差人来谢恩。'……黄昏时，太上皇帝从山高水长阁后御小舫，嗣皇帝亦御小舟随之。又令臣等乘舟随后。行数里许下船，入庆丰园，太上皇帝御楼下榻上，嗣皇帝侍坐，设杂戏赐茶，使内侍引臣等乘雪马行，一里许下岸，仍为引出退归。……臣等使任译问：'从今以后，小邦凡有进奏进表之事，太上皇帝前及嗣皇帝前各进一度耶？'答云：'现今军机姑未定例，当自有文书出去'云。申后，礼部又送上马宴桌于馆所。二十六日，礼部知会有传谕事件，年贡、庆贺各该正、副使明日赴部。故二十七日巳时，臣等及冬至正、副使，与任译诣礼部，则员外郎富森阿誊示传谕事件，以为贺使带来三起方物，业经钦奉敕旨，移准于下次正贡。再现奉敕旨：'此后外藩各国，惟颁查照年例，具表赍贡，毋庸添备贡物于太上皇帝、皇帝前作两份呈进。'云云。"

据此，则内禅以后，依然政由太上，而和珅为出纳帝命之人，对外使且然，一切政务可想。但多一已显明之嗣皇帝，到处侍游侍宴，以全神贯注太上、和珅喜怒而已。此为仁宗动心忍性之日。

又：二十一年，即嘉庆二年，二月十七日戊子，冬至正使金思穆、副使柳炯在燕驰启曰："臣思穆去年十二月二十七日，追到燕郊堡，与副使臣炯，书状臣翊模，会竣使事间，于皇帝宴戏，辄进参。太上皇召至榻前，亲酌御酒，凡三赐之，又频赐食物，命撰进观灯诗。臣等各制七言律诗一首以进，赐缎匹笔墨。圆明园宴时，太上皇使和珅传言：'尔还以平安以过，传于国王。'又问曰：'世子年纪几何？'臣等对曰：'八岁矣。'又问：'已经痘乎？'臣等对曰：'未也。'"

又：二十二年，即嘉庆三年（1798年），二月十九日癸丑，冬至正使金文淳、副使申耉驰启："臣耆与书状官洪乐游十二月十八日入北京，陪表咨文诣礼部。清侍郎多永武率诸郎官依例领受后，臣等退归南小馆。二十一日，太上皇帝观冰戏。礼部知会，诣西华门外祗迎。太上皇帝乘黄屋小轿，到臣等祗迎处，使阁老和珅传旨曰：'国王平安乎？'对曰：'平安。'又问：'一国安乎？'对曰：'安。'太上皇帝入西苑门，仍令臣等随来，伺候于瀛台近处。有旨赐食，引臣等一行，坐于殿门檐阶上，俱赐饭桌。又赐臣等御桌上克食。少顷，太上皇帝出御两龙雪马，设冰戏，臣等亦随后观戏。二十三日，赐臣耆及书状官鲟、鳇鱼各一尾。臣文淳一行，则十二月二十五日追到燕京。二十六日，赐臣等书状官回回葡萄各一小袋。二十九日，皇帝行太庙岁暮祫祭，因礼部知会，臣等等待于午门外。皇帝乘黄屋小轿，侍卫甚简，出自午门，臣等祗迎。黎明，皇帝还宫。良久，自内赐臣等克食及鹿肉、鹿尾，仍令退归。三十日，设年终宴于保和殿，臣等两人共一桌。少顷，皇帝先出御殿，候太上皇帝升殿御榻，皇帝别设小榻，西向侍坐。乐作进爵，文武官亦皆陪食。又馈臣等酪茶一巡。礼部尚书德明引臣等进御座前跪，太上皇帝手举御桌上酒盏，使近侍赐臣等。宴罢退归，又赐臣等及书状官榴、柑各一桶，又自内务府颁送宴桌二座，此则朝宴所受之桌云。又自光禄寺输送岁馔桌于臣等及书状官。今年正月初一日，因礼部知会，臣等与书状官及正官等，诣午门前伺候。皇帝乘黄屋小轿幸堂子，少顷回銮，鸣鞭动乐。太上皇帝御太和殿，皇帝在殿内西向侍坐。文武官循序趋入。臣等随入殿庭，立于西班末琉球使臣之右，行三跪九叩礼。太上皇帝旋即还内，又鸣鞭动乐。皇帝御太和殿，文武官及臣等行礼，一如初仪。礼毕退出。初五日，皇帝幸天坛，行祈谷大祭，臣等诣午门前祗送。初六日回銮时，当为祗迎，而是日太上皇帝与皇帝幸圆明园，两处迎送，谓难兼行，礼部只以太上皇帝动驾时祗迎之意知会，故臣等与书状官俱诣三座门外伺候。日出后，太上皇帝乘黄屋小轿，到臣等祗候处，顾盼而过。须臾，皇帝坐马而出，御乘鞍具，皆用黄色，左右若干官，骑马侍卫。初十日，臣与副使同往圆明园，住接间舍，则闻已前期设蒙古帐幕于山高水长之前云。十一日，通官引臣等入就班次，太上皇帝乘黄屋小轿而出，臣等祗迎后，太上皇帝入御蒙古大幕，皇帝西向侍坐，动乐设杂戏，亲王及蒙古王以下，俱赐宴桌。臣等两人共一桌，馈酪茶一巡。礼部尚书德明引臣等诣御坐前跪，太上皇帝手举御桌上酒盏，使近侍赐臣等。宴讫，太上皇帝乘轿还内，皇帝跟后步还。内务府预设赏赐桌于帐前左右，颁赐亲王以下及各国使臣。臣文淳锦三匹、漳绒三匹、大卷八丝缎四匹、大卷五丝缎四匹、大荷包一对、小荷包四个，臣耆锦二匹、漳绒二匹、大卷八丝绸三匹、大卷五丝绸三匹、大荷包一对、小荷包四个。岁初设宴于紫光阁，例有此赏赐。今年不设紫光阁宴，故移给于蒙古幕宴。而琉球使臣赏赐亦如臣等。通官以太上皇帝特旨，引臣等进诣正大光明殿内，俾观左右鳌山，行中译员之黑团领者，俱为随入，琉球使臣亦许观光。此则近年未有之事。自殿内至槛外，皆铺花纹玉石。鳌山制样，则正大光明殿内东西壁俱有层桌，桌上作五彩蓬莱山之形，岩壑高阔，楼阁层叠，珍禽奇兽，琪树瑶花，杂遝焜煌，不可名状。内设机关而外牵绳索，则仙官姹女，自谷而出，绣幢宝盖，从天而降，扃户自开，人在其中，急滩如泻，帆樯齐动。桌下围以小帐，帐内设乐器，机括乍摇，止作如法，其声俱是笙管丝钟。臣等退出后，由礼部知会，撰进观灯诗，以'上元赐宴观灯'为题。臣等各制七律一以进。十二日朝，礼部还给前诗，又送他题，而以'承恩宴赉观灯恭纪'为题。此则昨进诗未登彻，旋更出题云。故臣等又制七律一以进。琉球使臣亦应制。十四日，拟设灯戏于山高水长，以风紧姑停。十五日朝，先设放生戏，又赐宴于正大光明，通官引臣等入诣殿槛外。太上皇帝升殿，皇帝西向侍坐，动乐设戏，各赐馔桌及酪茶一巡。礼部尚书德明引臣等至御座前，太上皇帝手举御桌

紫光阁功臣头等侍卫呼尔查巴图鲁占音保像

（清）佚名　收藏于美国纽约大都会艺术博物馆

头等侍卫呼尔
查巴图鲁占音
保
赤手长鲸阵俘衔
诺贼级纍纍注之
一朝捧檄阙展逵
巴里坤马不刷鬛
还报军门
乾隆庚辰春御题本
　　　　勒恭皆

中南海紫光阁是清朝皇帝进行殿试武进士和检阅侍卫大臣的地方。每次清军平叛之后，乾隆皇帝都下令为征战中的功臣绘制画像，并悬挂在紫光阁，称为「紫光阁功臣像」，以此宣扬「十全武功」。据考证，紫光阁功臣像总计二百八十幅，现存世仅二十幅。图为紫光阁功臣头等侍卫呼尔查巴图鲁占音保像。

上酒盏，使近侍赐臣等本班。又赐御桌一器，印花长饼及一盘猪羊。须臾，太上皇帝还内，皇帝随入。罢宴，通官来传礼部言："进诗使臣今当受赏，可留侍。'退待正大光明外门。臣等在东，琉球使臣在西。礼部侍郎多永武传授御前加赏蟒缎一匹，大小绢纸四卷，福字方笺一百幅，笔四匣，墨四匣，砚二方，玻璃器四件，雕漆器四件。臣等处各赏大缎一匹，绢纸二卷，笔二匣，墨二匣。琉球国王及使臣，赏亦如之。亦设灯戏于山高水长，皇帝于前侍坐，设角抵戏，赐酪茶一巡，馈果盒及猪羊肉鹿尾盘。又以元宵各一器，遍及臣等及从人。次第设灯火杂戏，西洋秋千，炮燀埋火谓焰火尤轰烈如雷响，烟焰涨空。十六日归馆。十九日更诣圆明园。饭后，通官引臣等山高水长亭下。太上皇帝出座，皇帝侍坐。德明以特旨引臣等至御座前，太上皇帝使和珅传言曰："你们还归，以平安以过之意，传于国王。"臣等叩头退出班次，各赐酪茶一巡，果盒饼肉之馈，灯戏炮具之设，一如上元宴。几毕，皇帝先入。宴毕后，太上皇帝入内，礼部官皆退。宦侍手招通官，引臣等随入山高水长阁内，从后门出，逶迤数十步。太上皇帝所乘黄屋小轿，载于小船，船上从官不过四五人。时已昏黑，而无烛炬，但有一人以火筒从岸前导，明照左右。筒制以土，外施绘彩，内装火药，节次火冲光烛地，似因火禁严故。臣等乘小舟从行，琉球使臣亦随入。其地极深严，两岸皆造山，间有石假山，山亭水阁分六所。舟行几一里，始泊岸而下，即庆丰园也。皇帝先候于此，侍坐如仪。御屏则纸涂而黄其中，每层安架，燃烛晃朗。前设灯架如屏，而高广倍蓰。灯架左右俱设灯棚，如白塔形，下广上尖，四面灯影不可数计。仍赐阁老以下及臣等酪茶一巡，设杂戏于庭前。少顷罢宴，随入朝官不过数十人。臣等退出，又乘小舟顺流下，登岸步行一帐场所谓一箭之地，此是正大光明之后也。仍为出来当即由此而出。二十四日，因礼部知会，臣等与书状官及正官等，诣午门前领赏御前年例。回送礼单外，万寿圣节表缎四匹，里绸四匹，妆缎三匹，云缎三匹，豹皮七十张，马一匹，玲珑鞍鞯全部，一体祗受。逢授于上通事处，使于臣等复命日，同时呈纳。琉球使臣二十五日另领赏。"

乾隆末，荒于游宴，具见《朝鲜实录》。至授受礼成，太上既自命倦勤，又率帝般乐怠傲，稀御几务。时禁旅苦战苗疆，白莲教纷扰川、楚，天下不谓太平，而视为癣疥，戏愉之态，不为贬损。国史所不详，属国陪臣目击之纪载，足尽当日训政时情事。

《平定苗疆得胜图》
（清）冯宁 收藏于北京故宫博物院

清乾隆后期，湖南、贵州等地的苗民因酷吏剥削，土地落入统治阶级手里，过着穷苦的生活。从乾隆五十九年（1794年）开始，贵州、湖南等地的苗民纷纷起义。其中，以石三堡、石柳邓、吴半生等人率领的苗民起义队伍最为知名。他们以"逐客民，复故地"为口号，要求收回被霸占的土地。清政府先后派云贵总督福康安、四川总督和琳等七省军队出兵镇压，但直到嘉庆三年才平定。共十六幅图（缺兴师图）。依次为：兴师图、剿捕秀山苗匪、攻克㭎木山、攻解松桃之围、大剿土空寨苗匪解永绥城围、攻克兰草坪滚牛坡、攻克黄瓜寨贼巢、攻克苏麻寨、攻克廖家冲生擒首逆吴半生、攻得茶它寨生擒首逆石三保、攻克高多寨等处贼巢、攻克复乾州、攻克强虎哨、平陇贼巢、捷来图、石隆苗寨。

剿捕秀山苗匪

攻克樸木山

攻解松桃之圍

大剿土空寨苗匪解永绥城围

福康安和琳奏大剿土
寨宣窜苗匪
解永绥城
围诗以志
事

过河即克石
花寨㩀险贼
业土户普加
恩便国力进
道草踰山极
三迭就擒请
成功永期苦
苗城
乾隆紫元
浚䕶下御
季春

乾隆乙卯仲春下澣御筆

攻克兰草坪滚牛坡

福康安和琳奏报攻克兰草坪
滚牛坡勒照苗巢诗进贼众
吟诗以志事

永绥雅郡围苗寨聚䕶东定庞
清波路乃可挽欲空岔面戰收
坪山高贼聚重三街谷诸将分
伩三军线直街及修裂带中塞
安洞䕶胁力入深郡聊胁㥧
撩其㤀賊猶苗数物物有袭㮋
無前况有進焉顗巳切障一鼓
冦侗殥尚敬開巳閭卒衝残蔑
兹饙糧選相拔洮崖蒗首朝
禽負伩奏試深情惕侍徒首诵

乾隆乙卯孟夏御筆

攻克黃瓜寨賊巢

攻克蘇麻寨

攻得茶它柳夯等处贼巢

福康安和琳等奏攻得茶它柳夯
等处贼巢降苗念众复遁回栖傍
扇家贼黑降苗念众宽首尝于
本夏向东骨计苗师之正曲谋原
招诸如把险地诗加以我霞宽
小賔数勇直前逼穴擒生不万
起精剿青山纪绿寻無負宣檀诸
峰頂藂趣 喜扬搜首精逆苗
天愿錫福丸之 韶蓋臣念祖同肉
外手足腹心扶奸何章十金墙
一聚鲧首賛尚錦金賽忠慕勇
不聚菪首賛尚錦金賽合合之
乾隆乙卯九秋御筆

攻克高多寨生擒首逆吴半生

福康安和琳
奏攻克高
多寨生擒
逆首吴半
生大功告
成诗以誌
喜
功成知近沛
恩池旬日搶
克喜報馳中
外一心
天賜佑始終
九月績非遲
批糧冒險衆
誡苦宜辭新
金我宣辭頒
愧未曾鞏干
羽古今不逮
富如斯
乾隆乙卯
孟冬上澣
御筆

攻克廖家冲生擒首逆石三保

收复乾州

攻克强虎哨

攻克平陇贼巢

捷来图

捷来顯瓏来守塞
平瓏牛養牛護兒捷
青撊雜紋屢捷
六旦善未得首
觉那豫憂替平
由来在志定重
骹忽可視俘授
用兵久矣懼兵
惹誰扺蕭王嘆
白頭
乾隆丙辰仲
冬御筆

攻克石隆苗寨

明亮等奏報攻
克石隆苗寨
陣斩石柳卿
大功告成詩
以誌之
歷來捷音飾諸
朝來報觀七句
守狐搭一行戒
读宜玖行戒
戚萬一行戒
擒銷宜更頃
關擊擎何啟肯
大瑞咿長危勢
力兩寬盍凭升
鼓角聲官恭肅
必撊翹官恭肅
如萬上深穴卿
宝馨羹激峭
入鄒光押丘石
分插迷四路衝
梢頭磨伐圜抢
尾刹根思目
出手乃牲生擒
次弟觀魚查照
然救志實点焦
東隻定誠喜熙
兽捸木钅国廬
磊真項遇辫
熟忽慰已渺未
得此功尔看
乾隆丙辰
嘉平中浣
御筆

又：三月二十二日丙戌，冬至书状官洪乐游进闻见别单，中有两款，关太上皇帝及皇帝情状：（一）太上皇帝容貌气力，不甚衰耄，而但善忘比剧。昨日之事，今日辄忘。早间所行，晚或不省。故侍御左右眩于举行，而和珅之专擅甚于前日，人皆侧目，莫敢谁何云。（二）皇帝平居与临朝，沉默持重，喜怒不形。及开经筵，引接不倦，虚己听受。故筵臣之敷奏文义者，俱得尽意。阁老刘墉之言，最多采纳，皇上眷注，异于诸臣。盖墉夙负朝野之望，为人正直，独不阿附于和珅云。

和珅之权加重，乃由太上之记忆力益衰，和珅不过为传太上意旨之人，所传之真不真，无从质证，不得不畏而奉之，则其对嗣君，不暇计自全之道，假借一时而已。嗣君于政事虽沉默，然讲筵犹可择人自近，其韬晦之程度，不过至不敢预政而止，未尝至自饰为清狂也。附帝而不附和珅之人，和珅亦未尽倾陷，则亦非大奸慝。惟乘太上之耆昏而专擅，亦未尝顾及后祸矣。

又：二十三年，即嘉庆四年，正月二十二日辛巳，冬至使李祖源、副使金勉柱，以清太上皇帝崩逝事，及仪注一度，同封驰启："……十二月十九日到北京，直诣礼部呈表咨文，住南小馆。二十八日，礼部知会臣等一行诣鸿胪寺，演元朝朝参礼。暹罗使臣同演。二十九日，皇帝幸太庙，礼部知会接驾。五更进午门前祗迎，暹罗使臣亦祗迎，在臣等下。礼部尚书纪昀押班。待皇帝还宫，臣等仍祗迎。少顷，以太上皇旨，引臣等入重华宫。太上皇御漱芳斋，引臣等进前，传谕曰：'国王平安乎？'臣等谨对：'平安。'仍命臣等退就班次。暹罗使臣亦参班。设宴观杂戏。三十日，设年终宴于保和殿。礼部知会，晓诣保和殿，坐东陛上。平明，皇帝出御殿内，举乐设戏，进馔献爵，赐臣等馔二人共桌。礼部尚书德明引臣等进御榻前跪，皇帝手赐御桌上酒，臣等受领。少顷，皇帝入内。本年正月初一日五更，臣等诣乾清门外等候。天明，皇帝率三品以上行贺礼于太上皇帝。殿庭狭窄，诸王、贝勒门内行礼，三品官及外国使臣门外行礼。礼毕，臣等由右上门至太和殿庭。少顷，皇帝出御太和殿受贺。三品以上官至外国使臣，行三拜九叩礼，一如太上皇帝前贺仪。盖太上自昨冬有时昏眩，不能如前临朝云。初三日卯时，太上皇帝崩逝于乾清宫。戌时，仪注来到，主客司移付。以朝鲜、暹罗使臣等处各颁大布一匹，随时成服。初四日昏后，礼部知会朝鲜、暹罗使臣等，每日辰、午、申三时，赴景运阁随班举哀。初五日黎明，臣等诣景运门外，参辰时哭班。留待午时，礼部以皇旨，引臣等及正官一人，入乾清宫魂殿门外，暹罗使臣亦同入。午时参内哭班，仍退待景运门外。申时又参内哭班，退归。初六日黎明，又入乾清宫，参三时哭班。在辰时前，以皇旨颁鹿肉三斤，似是解素之意。……初七日……传讣敕使始差出。上敕散秩大臣侯汉军张承勋，副使则内阁学士满人恒杰，通官一大倭克精额，二大太平保，副大倭升额，一次继文，二次保德。自礼部派定。起程日尚未的定。仪注一度，同封驰启。"

太上崩在正月初三，前数日岁杪时，犹及见太上临御问对，其使臣岁币事宜及成服礼节，不关当日事状者从略。朝鲜国中犹称中国敕使为北使，且以成服礼隆重为耻，对故明久而犹慕恋不已，对清则终以夷狄视之，此则直到朝鲜亡国犹然。特乾隆时累记宫庭之富盛，稍异以前诅咒薄菲之口吻耳。

太上有遗诰，朝鲜于敕使到日，敕中即遗诰之文，然不见于《东华录》。《东华录》决不肯遗此冠冕文字，其不载，当是《实录》所本无。遗诰中自述功德,《东华录》于上谕中述之,即缘以奉上尊谥,而于当日未蒇之军事,遗诰中作铺张粉饰之语,上尊谥谕中不之及。别一谕则直发其欺蔽皇考高年之罪,以归责于将帅,是与遗诰不侔。可见太上初崩,在廷之举措,旋即有所改正。此与和珅之得罪,皆朝局之小小翻覆也。

《朝鲜实录》:三月初二日庚申,幸慕华馆迎敕,还御庆熙宫,宣敕于崇政殿。敕书曰:"奉天承运,太上皇帝诰曰:朕惟帝王诞膺天命,享祚久长,必有小心昭事之诚,与天无间,然后厥德不回,永绥多福。是以兢兢业业,无怠无荒。一日履乎帝位,即思一日享于天心。诚知夫持盈保泰之难,而慎终如始之不易易也。朕仰荷上苍鸿佑,列圣贻谟,爰自冲龄,即蒙皇祖钟爱非常,皇考慎选元良,付畀神器。即位以来,日慎一日,当重熙累洽之期,不敢存豫大丰亨之见。敬思人主之德,惟在敬天法祖,勤政爱民。而此数事者,非知之艰,行之惟艰。数十年来,严恭寅畏,不懈益虔。每遇郊坛大事,躬亲展恪,备极精禋,不以年齿自高,稍自暇豫。中间四诣盛京,恭谒祖陵。永惟创业之艰,益切守成之惧。万岁躬揽,宵旰忘疲。引对臣僚,批对章奏,从无虚日。各省雨旸丰歉,却萦怀抱。凡六巡江浙,相度河工海塘,轸念民依,如保赤子。普免天下钱粮者五,漕粮者三,积欠者再。间遇水旱偏灾,蠲赈频施,不下亿万万。惟期藏富小民,治臻上理。仰赖天祖眷佑,海宇升平,版图式扩。平定伊犁、回部、大小金川,缅甸来宾,安南臣服,以及底定廓尔喀,梯航所至,稽首输忱。其自作不靖者,悉就殄灭。凡此朕功之叠奏,皆不得已而用兵。而在位日久,经事日多,祗惧之心因以日切,初不敢谓已洽已安稍涉满假也。回忆践阼之初,曾默祷上帝,若能仰邀眷命,在位六十年,即当传位嗣子,不敢有逾皇祖纪年之数。其时朕春秋方二十有五,预料六十年时日方长,若在可知不可知之数。乃荷昊慈笃祜,康强逢吉,年跻望九,亲见五代玄孙,周甲纪元,竟符初愿。抚衷循省,欣感交加。爰于丙辰正朝,亲授玺皇帝,自称太上皇,以遂初元告天之本志。初非欲自暇自逸,深居高拱,为颐养高年计也。是以传位之后,朕日亲训政,盖自揣精力未至倦勤,若事优游颐养,则非所以仰答天祖深恩,不惟不忍,实所不敢。训政以来,犹日孜孜,于兹又逾三年。近因剿捕川省教匪,筹笔勤劳,日殷盼捷,已将起事首逆、紧要各犯,骈连就获。其奔窜伙党,亦可计日成擒,蒇功在即。比岁寰宇屡丰,祥和协吉,衷怀若可稍纾,而思艰图易之心,实未尝一日弛也。越岁庚申,为朕九旬万寿。昨冬皇帝率同王公内外大臣等,预请举行庆典,情词恳切,实出至诚,业降敕旨俞允。夫以朕年跻上耋,诸福备膺。皇帝合万国之欢,申亿龄之祝,固为人子、为人臣者无穷之愿。然朕之本衷,实不欲侈陈隆轨,过滋劳费。每思《洪范》以考终列五福之终,古帝王躬享遐龄,史册相望,终归有尽。且人生上寿百年,今朕已登八十有九,即满许期颐,亦瞬息间事。朕惟庄敬日强,修身以俟,岂尚有所不足而奢望无已。朕体气素强,从无疾病。上年冬腊,偶感风寒,调理就愈,精力稍不如前。新岁正朝,犹御乾清宫受贺。日来饮食渐减,视听不能如常,老态顿增。皇帝孝养尽诚,百方调护,以冀痊可。第朕年寿已高,恐非医药所能奏效。兹殆将大渐,特举朕在位数十年翼翼小心,承受天祖恩佑之由,永贻来叶。皇帝聪明仁孝,能深体朕之心,必能如朕之福。付托得人,实所深慰。内外大小臣工等,其各勤思厥职,精白乃心,用辅皇帝郅隆之治,俾亿兆黎庶,咸乐升平。朕追随列祖在天之灵,庶无遗憾矣。其丧制悉遵旧典,二十七日而除。天地宗庙社稷之祭,不可久疏。百神群祀,亦不可辍。特兹诰诫,其各宜遵行。"

此遗诰于嗣君初无抵触，而官书竟不载。细绎仁宗谕旨，于剿匪军事，词气与此迥殊。匪焰方张，距崴事之期正远，遗诰先作自欺欺人之语，仁宗殆觉其可愧，故于《实录》去之。检太上崩日，谕旨欲行三年之丧，谕有云："服制一节，钦奉皇考遗诏，持服二十七日而除。"此三句即根据遗诰而来，是必有一遗诏也。此诏颁之属国，而卒不入《实录》，其于应述功德，改用上谕，即在太上崩逝之日。谕云：

自古帝王，功德显著，并有隆称懿号，昭垂万世，典至巨也。我皇考大行太上皇帝，御极六十年，抚御万邦，法天行健，遇郊庙大祀，必亲必敬。崇奉皇祖妣孝圣宪皇后四十二年，大孝弥隆，尊养备至。综览万几，爱民勤政，普免天下钱粮者五，漕粮者三，积欠者再。偶遇水旱偏灾，蠲贷兼施，以及筑塘捍海，底绩河防，所发帑金，不下亿万万。至于披览章奏，引对臣工，董戒激扬，共知廉法。礼勋旧而敦宗族，广登进而育人才。征讨不庭，则平定准部、回部，辟地二万余里，土尔扈特举部内附，征剿大、小金川，擒渠献馘，余若缅甸、安南、廓尔喀，僻在荒服，戈铤所指，献赆投诚。其台湾等处，偶作不靖，莫不立即歼除。此十全纪绩，武功之极于无外也。

自此以下，言其诗文全集之富，开四库，刊石经，集石鼓文，复辟雍制，研六律，纂群编，乃言文德，为遗诰中所未定。其以上则皆遗诰语而浑括之，遂以此代遗诰。而剿匪事则于次日癸亥，别发一谕，正是不以遗诰为然之意。谕云：

我皇考临御六十年，天威远震，武功十全。凡出师征讨，即荒徼部落，无不立奏荡平。若内地乱民王伦、田五等，偶作不靖，不过数月之间，即就殄灭。从未经历有数年之久，縻饷至数千万两之多而尚未蒇功者。总由带兵大臣及将领等，全不以军务为事，惟思玩兵养寇，借以冒功升赏，寡廉鲜耻，营私肥橐。即如在京谙达、侍卫、章京等，遇有军务，无不营求前往。其自军营回京者，即平日穷乏之员，家计顿臻饶裕。往往托词请假，并非实有祭祖省墓之事，不过以所蓄之资，回籍置产。此皆朕所深知。可见各路带兵大员等，有意稽延，皆蹈此借端牟利之积弊。试思肥橐之资，皆婪索地方所得，而地方官吏，又必取之百姓。小民脂膏有几，岂能供无厌之求？此等教匪滋事，皆由地方官激成。即屡次奏报所擒戮者，皆朕之赤子，出于无奈，为贼所胁者。若再加之朘削，势必去而从贼。是原有之贼未平，转驱民以益其党。无怪乎贼匪日多，展转追捕，迄无蒇事之期也。自用兵以来，皇考焦劳军务，寝膳靡宁。即大渐之前，犹频问捷报；迨至弥留，并未别奉遗训。仰窥圣意，自以国家托付有人，他无可谕。惟军务未竣，不免深留遗憾。朕躬膺宗社之重，若军务一日不竣，朕一日负不孝之疚。内而军机大臣，外而领兵诸臣，同为不忠之辈，何以仰对皇考在天之灵。伊等即不顾身家，宁忍陷朕于不孝，自列于不忠耶？况国家经费有常，岂可任意虚縻坐耗，日复一日，何以为继？又岂有加赋病民之理耶？近年皇考圣寿日高，诸事多从宽厚，凡军中奏报，小有胜仗，即优加赏赐；其或贻误军务，亦不过革翎申饬，一有微劳，旋经赏复。虽屡次饬催，奉有革职治罪严旨，亦未惩办一人。即如数年中，惟永保曾经交部治罪，逾年仍行释放。其实各路纵贼窜逸者，何止永保一人，亦何止一次乎？且伊等每次奏报打仗情形，小有斩获，即铺叙战功。纵有挫衄，亦皆粉饰其辞，并不据实陈奏。伊等之意，自以皇考高年，惟将吉祥之语入告。但军务关系紧要，不容稍有隐饰。伊等节次奏报，杀贼数千名至数百名不等，有何证验？亦不过任意虚捏。

若稍有失利，尤当据实奏明，以便指示机宜。似此掩败为胜，岂不贻误重事？军营积弊，已非一日。朕总理庶务，诸期核实，止以时和年丰、平贼安民为上瑞。而于军旅之事，信赏必罚，尤不肯稍从假借。特此明白宣谕。各路带兵大小各员，均当涤虑洗心，力图振奋。期于春令，一律剿办完竣，绥靖地方。若仍蹈欺饰息玩故辙，再逾此次定限，惟按军律从事。言出法随，勿谓幼主可欺也。

初四日既有此谕，而遣使颁发遗诰自远在其后。是在当时并不隐藏遗诰。虽与谕文抵触，未计及也。惟可知遗诰乃宁寿宫所出，和珅等所定。又证以谕中言"大渐之前，犹频问捷报；迨至弥留，并未别奉遗训"之说，则遗诰本非实有太上亲笔，与历来遗诏出于顾命大臣等之手者一辙。本非仁宗所预知，后遂删去亦不为嫌也。所云"伊等以皇考高年，惟将吉祥语入告"，明揭前日欺饰之源。又云"朕心以时和岁丰、平贼安民为上瑞"，明不以捏报吉祥语为瑞，言外可知太上之耄荒，与昔日处分张广泗、讷亲等时，作用大异。一和珅得窥其旨，将帅皆从而附和之。仁宗时年已四十，犹自称幼主，盖愤于和珅、福长安辈，以太上旧臣相临也。

《朝鲜实录》：三月三十日戊子，书状官徐有闻进闻见别单，中有云：（一）正月初四日，既褫和珅军机大臣、九门提督等衔，仍命与福长安昼夜守直殡殿，不得任自出入。又召入大学士刘墉、吏部尚书朱珪。珪则为珅中伤，方巡抚江南。乃于初八日，下珅于刑部狱，数珅二十大罪，布示中外。

初四日为太上崩之明日，《东华录》不书免和珅两职事。至初八日丁卯，乃书以科道列款纠劾，夺大学士和珅、户部尚书福长安职，下于狱。《史稿·本纪》从之。下狱时乃夺和珅大学士职。初四日先夺两兼职，不相抵触，但可补史之略。至数珅二十大罪，《东华录》所纪，非初八日一日之事。先之以十一日庚午谕："苫块之中，每思三年无改之义。皇考简用重臣，断不轻为更易，获罪者亦思保全。今和珅情罪重大，经科道列款参奏，实难刻贷。是以于恭颁遗诏日，即将和珅革职拿问，胪列罪状，特谕众知之。"云云。是初八日拿问和珅，亦即于是日颁遗诏，是明明有遗诰也。所云"胪列罪状，谕众知之"，即在初八日。科道纠参，由王念孙为倡，见念孙《本传》，原疏未见。盖罪状经上谕乃明，并非言官所尽知也。先以纠参而拿问，继由王大臣鞫讯，和珅供认，乃有十一日之谕。谕中已言："鞫讯供认情事，着通谕各省督抚，令将已指出各款，如何议罪，并此外有何款迹，各据实复奏。"至十五日，直隶总督胡季堂复到，再奉谕始定为二十款。和珅《本传》遂以宣布罪状为在十五日，其实初八日已宣布矣。第一款为：乾隆六十年九月初三日，蒙皇考册封皇太子，尚未宣布谕旨，而和珅于初二日，即在朕前先递如意，露泄机密，居然以拥戴为功。可见和珅能得太上之意，而仁宗以此为大罪，不受和珅之笼络。和珅以仁宗韬晦，疑为庸碌无能，故以拥戴为功，冀邀倾注。帝亦默然若承受之，使和珅安心，乃得相安至四年亲政之日。此见帝之尚有作用。二十罪《国史》具详，今可不赘。十八日，赐和珅自尽，史文遂以谕宣罪状为在其日，官书盖未若《朝鲜实录》能详现状矣。

徐有闻闻见别单又云：其子之尚公主者，其婿之为郡王者，及婢妾奴仆，并时囚系，封门孥籍。而使第八王按其事。珅之别业又在西山之海甸，亦令皇孙一人按而籍之。珅之京第，宝玩山积，过于王府。皇帝初欲剐杀之，皇妹之为珅子妇者，涕泣请全肢体，屡恳不止，大臣董诰、刘墉亦乘间言曾任先朝大臣，请从次律。正月十八日，赐帛自尽。珅临绝作诗曰："五十年来梦幻真，今朝撒手谢红尘。他时水汛含龙日，认取香烟是后身。"遂缢而死。

和珅有婿为郡王，必是宗室，而未详其人。虽经囚系，亦必旋释。和珅之狱，概未株连。仁宗初年，亦由操心虑患而来，故颇有意识，不甚为过当之举也。和珅姓钮祜禄氏，正红旗籍文生员，由其高祖尼牙哈那军功袭三等轻车都尉。乾隆三十七年（1772年），始授三等侍卫。四十年冬，始迁乾清门侍卫。四十一年正月，已授户部右侍郎。三月，已命在军机大臣上行走。四月，已授总管内务府大臣。自此遍历重职，且为翰林院掌院，四库馆正总裁，教习庶吉士，殿试读卷累次。盖不待高宗耄及，已邀特眷。当充乾清门侍卫，即一见相得，此亦佞幸之遭逢，不可思议者也。临绝作诗，似偈似谣，不甚可解。或谓水汛含龙，似用夏后龙漦故事，为孝钦祸清之兆。香烟后身，孝钦或有烟瘾，而和珅于嘉庆初已染此癖，亦未可知。当时能吸洋烟者为绝少，至咸、同、光则不足奇。但以此为谶，直谓再生做亡清之祸首，以报身仇耳。此无稽之谈，姑存轶闻。其解说则朋辈酒间，拈《朝鲜实录》此则而推测之词也。和坤籍没清册成专案，今已印行，详见故宫《文献丛编》。

别单又云：新皇帝自丙辰即位以来，不欲事事，和珅或以政令奏请皇旨，则辄不省，曰："惟皇爷处分，朕何敢与焉。"是以珅亦恣行胸臆。至是，处置明决，众心悦服。又下一谕，以为重治珅罪，实为贻误军国重务，而种种贪黩营私，犹其罪之小者，是以刻不容贷。初不肯别有株连，惟儆将来，不咎既往。凡大小臣工，无庸心存疑惧。自有此诏，平日之趋附和珅者，始无疑惧之心云。

清代两权相，和珅以前有明珠，皆以得君之故，造成贪黩乱政之罪。和珅之贻误军国，正为贪黩所必致，此外更有何因？仁宗分别言之，不过不欲株连，以此开脱行贿者耳。圣祖之于明珠，一经发觉其罪，即授权言官，使振纲纪。去明珠如土芥，且又不至养成大患，免其阁职，仍获以内大臣效用。于所宠爱，保全实多。高宗自谓英明，方之圣祖，有愧多矣。有制裁之臣民，享高年或可言福；无制裁之帝王，享高年恒足为祸。梁武、唐明，其晚节颓唐之尤甚者耳。

郭琇参明珠，直声振天下，实由高士奇受圣祖意旨，令琇具奏。先以疏稿密呈，帝为定稿乃上。见李光地《语录》。且云："这样龙、比，很容易做。"然则圣祖之不欲自示聪明，而以风节成就台谏，尤不可及也。

第二节
鸦片案

道光朝兵事，六年有叛回张格尔之役，十二年有叛瑶赵金龙之役，不旋踵而皆定。清廷之威信尚存，亦恃川、楚立功宿将：杨遇春、杨芳之于回，罗思举之于瑶，转战迅速，而赏功必以旗籍大员居上。实则平回大帅长龄，主张割西城膏腴，封回酋而退守东四城；平瑶钦差宗室禧恩，攘功逃责，均暴露勋贵之无能。其事皆不足述。至鸦片一案，则为清运告终之萌芽。盖是役也，为中国科学落后之试验，为中国无世界知识之试验，为满洲勋贵无一成材之试验。二百年控制汉族之威风，扫地以尽，于清一代兴亡之关匪细也。

三代以后，至清中叶以前，国无外交名义。外交二字，作罪恶之称。《礼记》所谓"为人臣者无外交，不敢贰君"。《谷梁传》所谓"大夫无境外之交，束脩之馈"。至于国君，则名为天子，即无敌于天下。四征不庭，乃为王者。至力屈于敌，明明卑以事之，仍称彼来曰款，我往曰抚。此古来夷夏相对之通例。鸦片案乃引起事变之端。中

道光皇帝读书像

（清）佚名

清宣宗爱新觉罗·旻宁（1782—1850年），嘉庆二十五年（1820年）即位，年号『道光』，是清代唯一一位以嫡长子身份即位的皇帝。道光皇帝在位时期，颇思励精图治，革除政弊，包括改革海运、行票盐制、解除矿藏开采等。道光皇帝即位初就发布上谕，严禁外国鸦片的输入和国内鸦片的种植。道光十八年（1838年），道光皇帝全面禁烟，批准林则徐提出的《查禁鸦片烟章程三十条》，支持其禁烟措施。道光二十年（1840年），鸦片战争爆发，中国战败，被迫签订中国近代史上第一个不平等条约《南京条约》，中国近代史由此开端。总体来说，道光皇帝虽然勤政图治，但因朝纲独断，『守其常而不知其变』，鲜有作为。后因积劳成疾去世，庙号宣宗，葬清西陵之慕陵。

国之盲于外交，应受事变之教训，则固不自量力者所必致也。政治不自量力，必使万国就臣妾之列；学问不自量力，致使国防民用皆自趋于弱与贫，而以强与富让人。苟非如此，鸦片案何由发生？即发生鸦片害人，乌即成束手屈服之交涉？故鸦片非主因，中国之政与学相形见绌，乃其主因。今先略述鸦片案之来历。

中国自古有罂粟，词赋家皆或赏艳其花，农学家或采用其实，为济荒之用，从未有发明其为毒品者。明万历间，李时珍作《本草纲目》，始有阿芙蓉一品。时珍解云："阿芙蓉前代罕闻，近方有用者，云是罂粟花之津液也。"又引王氏《医林集要》，言是天方国种红罂粟花，不令水淹头，七八月花谢后，刺青皮取之者。作《医林集要》者为王玺，当与李时珍时代尚近。天方国用以入药，据云纪元前早已传自希腊，既而流行各国，印度尚为最后。取浆凝为干块，款客嚼食如槟榔。明末始有苏门答腊人吸食之法。康熙中，台湾平，海禁弛，沿海居民，得南洋吸食法，精思之，遂成中国吸烟特色，流行各省，至开馆卖烟。雍正七年，定兴贩鸦片罪至充军，开馆卖烟，照邪教惑众律拟监候，船户地保邻佑人等杖徒，失察之地方文武及关监督严加议处。是为鸦片定罪之始，时尚未定吸食者罪名也。嘉庆十五年（1810年）以后，一再饬禁。而自英吉利以公司侵占印度之后，制烟土益精。英商以贩烟为大利，始犹泊于澳门，以葡萄牙既有之埠地为卸载转贩地，既且移之黄埔，于货物中夹带私售。道光元年（1821年），申禁洋船至粤，先令行商具结，所进黄埔货船，并无鸦片，方准开舱。若行商容隐，查出加等治罪。开馆者绞，贩卖者充军，吸食者杖徒。法愈密矣。行商者，粤商十三家，经官立案，开设洋行，以承接外商之贩货来者。其初十三家谓之洋商，而外商则曰夷商。后订约讳言夷事，遂称外商为洋商，洋行并废，外商得自设行栈销售。乾嘉以来不如是也。当有洋行时，外商非投行不能销货。英人设公司经理贸易，主其事者名曰大班。大班来粤，率寄寓洋行。洋行优其供应，而朘削之无所不至。初定行用，每两货价奏抽三分，继而军需出其中，贡价出其中，又与关吏相比，课税增规费亦增，取之十倍、二十倍于前。而十三洋行为世业，悉索于外商，养尊处优，驾两淮盐商之上。今所传粤中富家刊刻丛书，若海山仙馆潘氏，粤雅堂伍氏，皆当时洋行十三家之一也。鸦片不过商品之一，其实即无烧烟案，通商既久，必有变端。一缘葡萄牙擅澳门之先占利益，二缘粤关之加重规费。葡商在澳门，筑高楼而居，其商船到者，只纳船钞，别无课税。他国之商，船泊黄埔，钞课并纳，又非投行，无寄顿销售之策。既销之后，又不能久寓，必回澳租赁葡人之屋，谓之住冬。葡人俨然为各国之东道主，各国皆羡之。而英人商务尤盛，印度又近，重以鸦片之销行，视中国贸易尤重，而不得如葡人之有根据。嘉庆间，一再窥澳门，葡人辄请中国援助。粤督辄宣谕不许相犯，或且绝其互市，迫令退师。其时英人不敢深抗。中国固地主，有主权，而心不能平，必欲谋一相当之地，以雪见绌于葡人之愤。此一事也。中国关征之法，应本宽大，守稽而不征之训。各关所定征额甚微，以粤关论，《乾隆会典》所载十八年奏销之额，广东海关五十一万五千一百八十八两，为天下额征最巨之关。其时江苏海关额征只有七万七千五百有九两。今以上海关为收数最高，年必数千万。可知通商以后，国家之受惠实多矣。昔时额征之外，或解羡余，不为常例。而士大夫往往用名刺讨关。关督爱才者，过客投一诗，以为可观，即许其满载而去。百年以前，中国国民为别一种风味。但国家并无多取之意，官吏自有婪索之能。课赋之外，加以规费；关员之外，加以行商。所领军需贡价，未尝不为公用，而又决非正供。洋行

《鸦片侵蚀晚清中国》(*The Chinese opium-smoker*)

[英] 佚名

随着鸦片的流入，吸食鸦片成了晚清最严重的社会问题。选自《鸦片侵蚀晚清中国》中的 8 幅图记录了这一情况。

初期吸食鸦片者

初期吸食鸦片者虽然身体还很富态，但家里已开始变穷

吸食鸦片一旦上瘾后，就开始大肆挥霍，请来乐伎作陪

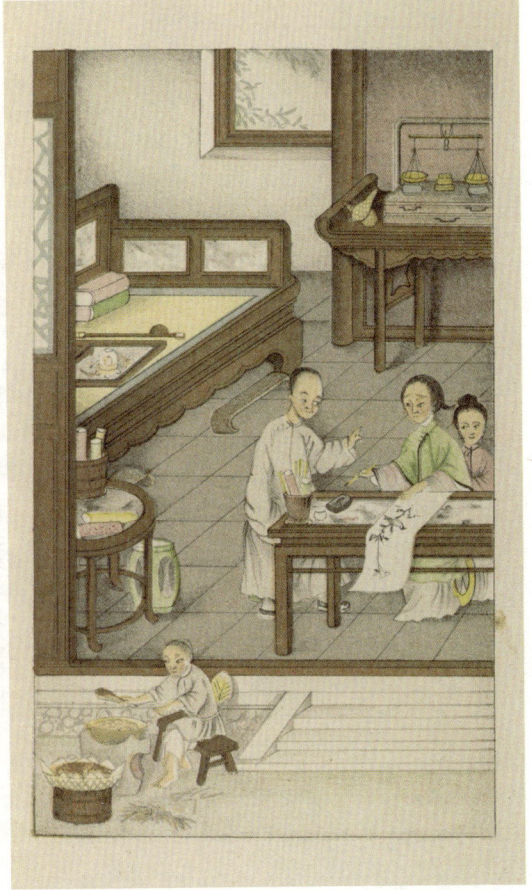

男主人吸食鸦片上瘾后，不惜变卖珍藏的古玩字画以供吸食鸦片之用，女主人只能作画维持家用

吸食鸦片者最后负债累累，并且还需要妻子和老人来照顾

吸食鸦片者变得性情不稳定，随时有可家暴家人

吸食鸦片者形如枯槁，连家人都感到害怕　　　最终吸食鸦片者倾家荡产

求取于外商者多端，遂分内用、外用名目。当康熙间平定台湾，始开海禁，外商通互市之处，原不限定粤中。康熙三十七年，设定海关，英人始来通市。然粤近澳门，寄寓近便，多聚于粤，粤关即迭增重费，外商争执不见应。雍正中控于大府，稍稍裁减，未几如故，乃有移市入浙之志。商舶赴舟山者日多，粤督争之，奏请浙关增税使倍于粤。朝旨亦以宁波番舶云集，日久留住，又成一粤之澳门，将示限制，许增浙关税。未几复定制，外商不准赴浙贸易，归并粤港。粤洋行益据垄断之利，诛求不已。于是乾隆二十四年，英商喀喇生遣通事洪任辉仍赴浙，请在宁波开港，而浙抚已奉新令，悉毁定海关夷馆。闻又有舟泊舟山，发令驱逐，断其岸上接济。洪任辉愤甚，自海道至天津，乞通市宁波，并评粤关陋弊。七月，命福州将军来粤按验，得其与徽商汪圣仪交结状，治圣仪罪，而下洪任辉于狱，久之乃释。后又禁丝斤违禁出洋，亦为英商所不便。隐忍既久，乃于乾隆五十八年（1793年），英王雅治遣使臣马戛尔尼等来朝贡，表请派人驻京，及通市浙江宁波、舟山、天津、广东等地，并求减关税。不许。六十年复入贡，表陈中国大将军前年督兵至的密，英国曾发兵应援。的密即廓尔喀也。奏入，敕书赐赉如例。

英国两次入贡，其后一次有表文，无专使，特由在粤大班名波朗者呈粤督请转奏。《东华录》具载之。故宫复发表原档，盖为前一次贡使回国后之回讯耳。附带土宜，作为贡物，亦不过大呢六箱。所欲就此次说明者，为廓尔喀之役曾有助力，补述之以见好于中国而已。其动机为欲避粤关，改市赴浙。商人请之不得，由国王具礼命使代请。此其君民利害之相共，资本主义之实行，与当时中国人心理不同。转译表文，亦失原意。在康熙、雍正朝当不如此盲昧。

英国经此郑重声请，仍不得当。嘉庆中，英遂有一再谋占澳门之举，中国又禁格之使不得逞。事在七年及十三年。至十五年，其大班又禀控于粤抚，谓贸易资本皆自国帑借领，不堪亏折，请酌量裁减，以利远人。粤抚韩崶饬司议，寝不行。二十一年，英国复遣使分入京、粤，其入粤者，先以谒见仪注起争执。盖旧制，外夷贡使见制府、将军皆免冠俯伏，大吏坐堂皇受之。英使加拉威礼不可，署督董教增勉许免拜伏礼，使者免冠致敬，大府离席立受。在粤主宾，尚为成礼。其入京之正贡使罗尔美、副贡使司当东，舟抵天津，朝命户部尚书和世泰就津赐宴，有司谕以谢宴应跪叩，不可。又告以乾隆五十八年该国使臣入觐仪注，不答。和世泰导使臣至圆明园，仁宗御殿受觐，使臣称病。帝怒其无礼，却贡不纳，旋虽酌收数事，仍颁敕赐以珍玩以答之。然为粤关规费事而来，本意竟未能达，怏怏而去。

乾隆五十八年觐见礼节，据故宫档案：八月初六日，字寄留京王大臣，有"使臣迁延装病，不知礼节。伊无福承受恩典，亦即减其接待之礼，以示体制"等语。次日又有寄字，有"该使臣等经军机大臣传谕训戒，颇知悔惧。既遵天朝法度，自应仍加恩视，以遂其远道瞻觐之诚"等语。则是此次英使曾为中朝勉行拜跪礼也。然据嘉庆二十一年（1816年）英使来聘档案，司当东原系乾隆朝贡使之子，随带来京，此次责以拜跪，并据当时已行之礼为谕。而司当东言"彼时礼节，虽经目睹，实系年幼不记得"等语。或者彼时中朝有自行斡旋之处，对外言贡使已悔惧，而实未面行觐礼，但留其文于案牍中耶？

至道光时，外商已自立公局为寓所，不住洋行，不复循回澳住冬之例。会粤城外大火，民居荡然，外商修葺公局，多占民居旧址，为民所控。粤抚朱桂桢督役拆毁，英商禀诉，以八事相要挟，移泊外洋，停止开舱，相持半年始解。凡此纠葛，外商率致怨于粤。此二事也。

有以上两种积嫌，国家不足酬远人侥惠之恩，即惟有震以畏威之策。若示以威不足畏，则要挟狡展，势必有变端矣。鸦片则会逢其适之物也。当时有一派，目击烟销日旺，银钱外泄，成中国绝大漏卮，昌言自种自销，抵制英印所产，收回利权。此光禄卿许乃济所奏陈。知名之士若吴兰修、仪克中，皆有是说。疆臣则卢坤约略言之，不敢明请。粤抚祁𡎴则具稿请邓督领衔，邓亦允之，而为粤绅持清议者所阻。同、光间，有伪撰《洪经略奏对笔记》行世，其中主张种烟抵制印土，殆即许乃济、吴兰修辈所为，托之洪承畴以惑宫寝。兰修有《弭害论》，见梁廷枏《夷氛闻记》，畅发此旨。十八年，鸿胪卿黄爵滋有"漏卮宜防，请置重典"一奏，诏下内外诸臣，广收众议。众无敢言开禁者，独湖广总督林则徐言尤悚切，且规画防禁之法尤备。宣宗为所动，谴言弛禁者。降太常卿许乃济六品顶戴，召则徐至京面授方略，以兵部尚书佩钦差大臣关防驰驿赴粤，会督抚商办。定贩卖、吸食皆死，著为令。则徐至粤，粤督邓廷桢亦贤者，体朝旨厉行禁约。除严拿贩烟吸烟之犯，又穷治外来烟土，务尽毁之以绝根株。时英商尽匿烟土于趸船，泊碇零丁洋面者二十有二艘。钦差、粤督坐堂皇，传集十三洋行，发交谕帖，令转谕英商公司，呈报存储烟土实数。时公司大班名义律，得谕迁延不复。则徐侦知英最巨之烟商查顿已遁，其次颠地，尚与义律在夷馆谋遁，乃锢其所用买办华人，而调巡船围泊夷馆后，使不得下河。又筏断河口。义律计无复之，乃请就黄埔栈房及碇洋趸船所有，合二万二百八十三箱，尽数呈缴。则徐亲赴虎门验收，凡二百三十七万六千二百五十四斤。奏请派员解京。得旨令在海口销毁，俾军民知所震畏。乃开池引卤水入，随投随夹以石灰，俟其扬沸，旋自糜烂。盖以火烧之，烟灰亦为吸品。同存性之石灰，随水糜烂，乃与灰粘合，无复烟之用也。则徐之布置周密如此。奏定缴烟外商，计箱赏茶叶五十斤。当时出洋茶税石二两五钱。洋行会馆，由公司包饷费六两七钱，并运至海口水脚，及武夷山买价。恩赏则一律蠲兑，所得亦颇抵烟值。遴随员知府余保纯、刘开域颁汉夷字结式，令诸国缮缴。义律坚不具结，负气缴还所赏茶斤，谓："遵结则后有烟土夹带，货没入官，人则正法，恐各商在途尚有烟土，不敢由彼一身代认此责。"时在澳门会议，葡商亦谓："货可充公，人则西国无斩首例，请不具正法字。"则徐以所请不与内地办法画一，斥之。保纯亦无以难义律之说，为具牍代请，而义律则谓委员已许之矣。既为则徐驳斥，乃怨大吏反复，以护货之兵与我舟师抗。我舟攻其趸船于零丁洋，毁其二艘，义律率货船屡战，皆中于炮而退。有英船愿缮结纸求入者，义律挥兵阻之。具结请入之船，见提督巡洋，坐船树红旗，又误以为来战，亦燃炮迎击。接仗凡六次，卒为舟师击毙无算。时别国货船向不带烟者，皆遵令具结，惟英船不就范。大理卿香山曾望颜请封关禁海，设法剿办。下粤中议，则徐以违抗只有英商，不拒各国正可以夷制夷；粤人以海为生，尤不宜设禁自窘。奏覆而止。

案林文忠禁烟之切实，备战之严密，分别各国之审慎，皆无可议。惟严催具结而不急为英商裁革粤关规弊，无以慰其积年希惠之心，未免视外人之弊害稍有隔膜。即取结亦稍操切。但严厉禁烟，为民除害，外人舆论亦不甚以为非。若有恤商之德意，平众商之怨尤，义律虽狡，无能鼓煽，事可不至扩大。且体念远人，保其商利，亦大国应持之正义也。文忠未免忽之。缴烟每箱赏茶叶五十斤，计烟价略相当，出《夷氛闻记》。然《文忠政书》原奏作五斤，且总计赏十余万斤，合五斤之数。岂《闻记》之误耶？

英市既绝，英商船至者三十艘，阻于义律，不得入，咸怨咎之。义律惧，请许率诸商还澳，俟本国信至，开舱贸易，词颇婉顺。而朝旨虽允不禁海，然对英封禁甚严，则徐不敢更张，峻拒之。英船泊外洋，以厚利购接济。则徐自出驻海滨，罔避风雪暑雨，辛勤筹备，民多感愧，相戒无复私售。九年冬，朝命改则徐督粤，调廷桢督两江，旋改浙闽。英国自得粤中焚烟之讯，其国会议禁烟理直，当听中国之命。而义律以商人烟土被焚，请国库给价。且印度烟销为大利，怂恿发兵。英廷争议汹汹，卒决称兵，命其国戚伯麦率本国兵船十余艘、驻防印度兵船数十艘，联艅东向。则徐自奉旨断英市，首责诸国毋听英假借船号，毋代运出入货物。激励美法，使不直英国所为。又以俄旧亲华，而与印度邻，英俄相忌，又约属夷廓尔喀伺印度之隙。且知英远来费巨，鸦片减值而售，成本不敷尽供军用，决其持久必蹙。与提督关天培定议，严防要隘，全力剿办，悬赏购捕斩义律，及白夷黑夷价有差。获其船者，财物尽充赏，移会闽、海、江、浙，各刻意防其舍粤他犯。二十年夏，英兵船至，则徐奏闻，尚有"以逸待劳，以主待客，彼何能为"之谕。英船至粤月余，无隙可乘，驶三十一艘赴浙，经福建，突攻厦门。浙督邓廷桢驻闽，出驻泉州，檄金厦道刘耀椿守御，炮击沉其兵船一，水师焚攻其一船，毙英兵数十。英全艅驶至浙之定海，陷之。朝命江督伊里布为钦差大臣，赴浙视师。革浙抚乌尔恭额职，旋定罪绞候，以刘韵珂代。经此一挫而朝旨突变。此宣宗意志之不定，任事者之不能执成命以行事，亦世变之所以不可支持也。

林则徐像

（清）佚名

林则徐（1785—1850年），字元抚，福建省侯官县（今福州市区）人。嘉庆十六年（1811年），林则徐考中进士，授翰林院庶吉士，后充任国史馆协修。道光十九年（1839年），时任湖广总督的林则徐来到广州，着手禁烟，在虎门销毁鸦片共计19179箱、2119袋，挫伤了资本主义的侵略行为。因此，林则徐被誉为"民族英雄"。第一次鸦片战争失败后，林则徐先后被贬黜又被起用，于道光三十年（1850年），指天三呼"星斗南"后离世。林则徐晚年虽然致力于抵抗西方侵略，但对西方先进的科技、文化却持借鉴的开放态度，他主持编译的《四洲志》是中国第一部较为系统的世界地理志书。后来，魏源正是在此基础上编撰了《海国图志》。

林则徐向道光皇帝奏报收缴鸦片情况的奏折

浙未失事以前，剿办意甚坚决。则徐对英人请求较近情之语，亦不能留伸缩之余地。当上年九月义律以兵抗战时，九龙炮台击沉英船奏捷折，奉批："不患卿等孟浪，但患过于畏葸。"而于折内又累加旁批。折文云："苟知悔悟，尽许回头。"其旁批云："不应如此，恐失体制。"折文云："奉法者来之，抗法者去之。"其旁批云："未免自相矛盾。恭顺抗拒，情虽不同，究系一国之人，不应若是办理。"

十一月初八日，有诏："英夷反复，先放大炮。未绝其贸易，不足示威。即使此时出结，亦难保无反复情事。兹屡次抗拒，仍准通商，殊属不成事体。区区货税，何足计论。彼自外生成，尚何足惜。着林则徐等酌量情形，即将英吉利国货贸易停止，船只尽行驱逐。不必取结。凶犯亦不值令交出，着出示列其罪状，宣布各夷。倘敢包庇潜带入口，从重治罪。"云云。则徐接此字寄，所以对义律之婉求，无从通融也。洎定海一失，粤中之蜚语亦即上闻，谓"缴烟时先许以值，后负之而致激变"。此事当时有数说：

《夷氛闻记》云：林公至粤，居越华书院。洋行总散各商，侨寓其侧，备日夜传讯。义律呈缴禀至，夜传总商入见，责以"汝为官商，倘有私许以价，而后设法赔补事，慎汝脑袋"。总商叩首力言不敢而出。盖是时粤人纷纷疑夷人居奇之物，不数日而呈缴净尽，意行商必许以事后给价。及闻公言，畏得罪，不能不负约以自保，不暇复计夷怨，而夷已禀缴无及。然语皆出揣测，事秘，罔有显据也。

金安清撰《林文忠公传》云：公才望赫奕冠寰宇，英酋义律慑公威重，与广府余保纯、洋商伍姓者密议，愿缴在海船土二万一千箱，易丝茶偿。余乃常州绅士，为公抚吴时激赏，素以干力著。伍则与义律最昵，知使节不久留，欲弥缝其间，而阴与洋行分年偿其直。其禀胰恭甚，公据其词入告，奉旨嘉奖，有"不虑尔等孟浪，但虑尔等畏葸"语。公乃驰檄宣示英国王，词意剀壮，外国争传其文。就省城外浚大地，焚毁数月始尽。陶文毅卒，旋奉旨调两江总督。枢相忌其功，思困之，乃请以邓调两江，而移公为粤督。命下，余、伍之初计沮。

据上两说，许给烟价事有之，而非则徐所知。但衅之由生，亦不由偿价负约。义律并未形诸文牍。因勒令具结，致成决裂。且即给价购焚，亦不甚失礼。果有其事，则徐尽可先奏，何必讳言。朝廷以此罪则徐，上欲加之罪耳。当浙陷定海之际，英船留澳门者，忽焚澳门后通香山之关闸，为守闸之前山营都司炮伤英兵数十，沉其小舟。七月十八日，则徐所遣副将陈连升率游击马辰，攻其泊磨刀洋之兵船，战胜，以捷闻。奉批斥则徐贪功启衅。则徐遂力陈六月后粤海防范情形，请戴罪赴浙，竭力图克复。不报。

奏言："窃臣奏报拿获雅片烟犯折内，钦奉朱批：'外而绝断通商，并未绝断；内而查拿犯法，亦未能净，无非空言搪塞。不但终无实际，又生出许多波澜。思之曷胜愤懑，看汝以何词对朕也。钦此。'"此为当日所奉严旨，亦未有许给价后负约之说。但转变太速，殊乏君人之度。

是月，伯麦偕义律驶天津陈诉，出一汉文奏本，上直隶总督琦善转奏。其文为英人所具，可证则徐无许给烟价之语。文惟见《夷氛闻记》，录以明以前粤中英人所借口之真相：

奏云：英吉利国臣统领本国水师主帅子爵巴儿多兔，谨呈天朝大清国大皇帝驾下：窃巴儿多兔现奉敝国主命，协同本国陆路统领总兵官布尔利，带领水陆军兵战船，前来贵国。缘为去年本国之正领事官义律，暨来贵国贸易之商民，竟被广东钦差林、邓总督凌辱无道，以众欺寡。并一向敝国之商民到广东，被该省大宪等欺压无辜，为此奉命前来上诉。惟思船多兵众，夫用兵必须水陆择地，护船安营，是为首要之机。熟思贵国各直省大宪，以为业已封港，不通贸易，决不纳言，不肯接呈代奏，准有相拒之势，此即必彼此相斗，因此不得不直登定海，俾得各船安营有所倚。去年林钦差到广，不几日，首先将西洋各国人，用水陆官兵围困在省城寓行之内，立即封舱，连日不准出入，兼绝伙食，勒缴在洋面停泊船内之烟土。又言限日尽缴，否则要斩要杀。如于限内缴出，则仍前交易买卖也。窃思贵国新例，禁买禁卖烟土，但既已禁绝，无人敢买，则西洋人亦必不再来。即有愚人带来，亦无人敢买，然则带来何益。且去年所缴之烟土系在洋面，并非起运入内地，而外国商人亦万万不能运得入港也。奈林、邓二宪勒缴，而英国商人等如不缴，则不受杀亦要饿死，虽不惧杀而饥渴难当，只得舍恨忍气以缴之，后再酌议论。讵料缴之后，忽又要具结，称'如有嗣后查出船内夹带烟土，即将货物全行入官，其领事人即正法'等语。但查犯禁货物入官，其领事人连船逐出，不准交易，此例西洋各国古今通行。惟正法条，西洋古今无杀头之刑。况且船多人众，万一遇有水手一二不肖，私自夹带，不拘多少，岂不累人。货物入官，而人亦受杀戮之惨。即因此正领事官义律暨诸客商皆不肯具此结之原委也。林、邓二宪因前事不服众，未得具结，即着封港，不准交易。切思英国荷蒙通商已来百十余年，贸易买卖场中岂无赊欠通融。今计贵国洋行商人，前后共欠已有数百万两之多，一旦封港，不独不能贸易，又坏了到广东船内之货物，不胜枚举。英国商人所失之本，何可胜言。且封港之后，林、邓二宪曾与义律商允具结，嗣后货船到广，任从查搜，如无夹带烟土，方准入口，否则逐回，不准贸易。奈林、邓二宪，前言不对后语，反复无常，忽然改变。仍执前议，具甘受正法之结也。后来义律等另有求商事体递呈，奈林、邓二宪绝不肯收。即去年封港后，适有英国兵船巡海，到广洋面，该船之总兵官递呈，系请询封港之由，以为开解，奈二宪仍不独不肯收呈，更又命水师提督带领水师官兵前来相拒，是以不得不还炮相喧矣。去年林、邓二宪禁止买办，不准供办伙食之后，有吕宋货船一只，与英国货船同泊洋面，正欲回航之际，适其船内人过来英船探望，即或随送些少食物，林、邓二宪责言吕宋人不应与英船人往来，不应送食物，竟用毒计，命人于黑夜之中，将吕宋船只烧毁，并伤毙三人。可怜该船无辜，受此惨害，神人共愤。切思欧罗巴洲各国，即大国小邦，帝国王邦，无分统属。吕宋国与英国，火烟相益，非亲即故。今同在异邦客地，过船探候，即或送些伙食，亦系人情之常事。且欧罗巴洲与亚细亚洲相隔九万余里，不独无分统属，而且只有西洋船只到中华，而中华船只万万不能到西洋。今林、邓二宪系中国之官，在广东止可管中国广东事，岂能管到西洋？即今大英国主仁慈，怜念吕宋船人无辜受此惨苦，即命如数赔其银两。但未审林、邓二宪，此事如何奏报？

  此奏中只言林、邓于具结事反复，即上所云"余保纯允为具牍代请，义律谓委员已许之"之事也，并不言许给烟价，则并余保纯等亦未尝许之可知也。今以理度之，当是实是以商捐茶叶，用给赏之名以代给价。故《夷氛闻记》较量其值，言计每箱给茶五十斤，凿凿可据。林折只言五斤，乃不欲多举其数。以本系捐办，无须奏销，对朝旨严办之意为合。此正余保纯之干才。其后因具结有违言，义律亦未受赏，其为五斤、五十斤，更无可辨。窃谓此为事实也。

英帅奏辞温雅，其于初次兵船开仗，直曰"还炮相喧"，轻儇已极。要于中国并无必用武力之意，特视其可侮而侮之，亦是事实。奏意虽出自英帅，而达意必有汉奸。以兵官而具此辞令，程度自高。当时中国去文，动足招侮。《中西纪事》载英人在定海递书，内言："二月间遣使暂讨烟价数十万，入粤东配茶，天朝大臣粤宪回复言：'本大臣威震三江五湖，计取九洲四海，兵精粮足。如尔小国不守臣节，定即申奏天朝，请提神兵猛将，杀尽尔国，片甲无存'等语。"此语出自英人所递书中，或非实有其事，然夏燮自加数语云："此盖回复外夷之词，不嫌俚俗也。"然则著书之人有此寒陋，亦见当时士大夫之荒唐召侮，何足与西人比也。奏文外又出其国会致我国相书，要求六事：一索货价，二求广州、厦门、福州、定海、上海为市埠，三欲敌体平行，四索犒军费，五不得以外洋贩烟船贻累岸商，六请尽裁洋商浮费。琦善以闻，又令娴习西文之鲍鹏作复书，称义律为公使，谓"上年缴烟，必有曲折，将来钦差大臣往粤查办，不难水落石出"。并犒以牛酒。诏革则徐、廷桢职，令俱在粤候勘，而命琦善驰驿至粤，代则徐职。琦善在天津见英帅语平和，谓不难驯伏，奋意稍给烟值，仍许贸易，即当了事。而给值则意粤关监督即能任措。既至粤，义律辈亦回粤守待，见新钦差易与，求索益高。而粤关利厚则费亦素巨，无余存，乃知棘手。惟撤海防兵以示无敌英意，冀英人鉴谅。诘开炮创英者将加罪，军心解体。又欲从英人诉词，谓则徐拒不上闻，将奏谴之，欲证成于巡抚怡良，怡良不敢应。检案牍则又无可指摘，不得发。先是，则徐防海所募，择海滨渔疍亡命熟沙礁险要者，一旦撤裁使失业，为英购汉奸招引而去。向之所惮，转济其用，形便曲折尽泄，要挟益无顾忌。坚索香港为埠地，以抵葡之澳门。琦善不敢决允，但许增烟价，冀就范。提督关天培请添兵设守，则峻拒以媚英。义律以议迟迟不决，突攻陷沙角、大角两炮台。敢战之将，副将陈连升以下，束手身殉者数人。事在二十年十二月十五日。琦善委罪于天培，奏请重治，仍请续与夷议款。天培与镇将请增发兵药，琦善靳之。然亦恐再有失陷，重得罪，亟奏请开禁通商，给厦门为市地，以明年正初旬为期，还以烟价。其与义律伸约，则称之为公使大臣，许以香港全岛相界，而以浙江所获英俘易定海。义律复文，请缴还两炮台，及所掠粤船，愿由海道赴浙撤兵，求备文代递伊里布，俾知缴还定海之由，送给留定英船兵目。琦善依言达浙，而伊里布亦遂无守御意。时朝旨以两炮台失陷，又决痛剿，革琦善、天培顶戴，调湖南、四川、贵州及南赣兵驰赴粤。琦善不知，犹自出阅视虎门，与义律晤商条款。义律耀兵炮以示之，琦善更张皇入奏。奉严旨："朕断不能似汝之甘受欺侮，迷而不返。胆敢背朕谕旨，仍然接受夷书恳求，实出情理之外。是何肺腑！无能不堪之至。汝被人恐吓，甘为此遗臭万年之举。今又摘举数端，恐吓于朕，朕不惧焉。"此谕见《东华录》二十一年正月二十四日辛亥，其失态固与琦善相称矣。

其前，于正月初七日甲午，命宗室奕山为靖逆将军。湖南提督杨芳方入觐，道皖，命折往粤，与户部尚书隆文同为参赞大臣。前往粤候勘之林则徐、邓廷桢，亦于上年十二月中奉旨着琦善督同办理。于是杜门候勘之林则徐复出，则询知舟勇已尽撤，无可为计。正月初五日，义律已知朝议复变，驱船攻横档炮台，台药不继，关天培阵亡。嗣是英舰进攻岸台，辄领鸦片舟尾入，约窑户艇泊其旁载运。粤兵名为迎敌，亦与通同以护贩为利。忠勇之军，撤溃已尽。利之所在，对敌如戏。杨芳以宿将负威望，官民望其来，道佛山，一路呼噪相迓，既至则谓："夷炮命中，能在船舶荡漾中击我实地，较我实地所发转有准，此必邪教挟术所致。"传令地方甲保，遍收妇女溺器为厌胜具，载以木筏，约闻炮急眠器口向敌，伏卒即抄出夹攻。敌掠筏而过，守筏副将先遁，芳急勒兵入城，敌船未敢猝入省河，亦震芳威声，恐有布置，乃使人持书至凤凰冈台营，求入城面致芳。营将总兵长春遽引使入，迨返而敌尽知虚实，分攻猎德及大黄滘炮台皆下，芳犹奏长春有御敌功，赏花翎勇号。时在二十一年二月。其先义律、伯麦以琦善已允给香港，联名出示香港居民，称为英国子民，有事须禀英官治理。并以此照会大鹏协副将赖恩爵，恩爵以呈怡良。则徐劝怡良实奏，怡良迟徊，为粤绅所恳促乃允。奏入，而江督裕谦参琦善畏葸偏私之奏适至，诏革琦善职，拿解赴京，籍其家。以奉命驻江西理饷之刑部尚书祁𡎴代粤督，而杨芳亦有攻守八难之奏，乞允通商，意多与琦善合。奕山、隆文继至，芳亦劝其勿浪战取败，意在徐就抚议。而奕山忽为人言所动，以三月晦发兵冲突省河英船，搜义律于夷馆。义律先遁，官兵遂掠其货物。越日，英船反攻，官军溃退，辎重船筏尽失，乘胜夺北门外山巅耆定炮台，俗名四方炮台，于是俯瞰城中，窥以远镜，纤悉毕见。子弹时以城中官署为的。城守始汹惧。而杨芳独以镇定闻，火箭巨弹，肃肃声过耳畔，笑骂而已。或劝稍避，不顾也。于时民居遭毁，兵多擅逃，城守岌岌，款夷之议遂决。则徐已于上月奉旨以四品卿衔赴浙候旨。盖裕谦以钦差大臣入浙，与闽督、浙抚先后皆奏则徐在粤无误故也。粤城上悬白旗示服从，军帅以下会印付保纯，缒城出，就商义律，旋议定：饷军六百万元，计四百二十万两，作清还商欠，限五日内交足。大将军挈外来兵离省远驻，英船亦退出虎门。洋行括银不足额，仅得百二十万两，由藩、运、关三库垫足。由大将军奕山，参赞隆文、杨芳，驻防将军阿克精阿，督祁𡎴，抚怡良，副都统裕瑞，会奏给商欠银议款事。其银是否即作烟价，及香港是否停给，款议未之及，奏中亦不以陈明。其实英兵方缺饷，得资为窥犯要胁地也。款成,耆定台未退出,伯麦自台下率众闯诸村落淫掠,至奸及老妇。举人何玉成柬传南海、番禺、增城诸村,各备丁壮,出护附郭三元里。各乡义愤集至数万人,夷目毕霞率众与战,始民稍却,旋各乡众大至,围之竟夜,天明搜杀,伯麦、毕霞皆死,收其调兵符券及防身兵器,夷兵乞命之声震山谷。村民围耆定台英兵,计令饿毙台上。义律密遣人求救于保纯,或劝以兵助民并缚义律,重与约法。所给商欠银时仅交四之一,当事以款银已去,败盟无利,事在和后,不欲为戎首,不用其策。粤督令南、番两令随广府保纯出,步向三元里拱揖代夷乞免,民乃解围。粤人至今举三元里为快。嗣是粤人踊行团练,遂为后数年拒夷入城督抚封爵之用。

《兵技指掌图说》清末彩绘册页本(节选)
(清)讷尔经额　收藏于香港中文大学图书馆

道光时期,直隶总督讷尔经额为训练直隶绿营兵的兵技,绘制了《兵技指掌图说》作为图解教材。其内容包括马箭、马箭马上、马枪、马枪马上、马上长矛、步箭、弩弓、藤牌、长矛、单刀、鸟枪、抬枪、小铜炮、大铜炮的练法。

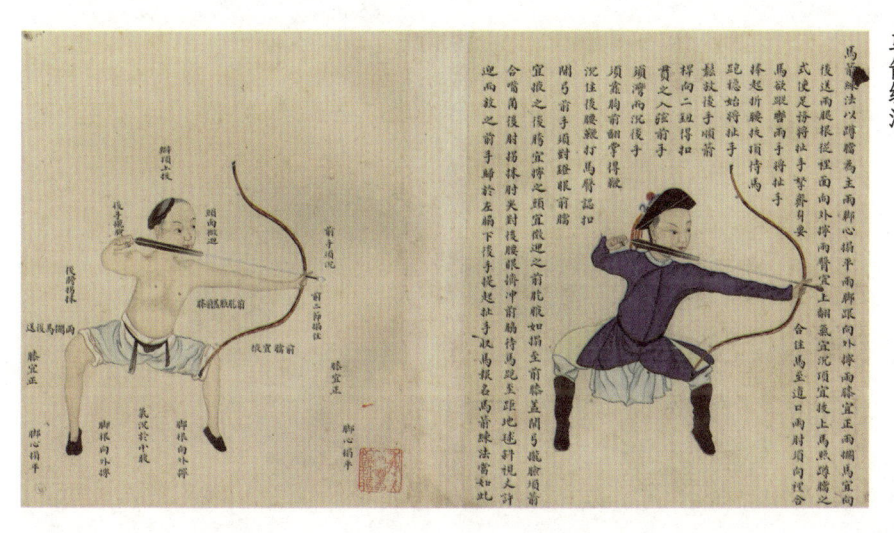

马箭马上练法

马箭马上练法与地上практ练法之无异

马枪练法

马枪练法与马箭无异裹药下于炮贯门药手使之善玉载单之法用右手将枪口向上举住右手等住手待马起枪即将枪口向後向兼下托之後将枪口顶马掩身实门药适用右手大指在火门一发即偏脸夹火掩之际即将枪尾偏马鞭打马抓枪照靶瑇枪瓦出维靶料对三十弓许平枪贴敷迎枪照靶瑇枪打之枪响後左手托枪右手抓马报名马枪练法当如此

马枪马上练法

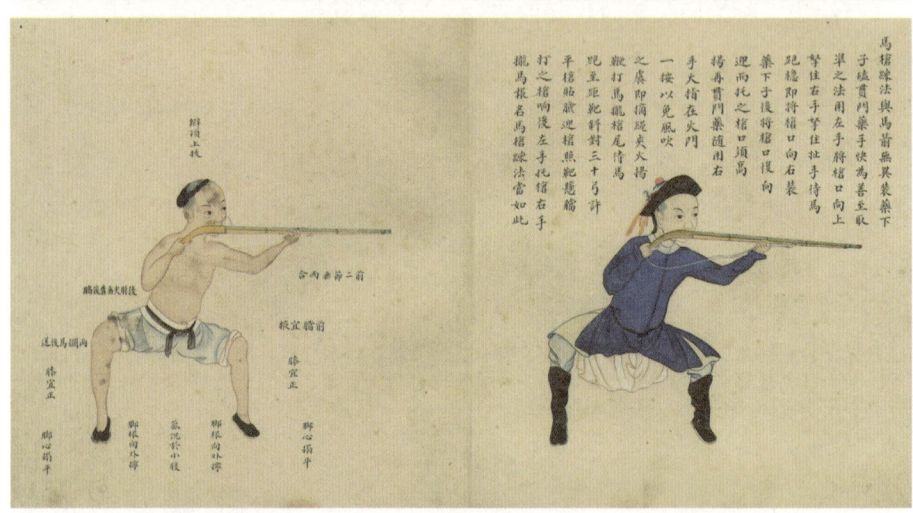

马枪马上练法与地上骑枪练之无异

马上长矛练法

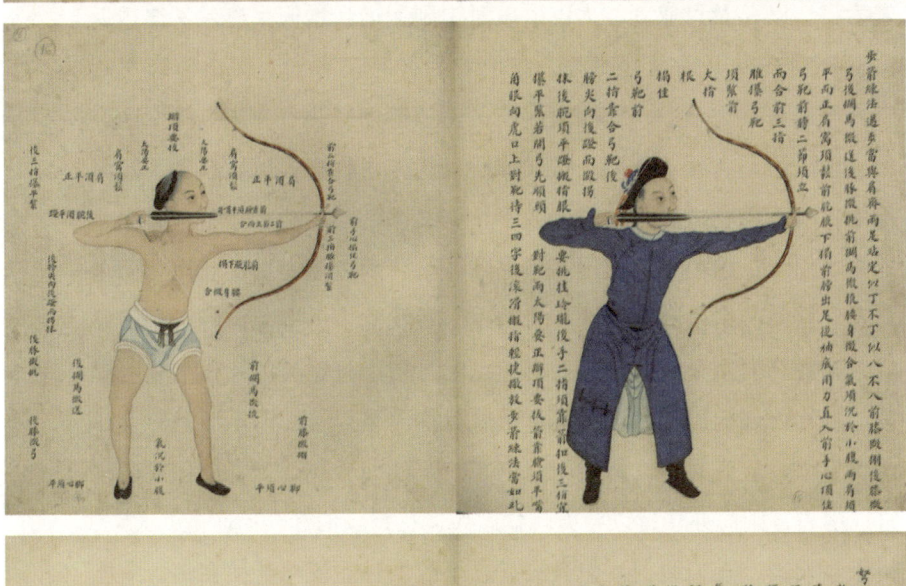

马上长矛练法先宜马上纯熟必须由左右刺搅四面分扎如石揪石项前右手将矛尾向前平举矶之宜石在前平手揪矛向前右手平伸左手在后右手变左则左手在前右手持矛项向后搅变互为相间搅搅须坚快则无间刺无竟后扎搅须要揉身有力两面活泼活泼方不矛失刺能斜近处夫可以挈刺制胜方赖矛不可以挈刺制胜马上长矛练法当如此

步箭练法

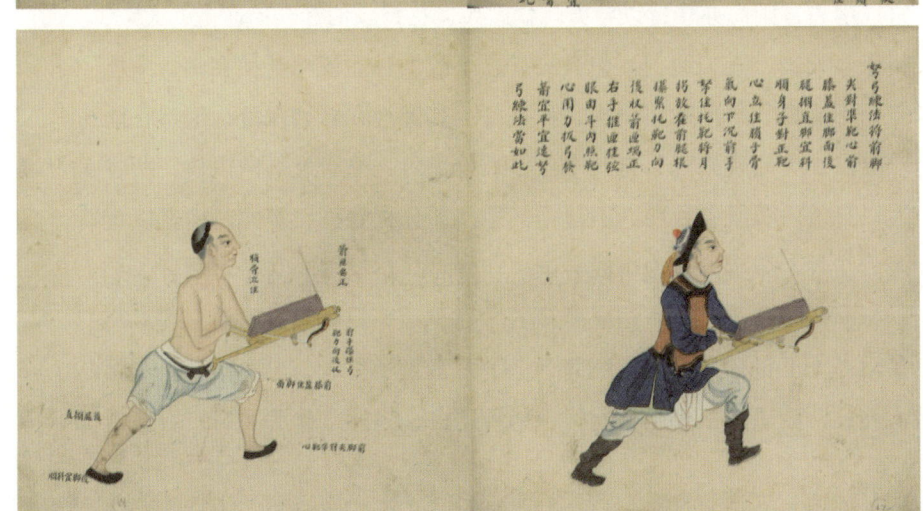

步箭练法通要当与有角两足站定以八不八不足以前腰既侧后腰既平向正肩鞍顶鞍微下摘前脖出足提前底用力直入前手心须后弓靶前弯二肩向前合两合前三指顶鞍前大指鞍前弓靶揭靶二指鞍合后脸夹顶后弯候脸弯纵脸眼靶后鞍前鞍弓後先顺指眼对靶两太阳要正后顶三指顺角眼向龙口上对靶持三四字後鞍缓随指鞍鞍箭鞍体箭步箭练法当如此

弩弓练法

弩弓脸法待前脚夫对准起心前膝蓄直脚向后脚向直鞍对正科顺月子步前正心必佳鞍弩指时月骨向下沉箭手揭致在前鞍鞍後弩扎鞍後眼鞍前鞍弓順右手推迎鞍正心用力扣鞍手鞍由斗纸鞍鞍箭鞍前指弓箭宜平鞍前弩弓练法当如此

三元里役之后，民气极盛，英兵已约定退出虎门，粤督大修守备，义律因不欲复入虎门，请与粤久市，不忍肆扰，别营市地于香港，请官为示，召商民就港贸易。请之至再，而内商以越海不愿往，又请以退出之尖沙嘴、九龙山二地易香港，当事以未奉谕旨却之，反劝其入市黄埔。义律以入市须经虎门，阻我兴筑炮台。纠纷不已，款市仍滞不行。五月，革则徐卿衔，发伊犁，廷桢亦遣戍。会英国王别派朴鼎查为将，巴葛及思亚刺、力巴、敦时为副，增兵增舰来粤。义律遂返英。朴鼎查以军官兼管商务，与伯麦为将时又有异。奕山偕隆文离省，居三水县之金山，撤湖南兵归，而独留杨芳驻省弹压。隆文居金山，独以愤不食死。朴鼎查按义律所议约，止收商欠而撤在粤兵，无与他省事。思尝试觇中国意，或不止就义律已成之功，于是舍粤洋北抵潮之南澳，泊船于长山尾，且登陆秣马，渐造屋为层楼。澳官无止之者。澄海县诸生在粤受课作海防论，乃及此事。书院监院梁廷枏发之，祁督饬海阳令查毁，朴鼎查遂以七月初十日犯厦门，投书驻厦提督，自称公使，巴噶称水师提督，敦时称陆路提督，谓不照上年天津所议事款，应有兵事，暂借厦门屯军，定议即缴还。提督陈化成适改官江南去，闽海亦奉旨以粤夷就款撤兵，总督颜伯焘仓猝迎击，大败，将士多死丧，遂失厦门。伯焘故有志杀敌，且非议邓廷桢在闽，谓能守而不能攻，事前购船铸炮，称有备。其置炮在台墙深处，炮口止能对一点，英船窥知之，避其中点，鼓行无阻，夺台反炮向内攻，所备适以自杀。英既破厦门，不留据其地，即分扰台湾、定海，而尤以定海为注意，犯台湾者为小股尝试。守台总兵达洪阿、兵备道姚莹，早以海警戒防，莹尤以练达通博知名。当邓廷桢督闽时，已请奏起泉州在籍提督王得禄，故李长庚部下，平蔡牵封子爵者，出襄军事。八月十五日，英船挟三板犯鸡笼杙，越日进口，炮坏二沙湾兵房，台炮击中其船，遁而触礁，生擒黑夷二百数十，杀数十，白夷杀二人，沉一人。后一日，又搜杀白夷五，获其图册。九月十三日，英船再扑二沙湾，击毙二夷，遂退。其扰定海者，亦以八月十二日至。自伊里布以钦差入浙，一意附合琦善，撤防待义律交还定海。定海名交还，尚留船盘踞。伊里布示谕居民毋敌视，并以已起碇之船数移慰巡抚，又奏收复定海。巡抚刘韵珂以敌方筑炮台，开河达城中，踞住岑港、沈家门开两处民房，又出伪示招居民接济，缕奏其患。会朝命于粤又主剿，逮琦善籍其家，遂革伊里布大学士职，仍留江督任，命裕谦驰往代之。旋召伊里布入京，六月，革职发军台。裕谦入浙，奏保则徐，恃为谋主。未几，则徐遣戍去。至闻厦门失守，急檄处州镇总兵郑国鸿、寿春镇总兵王锡朋，会同定海镇总兵葛云飞，以兵五千守焉。至是，敌至，连日拒击小胜。至十七日，敌大举猛攻，三总兵同时阵亡，定海城再陷，进犯镇海，分攻金鸡、招宝二山炮台。金鸡山奋击毙敌数百，提督余步云守招宝山，先有二心，前数日，裕谦召步云盟神誓师，见裕谦无退志，称足疾不跪。敌至，不令兵开炮，甫抵山麓，遽弃台走。敌据招宝山，俯攻镇海域。城陷，裕谦殉节。裕谦故诚勇公班第曾孙，壮烈思无忝祖先，劾琦善、伊里布，慕林则徐，盖旗籍之佼佼者。既陷镇海，即攻宁波，步云又奔上虞，道府从之。时为八月二十九日。巡抚急守绍兴，扼曹娥江，防其犯省。九月初，英兵迭入余姚、上虞、奉化肆掠，毁其仓库，旋退而乱民乘之，浙东蹂躏甚惨。

九月初四日乙卯，命宗室大学士奕经为扬威大将军，驰驿赴浙办理军务，所命参赞大臣皆不果行，旋以侍郎文蔚、副都统特依顺为参赞。又命怡良为钦差大臣赴福建，擢河南巡抚牛鉴督两江。出琦善于狱，使效力军前。奕经客宿迁，举人臧纡青劝奕经奏召林则徐来浙勷办，止琦善，斩余步云。奕经庸懦不敢用，仅止琦善，乃改发倚善军台，未几即为叶尔羌帮办大臣，旋仍柄用如故。盖有首相穆彰阿为之内主也。二十二年正月，奕经军次绍兴，与文蔚定议分袭宁波、镇海，预泄师期，两处皆败。二月，敌攻慈溪，金华协副将朱桂与战，督抬枪兵匿崖石树林自蔽，毙敌四百余，兵无伤者。军无后继，桂请文蔚发兵数百为援，不许，至暮发兵二百，敌已分兵绕出桂兵后，桂与其子武生昭南死之。文蔚从随员侍卫容照等议，防敌夜攻，弃军走，军资尽失。时朴鼎查方嗾兵舰再攻台湾，姚莹督官兵御之于大安港，别设伏于迤北土地公港，诱敌舰入，触礁不能驶，尽覆之。除淹毙杀毙外，擒红白夷十九、黑夷三十。上年获禁之百三十余夷，言官请无庸解京，就台正法。及是，并新获者皆斩于台，仅留禁其夷目勿杀。后遂为朴鼎查诬控所杀非兵，而系商民。穆彰阿主于内，使怡良就讯虚实。怡良嫉台湾镇道未以功归钦差，证成之。镇道皆下狱，以餍英人意。旋释之。至三十年，宣宗崩，文宗宣示穆彰阿罪，始正言镇道之受屈。而扰浙之英人既得志，又以浙为无可恋，更北扰，乃可胁成前约。有郑鼎臣者，前战死之处州镇郑国鸿子，志复父仇，投军自效，率定海水勇，多挈火具，附敌船焚攻，辄烬其船，多有斩擒。文蔚退还浙西，尽撤战火诸船，鼎臣不从，随行请治以法，奕经心重鼎臣忠孝，诺而未行。鼎臣于三月中累焚英船，焚溺英兵五六百。奕经、文蔚前经因败夺翎顶，至是因焚攻有功，皆蒙赏复。而浙抚刘韵珂意在羁縻，奏请仍命伊里布至浙主款，又以杀零夷为非，以鼎臣等为虚报冒功。鼎臣具四大舰，载所获夷级衣械及击碎船板送核，事乃白。时朝廷已复命宗室尚书耆英为钦差大臣入浙，并署杭州将军。耆英，满洲亲贵，为一时庸劣之尤，足以显清室之王气已尽者也。三月二十七日，英军弃宁波北犯，奕经遂奏收复郡城，旋又弃镇海，未及夸张克捷，乍浦已于四月初九日失守。驻防副都统长喜投水死。驻防横暴，平时已与土人不洽，至有警，更多所指摘，谓为汉奸，于调集助守之福建水勇亦凌辱之，战时遂举火为内应。英水兵登岸，顷刻而城陷，平湖、海盐大扰，会城亦戒严。事闻，以乍浦顷刻溃散，皆余步云屡走屡失城池，未议重谴，有以倡之。始奉严旨拿解治罪。久之，至岁杪乃伏法。鸦片之战，失律逃溃者相望，正法者止步云一人。当时朝议，能却敌者既以挑衅得罪，其逃避者自应以弭衅邀赏，则步云之见法亦冤也。

浙抚刘韵珂，以煦煦为惠，得民心。浙中军事，有大将军、参赞及钦差辈先后坌集，责亦不在巡抚。其竭力赞和，惟恐失敌意致败，则不可掩。然民乃谅其弭祸，亦颇感之。伊里布之再来，韵珂所请，专为议款。乍浦既失，伊里布诣英船商款事，英人气骄甚，无成而返。韵珂意郑鼎臣辈屡获英俘，未还俘，故仇不解，乃奏出所获白黑夷于狱，载送乍浦，则英又弃乍浦，虏其军资去矣。追送镇海，俘还船不谢，受俘者亦默无一言以复。五月己酉朔，朝命乃以伊里布赏四品顶戴，署乍浦副都统，而英船于是日已泊吴淞。江督牛鉴以办防驻海口。初三日，英攻宝山。至初八日，提督陈化成在南门外海迎战，炮沉英船二，折一船桅。英船以炮弹火箭，焚及民舍。牛鉴方与化成分守海口，炮弹落其近处，失色退走还城，所督诸军从而皆溃。英军大进。余步云旧部徐州兵先遁，化成余亲军不及百，为夙所训练，随化成不退。化成手燃巨炮击贼，临危犹破一舟，中炮遽卒。鉴遁而城亦陷，驻上海文武官皆走松江。英船随入上海，城已空矣。十四日，更向松江。先奉调来援之寿春镇总兵尤渤，沉船塞港，置炮相拒于城外八里之地，英兵亦缘道示威，无意深入，被拒遂出吴淞，改驶长江口。六月七日甲申，牛鉴奏请仿照乾隆年间征缅罢兵事，准予英人通商。奉批："中伊里布之害不浅矣，曷胜愤懑。"又批："朕之用兵，实出于万不得已。若将征缅之事比拟，事不相类，拟甚不伦。想卿必为伊里布簧惑矣。朕愈加忧愤。倘将士有所窥伺，稍有解体，将成瓦解，可设想耶？总因朕无知人之明，自恨自愧。"先是，宝山失守之报至，朝命伊里布、耆英驰赴上海，会同牛鉴筹防堵。至是，又命伊里布回乍浦副都统任，止留耆英会办防剿。其时江防荡然，英船已过江阴、瓜洲抵镇江矣。牛鉴遁还江宁，京口副都统海龄守镇江，忌汉人，谓有汉奸，搜索骚扰。参赞齐慎、提督刘允孝以兵至，亦拒不延入。相持二三日，英军梯陴而上，镇江陷，海龄自缢，家属多殉。江宁相距，一日可达矣。

朴鼎查先奉英王命，仍赴天津请议约通商，故由宁波迭退而北。闯吴淞，闯长江，皆视可侮而取胜以壮声势。既陷镇江，其部夷马理逊者，其父为贡使，曾至北京，父亦名马理逊，当时谓之秧马理逊，自命为知中国地理故事，进言于朴鼎查，谓江宁为南北咽喉，踞以要挟，无不得志。或且扬言将冲挖高家堰堤，坏河防，阻运道，北京必汹惧，胜往天津。朴鼎查从之，令诸船齐进。一路声炮，焚毁瓜洲、仪征所有盐舶商船殆尽。以六月二十八日，集船八十五，逼江宁城。伊里布以议款情熟，仍具奏驰抵江省，其先既奉有"设法招抚，许便宜行事"之旨，遣其家仆张喜赴英船，以候款开导。英果不攻城，但责成议甚亟。初六日，耆英亦至，复遣员与张喜再诣英船。朴鼎查用马理逊预议，索三千万圆，稍减为二千一百万，以六百万为补偿烟价，三百万为续还旧商欠，一千二百万为军费。本年先交六百万，余分三年带交。又索香港为彼商侨居地，广州、福州、厦门、宁波、上海五口为通商贸易地。税项公立章程，遵中国例则征输，先占厦门、宁波、镇海、定海、乍浦、宝山、镇江各城岸，俟五口通商即退还。贸易各口设关，自设领事官经理。货至，责成领事官赴关纳税。裁去官设行商，由来商自行交易。彼国官至，与中国官用平行礼。及事后彼此释放俘虏。语毕，即促归商定。委员佐领塔芬布等还报，当事以不但悉如英初意，且所索更奢，迁延不敢复。更往返议拟，英船已易白旗以俟，忽于初八日夜令易红旗，约次日复开仗。谓闻之谍者，中国用缓兵计，实调兵来决死战也。总督、钦差急遣布政使黄恩彤，偕前委员侍卫咸龄见英帅，开诚告以无他，并一切勉循所请，船众欢呼。于是牛鉴、伊里布、耆英会奏言："夷逼金陵，情形危迫，呼吸即成事端。根本一有挫动，邻近如安徽、江西、湖北，皆可扬帆直达。所请虽贪利无厌，而意但在求市地通商，尚非潜蓄异谋可比。与其兵连祸结，流毒滋深，曷若不惜巨费，以全大局。所索纹平七折银一千四百七十万两，商欠折二百一十万两，行令粤商按数归还。本年先交四百二十万，就将扬州商人现给之五十万圆扣抵外（英攻镇江，扬州盐商赂以五十万圆，称犒师，祈勿过江扰累），令江苏捐备百万，再拟于浙江、江苏、安徽三省库存，及关征粤税库，通融借拨。其余三年带交，岁不及三百万（计数实应岁三百五十万，故意轻减，为掩耳盗铃计），彼国货税既新加饶裕，可以作抵（此则甚确），较用兵费实不及三之一。至厦门，夷虽退，尚未收复；香港、鼓浪屿、定海、招宝山，则仍据守未退。与其久被占踞，不若归我土地。既愿遵输税课，即属悔过向风。此后彼因自获马头，我即借以捍蔽海疆，以为国家之利。所请与官讲平礼，虚文本可通融。事定后亦应释俘囚以讲和好，宽胁从以安反侧。"附单详载条款以闻。奏入，帝甚怒。穆彰阿委曲晓譬，为东南数百万民命强为抑遏，加恩勉如所请，而谕令反复详议，永销后患。耆英等同诣英船，与立《和约》十三条，《善后事宜》八款，钤以关防。海关丁书巡役陋规，亦悉予禁革。八月初十日，恭值万寿，英官仰祝纯嘏，虔请代奏。英船以八月二十五日出江入海，诸帅设饯于正觉寺而去。此所谓壬寅《白门约》，即所谓不平等条约之第一缔结也。

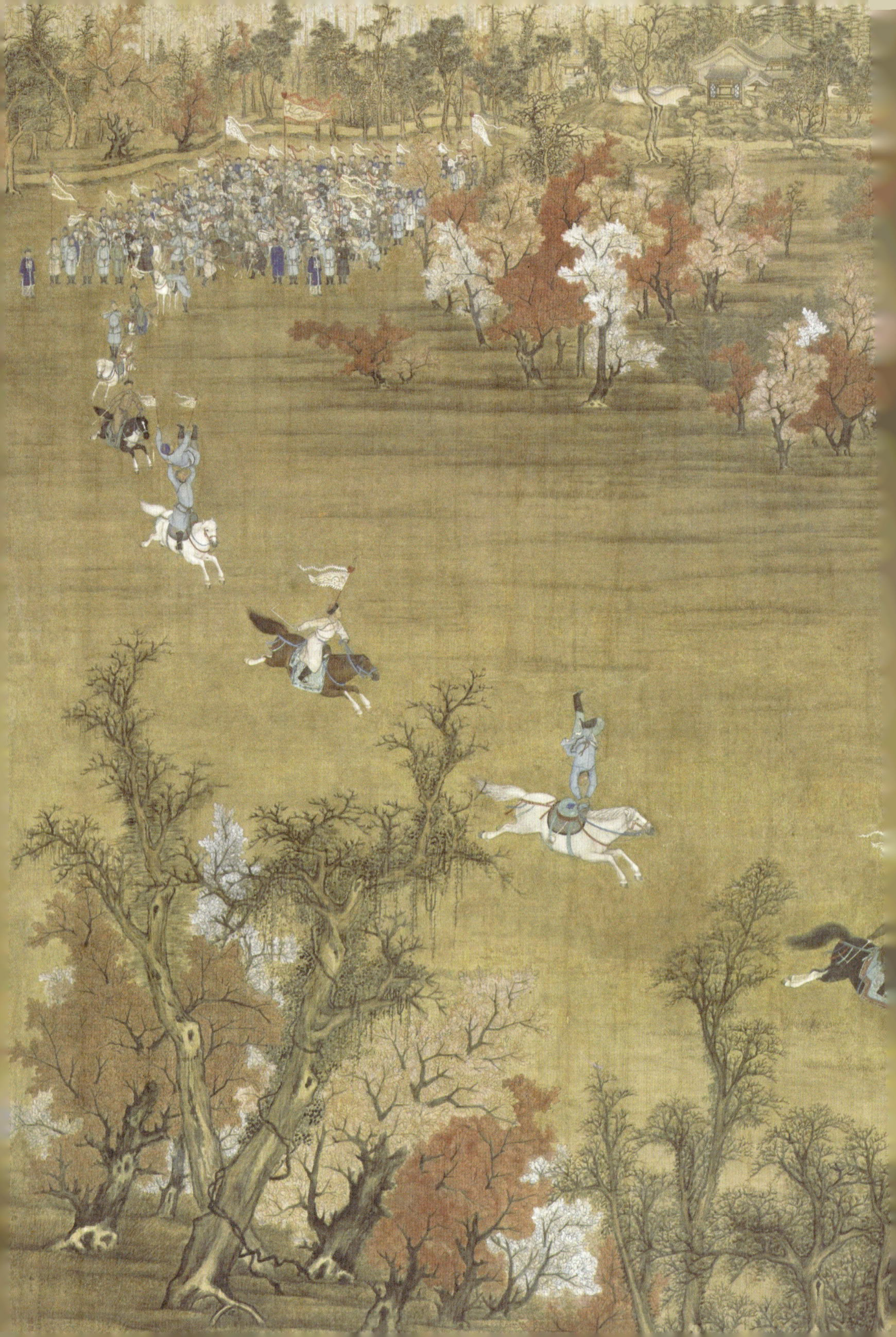

第七章 咸、同之转危为安

清至咸丰朝，文恬武嬉，满洲纨绔用事，伏莽遍地。清室本以八旗武力自豪，为英吉利所尝试，而旗籍大员之奸佞庸劣，无一不备。举国指目穆彰阿、琦善，谓之奸臣。文宗即位，虽斥退穆相，琦善以下偾事之旗员，仍以勋戚柄用。揭竿四起，以太平军为蔓延最广。国际应付尤荒谬，召闹取侮，乘内乱方亟之际，挑激不已，致四国联军逼京师，文宗走避热河，清之不亡如缕。其时士大夫讲学问，研政治，集合同志，互相策励，遂收救国之效。同治一朝，逐渐勘定。至光绪初，尚乘胜势尽复新疆，且开设行省，矫正乾隆间旗人专为私利之习，一时名以中兴，诚亦不愧。要其既危而获安，非清之主德有污隆，实满汉势力之升降也。满既必亡，汉既必昌，清若能顺应之，与全国为一体，惟材是用，竟破满汉之限，则以二百余年统治之名义，国人习为拥戴，君主尚有威权，重造一进化之国家可也。气数有穷，女戎复作，中兴之象，转瞬即逝。然其旋转之机，不可不审观之，以知兴亡之关键焉。

第一节
太平军（上）

道光三十年正月十四日丁未，宣宗崩，大臣启鐍匣，立文宗，改明年为咸丰元年（1851年）。而洪秀全以三十年六月，起于广西桂平县属金田村。先是，二十七年间，广西岁饥，本多盗，巡抚郑祖琛不能戢，而湖南新宁有乱民雷再浩之扰。新宁与桂接境，桂盗响应，柳庆、思浔、南宁、梧州各郡尤甚。按察使劳崇光捕治稍平。二十九年，新宁复有李沅发之变，窜及柳、桂。三十年四月，逐回新宁就擒，而桂乱愈炽。上年，匪首张家祥，官兵因不能捕获，强为招安，余党四散勾结，庆远、柳州、武宣、象州、浔州、平乐，所在分股肆扰，以柳州陈亚贵一股为尤悍。六月，祖琛出督剿，驻平乐。洪秀全以其时起，未有名也。秀全籍广东花县，以嘉庆十七年（1812年）生，师同邑朱九畴，九畴倡上帝会，亦名三点会。秀全既与冯云山同师之，旋九畴死，以秀全为教首，时在道光中叶。至十六年，秀全及云山至广西鹏化山中传教，地在桂平、武宣间，秀全妹婿萧朝贵，家桂平，与杨秀清比邻，秀全就桂平人曾王珩家训蒙，与秀清相结。桂平韦昌辉、贵县石达开，皆来入教。以拜上帝为名，各纳银五两，为香灯资。入会不称师，但称兄弟姊妹，示平等。秀清等兄事秀全。秀全又附托西洋耶教，以耶稣为兄，名天兄，而撰天父名曰耶火华。官修《纪略》谓欲驾耶稣教而上之，故上奉天父，未知信否。要其为非耶教正宗，则可见也。

道光之季，两广群盗如毛，广西尤遍地皆匪。秀全与秀清创保良攻匪会，公然练兵筹饷，招收徒众。官捕之，搜获入教名册十七本。巡抚郑祖琛不能决，释秀全出狱。秀清率众迎归，招集亡命。贵县秦日纲、林凤祥，揭阳海盗罗大纲，衡山洪大全，皆来附，阴受部署者至万人。以岁值丁未，应红羊劫谶。丁未为二十七年，后三年始以起事称。然其时官军防剿，尚在修仁，荔浦诸股，未以金田村为意。八月，调固原提督向荣于广西。九月，以林则徐为钦差大臣，并命前云南提督张必禄，俱入桂会剿。十月，夺郑祖琛职，命以则徐署巡抚，则徐卒于潮州途次。十一月庚子，命湘阴告养在籍之两江总督李星沅为钦差大臣，周天爵署巡抚。是月，秀全等出犯平南思旺墟，官军炮击却回，戕巡检张镛。星沅饬随张必禄来桂之总兵周凤岐赴剿。时有嘉应州客民与贵县民哄，投金田，二十九日战，官军败绩，副将伊克坦布等阵亡。咸丰元年正月初五日壬辰谕旨，始有"金田村贼为韦政、洪秀全等，恃众抗拒，水陆鸱张"等语。盖秀全之名始见朝旨，韦政即韦昌辉又一名也。

林文忠公为钦差，督剿广西，时金田名尚未著，所见奏报，乃象州窜修仁、荔浦之贼，为郑巡抚剿而无功之股。其余桂境奔窜各股，不计其数。言官所谓"桂省郡县，有贼扰者十之七八"。当林任钦差时，未知有金田。即李星沅代任时，亦未必注意金田。至思旺墟告警，始专员往剿，而主将阵亡。据明年正月谕旨，有韦政、洪秀全之名，当即未败时之奏报。自此金田村洪秀全之名始大。《清史稿·文宗纪》，道光三十年八月丁卯书"洪秀全窥修文、荔浦，敕郑祖琛剿之"，误也。各纪载皆言林文忠为剿秀全入桂，亦不确。

提督向荣自上年十二月奉巡抚咨调，由横州回师专剿金田。金田众又出向大黄江，荣进攻亦败。秀全遂自称太平王，是为太平有名之始。后毁弃大黄墟，分向桂平、贵县、武宣、平南等县，入象州。三月，朝廷又以事任重大，命满大臣大学士赛尚阿为钦差大臣，率都统巴清、副都统达洪阿，驰往楚、粤之交调度，赏遏必隆刀壮其行，随带镇将员司及部库饷银甚盛。四月出都，李星沅又卒。未卒前已因病剧，命赛尚阿往代，并命周天爵专任军务，授邹鸣鹤为巡抚。自五月以后，官军累报捷。八月，向荣战败，革职留营效力。达洪阿又败，巴道病殁于平乐。秀全乘胜攻永安州，闰八月朔日甲申，陷之，遂建国号为太平天国。秀全称天王，杨秀清封东王，萧朝贵封西王，冯云山封南王，韦昌辉封北王，石达开封翼王，洪大全封天德王，余各称丞相、军师等职。是为称太平天国及天王之始。

秀全既踞永安，出屯莫家村为犄角，副都统乌兰泰称敢战，攻克之。以十一月合向荣等军围永安。二年二月，秀全溃围东出，官军不能御，乌兰泰阵擒洪大全，旋中炮亦卒。总兵阵亡者多至四人。大全送京师，磔于市。起事之渠，且最以通文事者，一出即毙。《纪略》言大全八龄能默诵《十三经》，阴自负，所传词笔当可信。若石达开之诗，往往与小说黄巢所作为合，或出附会。太平军始终限于秘密社会知识，殆所亲信者不足矫正之也。

秀全军自永安突出，间道扑桂林。向荣疾驰先至，会同巡抚以下官守城，被围三十一日不下。越而北走。冯云山、罗大纲先驱，陷兴安、全州入湘。湘在籍浙江知县江忠源，先奉赛尚阿调，募勇赴粤，是为湘军出境剿贼之始，亦为湘书生学者以兵事自显之始。既屡有功于粤，至是援军不及，扼下游蓑衣渡击之，毙云山。太平军弃船走道州，衡水以安，长沙有备，而道州会党大集。湖南固积乱之区，雷、李诸祸首皆入桂煽乱，是时由桂入湘，附合为一，太平军势益盛。要为嘉、道间养成之莠民。而湘人之办团成大功，亦由乡里有急，自为弭乱计，久之而办有经验也。时在二年五月。自是迭破湘南州县，官军至辄弃之。七日陷郴州，秀全、秀清等留据郴，萧朝贵率李开芳、林凤祥等直趋长沙。以七月二十八日至。巡抚骆秉章督官兵乡勇力守。秉章方以赛尚阿劾其吏治废弛内召，盖使相督师，巡抚不善供应，有此劾也。新任张亮基至，缒城入。秉章亦奉命暂留城防。朝贵攻城，官军击之殪。秀全、秀清知朝贵死，急悉众驰赴之。所率自入湘南纠合之煤矿山夫，善穴地。用以攻城，三发皆轰毁城垣，城中皆抢堵无失，秀全等夜引去。攻守历八十一日，省城卒全。于是湖南遂为将帅勇丁根本地。亮基延左宗棠入幕，办全省团练。团绅事有倚官力而办者，皆以宗棠为内主。亮基迁总督，秉章复来，更专倚宗棠。属僚以事上白，直曰问季高先生。湖南遂有两巡抚之说，而为异日谤祸所由来矣。

太平军攻长沙不下，走宁乡、益阳，杀追兵将领，掠民船数千，出临资口，渡洞庭，抵岳州。提督满洲博勒恭武先三日弃城走，太平军入城，尽取旧存御吴三桂军械炮位，夺民舟五千余，遂东下。十一月，陷汉阳。十二月，陷武昌。巡抚常大淳以下司道守令皆殉。时向荣追袭，壁城外洪山，日有战捷。大淳闭城不敢应合，城遂陷。总督程矞采尚留衡州，褫职，旋遣戍，以张亮基升督湖广。三年正月，太平全军裹掠人民男妇约五十万，船万余艘，粮械财帛充载，新旧徒众夹江两岸行，所过沿江郡县纵掠，直至广济县之武穴镇，与钦差大臣江督陆建瀛相值。建瀛自上年十月被命出省防江皖，募勇未集，率兵无几，节节溃退。太平军尾之，直向江宁省城，中途陷安庆，安徽巡抚蒋文庆死之。以正月二十九日，遍垒江宁城外。兵民方谋协守，而聚宝门米商所办团练出队赴敌，城头炮伤练勇数人，遂骇散。布政使祁宿藻见之忿甚，呕血死。二月初十日城陷，建瀛及同城文武多被戕。驻防据内城守二日，力竭皆殉。太平军入城，遂以为都城。而向荣以二十一日追至，结营孝陵卫，成相持之局。是日，太平军所封丞相林凤祥等军已东下陷镇江，越二日又陷扬州。镇、扬当时为最冲要，遂分据旁邑为南北梗。林凤祥等率大军北上，迭陷郡县，留指挥曾立昌据扬城。向荣军攻江宁，不能下其城，城内亦不能击之使却。江北官军则络续来会攻扬。湖北则张亮基檄郡邑办团练，以捕治响应太平之群不逞。上游稍定，而湖南肃清土寇，曾国藩亦以办团著矣。

国藩，湘乡世农家，务耕读，为学笃实，兼汉宋之长。讲理学惟课躬行，不矜朱陆门户。谈考据乃以十通为归宿，重在制度损益，而亦不薄形声训诂之事。尤爱文辞，以桐城为宗，而声气足掩方、姚以下。（十通者，九通加秦蕙田之《五礼通考》也。）以寡过克己，诚信照人，治身治心，而后治事，治政，治军，皆有使人信赖之原本。拨乱反正，担负綦重，固非有厚重之度者不能胜也。由翰林累官至礼部侍郎。咸丰二年（1852年）七月，丁母忧回籍。十一月，奉命会同巡抚张亮基办本省团练。时太平军已由湘入鄂，积年乱党，未离巢翕附而去者，所在屯结。其羽党散布，地方官不敢诘。国藩以军兴法，十旬中捕斩至二百余人，谤讟四起。毅然以不要钱自矢，闾阎稍安。罗泽南时以诸生讲学，笃守程朱，国藩招与讲束伍技击之法，一以戚继光《练兵实纪》为规律。参将塔齐布，虽旗籍而勇敢有胆识，方为提督副将所忌，国藩为劾罢副将，奏保同治团事。且言如塔齐布出战不力，臣甘与同罪。由是国藩所部为军锋冠者，塔、罗并称。塔固所率偏裨多将才，罗挈其门弟子从军，尤多为名臣儒将，若李续宾、续宜兄弟，若王鑫，皆其自始相从之最著者也。卒伍中拔杨载福，彭玉麟亦以诸生而为富家司质库，刘长佑以训导，皆为国藩所敬礼。湘中人才，别有风气，尽铲朝野承平积习。盖湘人勋业以国藩为中心，而奇杰所聚，最著者固为胡林翼、左宗棠。然泽南开湘中理学之大宗，显儒者预人家国之实效，尤非但以一身为世栋梁而已。

《罗忠节公年谱》略言：公幼贫，其尊人至不能具饘粥，勉从师读。十九岁应童子试，不售，始授徒自给。为学亦仅留心词章。三十岁读性理书，遂究心洛闽之学。三十三岁始补弟子员。三十四岁著《周易·朱子本义衍言》。三十八岁著《姚江学辨》。三十九岁著《孟子解》。四十一岁补廪膳生，改定《人极衍义》。四十二岁著《小学韵语》。四十三岁著《西铭讲义》。四十四岁著《皇舆要览》。是年，湘乡令朱孙诒举公孝廉方正。四十六岁，是为咸丰二年，太平军入湘，长沙被围，湘乡始办团练，公与同邑王鑫、刘蓉任其事。鑫，公门人；蓉，公论学挚友。始仿戚氏法部署其众，教之击刺。四十七岁，巡抚檥公与王鑫带勇赴省，会曾公国藩办全省团练。五月，奉檥剿桂东由江西上游窜犯之匪，于路先平衡山土匪，逐桂东匪遁还。六月，太平军自金陵分军犯江西，江忠烈公守会城，乞援湖南。曾公檥公往援，李忠武公续宾在麾下。六月，至江西，击贼有功。

此为湘勇出援邻省之始。泽南所至，无坚不摧。节制之师无能敌也。时国藩从郭嵩焘、江忠源议，以东南阻水，敌得掠民船，瞬息百里，官军无可邀截，军行反有阻梗，非有舟师不能得志。乃驻衡州造船、练水勇，计成师而后出。下游则金陵为敌都，扬州亦为敌据。钦差大臣向荣督和春、张国梁等营金陵城外，攻守相持，是为江南大营。钦差大臣琦善率直隶、陕西、黑龙江马步诸军攻复扬州，是为江北大营。太平军以金陵大营压都城而驻，多顾忌而不能却，则分军四出以挠之。遣丞相吉文元等由浦口至亳州，与陷凤阳之林凤祥合，遂入河南。朝廷又以直督讷尔经额为钦差大臣，会山东西大吏合力防河。太平军又遣豫王胡以晃等出安徽，再陷安庆；更遣丞相赖汉英、石祥贞攻九江、湖口，进围南昌。江忠源时已官湖北按察使，奉命赴金陵大营，道闻南昌急，疾驰救。太平军见楚军旗帜，惊曰："江妖来何速！"忠源入城助守，时出战挫敌，飞书湘中乞援。时方五月，至七月而罗泽南军至，解围。其在河南之太平军，又渡河趋怀庆，攻城未克，走山西。以八月陷平阳，学士胜保统师收复之。朝廷以胜保代讷尔经额为钦差大臣。太平军由洪洞东趋，直入畿辅，踞临洺关至深州。逮讷尔经额，命惠亲王绵愉为奉命大将军，科尔沁郡王僧格林沁为参赞，总统四将军，督旗营察哈尔精兵，会胜保进剿。京师并设巡防所。是为太平军直逼燕京之师。而太平军所都之金陵，则亦为向荣所统之江南大营紧逼不舍，且亦间分其兵，收复旁郡失陷之地。而太平军则以清中叶之废弛养痈，伏莽遍地，地方官又积惯承平粉饰之习，所到即破，以故力不能摧向军，惟有分军旁突，使向军自陷于孤立而撤退。既围南昌，未克，退趋九江，陷之，遂入湖北境，连陷黄州、汉阳。其踞安庆者，由桐城、舒城向庐州。舒城有督办团练之在籍侍郎吕贤基殉之。庐州则自安庆陷后，大吏侨寓以为安徽省治。江忠源既出南昌围中，即由臬司超授安徽巡抚。闻庐州急，疾趋入庐城，所部兵仅数百，胡以晃以十万众围之，拒守月余，敌势盛，外有赴援者亦格不能达。以十二月十七日城陷殉节。时林凤祥等北上之军，为僧格林沁所扼，秀全乃命皖北之军渡河入山东，以为河北之军应援。凤祥已进至天津，据静海县，以独流镇为坚垒地。四年正月，僧格林沁军攻破独流寨，凤祥南退河间之阜城。入山东之太平军由金乡破临清，冀声势与相接，时在四年三月。旋为胜保克复临清，退走冠县、郓城，至曹县坚守。胜保追至，四月破之，逼入黄河，并缘道所追杀，此一军自丞相曾立昌、许宗扬以下皆没。而僧格林沁亦攻克阜城，凤祥退连镇，复分兵入山东，冀应合曹县之军。盖未知胜保已肃清曹县也。五月，陷高唐州。是时太平军之北上者日退日蹙，而曾国藩之所治水陆军已成。会湖北官军由总督吴文镕率以出剿，败死于黄州，太平军连陷德安诸郡县，金陵复益师会之，溯江，复入湘，陷岳州，至湘阴。舟集靖港，国藩与战不利。太平已间道袭湘潭，益掠民船，将溯湘江通两粤。国藩于靖港之败，投水将殉，为人救起，乃派水师杨载福、彭玉麟等，陆师塔齐布等，急援湘潭。水师连战，焚毁太平军船六七百只，毙者千余，并退入湘潭城。四月初五日，陆军克湘潭。太平军水陆死者万数，解散之众称是。以团勇克此大敌，湘军之气始扬，自信必可任征讨之任矣。

太平军之由汉入湘，越武昌而过，期得志于岳州以上。曾军既克湘潭，太平军尚走陷常德，兵锋至辰州。既知曾军将规取岳州，湘中太平军皆退。先至岳，期扼守以阻曾军。在汉阳者亦渡江陷武昌。武汉、岳州扼长江冲要，而肆掠于荆襄间。曾军于六月之杪以水师攻岳，七月初一日克之。陆路塔齐布军亦阵斩太平骁将丞相曾天养。闰七月复大捷于高桥，遂迭复通城、崇阳各邑。八月二十一、二两日，水陆攻武汉，同时并下其城。九月，克兴国、大冶。十月，克蕲州。十一月，克广济、黄梅。十二月，方攻九江、湖口，而太平军乘湘军已至下游，突再入鄂。湖广总督杨霈败于广济，武汉岌岌。五年正月，汉口复失，太平军入襄河，迭陷各邑。湘军回救，而水师之已入鄱阳湖者，遂为九江太平军所梗，不得出。别为内湖水师，调罗泽南移师，与水师相依倚，洗清江西腹地。而湖北荆襄军大败。三月，武昌复陷，巡抚陶恩培死之。于是胡林翼署鄂抚图规复，湘人始有任地方兼兵柄者。前江忠源甫任皖抚而殉节，曾国藩有督师之名，至今尚困于江西。饷事握于各省长官之手，军权由其自奋而有立，政权则未之属也。林翼以湘中第一流，当武汉兵事之冲，任全鄂地方之责。武汉经三陷，百孔千疮，至林翼之收武汉，乃为第三次克复，遂能用为东征根本。察吏安民，以政事足财用。以一身系湘军全局。问兵事，曰"惟我在"；问饷事，曰"于我取"。朝廷所置荆、襄等处钦差大臣兼湖广总督满洲官文，人尚长厚，而为清廷所倚。务交欢之，使不掣肘，有功则推与之，官文亦惟命是听，结为兄弟，登堂拜母，相得无间。遂以其间出境督师，收复滨江九江、安庆各要地。敌于其时猛扑鄂境，以挠后路。武汉时有危机。林翼遣将赴援，卒不撤九江、安庆之图，以终其事。向时积乱稔祸之湖北，林翼用之而为平乱弭祸之渊泉。以此与太平军相角，乃非浮寄之军一切接济听命于朝廷所置贤愚不等之大吏矣。其时直取畿辅之太平军，亦于五年正月为僧格林沁攻破连镇坚垒，擒林凤祥，送京师磔之。二月，复高唐州，余众退踞冯官屯，四月破之，擒李开芳等。北军尽覆，无复孑遗。凯旋，撤大将军、参赞大臣，京师解严。是为成败大略可睹之一段落。

当秀全始下金陵，议图河北，即诏丞相林凤祥、李开芳等，间道疾趋燕都，先东下破镇江、杨州，为北上之路。罗大纲以悬军深入为不然，且谓秀全不应安居金陵，委诸军犯难而不顾。则林、李之全军皆覆，即秀全辈之无志于中原。事载《清史稿》甚详。

《史稿·洪秀全传》：既都金陵，欲图河北。罗大纲曰："欲图北，必先定河南。大驾驻河南，军乃渡河。否则先定南九省，无内顾忧，然后三路出师：一出湘楚，以至皖、豫；一出汉中，疾趋咸阳；一出徐阳，席卷山左。咸阳既定，再出山右，会猎燕都。若悬军深入，犯险无后援，必败之道也。且既都金陵，宜多备战舰，精练水师，然后可战可守。若待粤之拖罟咸集长江，则运道梗矣。今宜先备木筏，堵截江面，以待战舰之成，犹可及也。"乃遣丞相林凤祥、李开芳、罗大纲、曾立昌率军东下。秀全诏之曰："师行间道，疾趋燕都，无贪攻城夺地縻时日。"大纲语人曰："天下未定，乃欲安居此都，其能久乎？吾属无类矣。"

此段据李秀成供。其北上之军尽没，果如大纲言。至东南必用水师，其识与郭嵩焘、江忠源同，而国藩能用之。大纲谓广东拖罟船来，犹以拖罟船为可惧。其实拖罟之来，亦无甚效。湘军乃取法战船而自造自练。以湖南固水陆皆备，林木亦丰富之土也。定都可在金陵，但未宜高拱不出。后来之败，俱如大纲言。故湘军既成师，北伐又已绝迹，金陵城下终未能摆脱留攻之清军大营。湘之人材，利用清廷二百年之威令，胜负之数颇可料矣。

第二节
太平军（中）

太平军时代轶闻，近日所得自外国者，率鄙诞无识，颇易为人所卑视。据《纪略》所载，及曾军在武穴行营所据蕲州田家镇俘获文籍编行之《贼情汇纂》，比而观之，尚不及《清史稿》所叙，于太平军尚有一时纪律可言，且删汰当时官书丑诋之语，专明其治军、治民之法，较为修洁。录如下：

金陵建都，拥精兵六十余万，群上颂称明代后嗣，首谒明太祖陵，举行祀典。其祝词曰："不肖子孙洪秀全，得光复我大明先帝南部疆土，登极南京，一遵洪武元年祖制。"军士夹道呼汉天子者三。颁登极制诰，大封将卒。王分四等，侯为五等。设天、地、春、夏、秋、冬六官丞相为六等，殿前三十六检点为七等，殿前七十二指挥为八等，炎、水、木、金、土、正副一百将军为九等，炎、水、木、金、土九十五总制为十等，炎、水、木、金、土、正副一百监军为十一等、前、后、左、右、中九十五军帅为十二等，前、后、左、右、中四百四十五师帅为十三等，前、后、左、右、中二千三百七十五旅帅为十四等，前、后、左、右、中一万一千八百七十五卒长为十五等，前、后、左、右、中四万七千五百两司马为十六等，又自检点以下至两司马，皆有职同名目。其制大抵分朝内、军中、守土三途：朝内官如掌朝门左、右史之类，名目繁多，日新月异。军中官为总制、监军、军帅、师帅、旅帅、卒长、两司马，凡攻城略地，尝以国宗或丞相领军，而练士卒，分队伍，屯营结垒，接阵进师，皆责成军帅，由监军总制。上达于领兵大帅，以取决焉。其大小相制，臂使指应，统系分明，甚得驭众之道。守土官为郡总制、州县监军、乡军帅、乡师帅、乡旅帅、乡卒长、乡两司马。凡地方狱讼钱粮，由军帅、监军区画，而取成于总制。民事之重，皆得决之。自都金陵，分兵攻克府厅州县，遂即其地分军。立军帅以下各官，而统于监军，镇以总制。监军、总制受命于朝。自军帅至两司马为乡官。乡官者，以其乡人为之也。军帅兼理军民之政。师帅、旅帅、卒长、两司马，以次相承，皆如军制。此外又有女官，曰女军师、女丞相、女检点、女指挥、女将军、女总制、女监军、女军帅、女卒长、女管长即两司马也。共女官六千五百八十四人，女军四十，女兵十万。而职同官名目亦同。总计男女官三十余万。而临时增设及恩赏各职，尚不在此数也。

太平天国背圣宝，背面有"圣宝"二字。

此为太平天国官制。当是初制，其后于侯爵之下，更设豫、燕、福、安、义五名，每名之上冠天字，天字上再冠一分别字，如承天豫、顶天燕之类。此尚无有，故云初制。自丞相以上，皆为爵而非官。官则各有司存，如殿前检点，必云殿前掌某检点。检点、指挥、将军，皆朝内官。其军中官及守土官，职有治军、治民之分，而各级名目无别。就其创制之意而言，不可谓非大有思想。朝官不用元以前之三省总摄，亦不用明以来之七卿分治，有检点、指挥、将军之等级。额定之外，复有职同之名，以济额限之穷。其职掌则据《纪略》言，朝内官有掌朝、掌率、尚书、仆射、承宣、侍卫、左史、右史、疏附等名。盖名多法古，但各职不相统属，乃汉列卿治事之意。

职同二字，文内已两见。又据《纪略》言，更有职同、恩赏等职。……封赏不时，改革不一。曾见有撰《伪官表》者，大率以节令星辰肆意编造，一职有至三十余者。烂羊都尉，灶下中郎，犹不足状其恶态也。据此，则职同与恩赏并称，犹古之所谓仪同耳。草创之朝，官职冗滥，不免因事因人。亦不足怪。

国宗当包括丞相以上凡有爵者而言。《贼情汇纂》中，全录太平礼制称呼原本。中一条云："朕仁发兄、仁达兄称国兄，嫂称国嫂。庆善伯、缵奎伯、元玠伯辈称国伯。庆轩、绍衍叔辈，一体同称国叔。仁正兄、仁宾称国宗兄。元清、辅清、四福、韦宾辈，一体同称国宗兄。贵妹夫及后宫父母伯叔兄弟辈，一体同称国亲。细分之：后宫父称国丈，后宫母称外母，后宫伯叔称国外伯、国外叔，后宫兄弟称国舅。"详其文义，仁宾当是凡洪族仁字辈者，自仁正以下皆是，盖非若仁发、仁达等近支。据《纪略》：仁发、仁达，秀全异母兄。恤王洪仁政与干王洪仁玕，俱秀全同祖兄弟。然则同祖以下之仁字辈，皆称仁宾，即皆称国宗兄矣。兄为太平全国通称，惟耶火华称天父。耶稣即称大兄，而秀全自为二兄。《贼情汇纂》言："壬子十二月，贼陷武昌。初十日，于猎马场设高台，贼日登其上，曰讲道理。鸣锣于市，命阖城人往听。内有汉阳生员马姓者，挤出人丛，挨至台下，云有要言关白。贼目令其前，问有何说。马生云：'尔才说之言，一派伤天害理，犬吠之声，何道理之有？试问自有人即有五伦，尔贼头于群丑皆称兄弟，是无君臣；父子亦称兄弟，媳亦称姊妹，是无父子；男女分馆不准见面，是无夫妇；朋友兄弟离散，是无朋友兄弟。可谓五伦俱绝，即依尔所述，亦只有兄弟一伦。况舍亲兄弟不认，而别呼他人为兄弟乎？如此悖谬，是真无用之狂贼也。"据此，则讲道理之时，即讲明人类皆为兄弟之义。马生所斥，主观不同，不足深论。要之太平国中尽人皆称兄弟，在广泛称谓中，父子亦兄弟之。固是事实，犹今言四万万同胞也。

四福之义，据礼制称呼中，东王、西王之第二子以下皆称万福，南王、北王下不见此文，或是略之。则四福者，东、南、西、北四王之第二子以下。其长子则称某嗣君千岁。又后增之侯以下五等爵，其第三等为福，或亦与此有关，今未能定。元清当是杨秀清，辅清为秀清之弟。韦宾辈则包括五王之兄弟子侄，一体同称国宗兄。此国宗之义也。

军中官与守土官，名目皆同，此尤有意义。守土治民之官，其于民人，亦以人数编制，是即《周官》比闾族党之制。自乡军帅以下，悉用乡人为之，是自治系统已成，户口之调查亦确。领之以朝命之郡总制、州县监军，则州县以上为官治，以下皆自治，与今日各国制颇相合。

女官别编四十军，是男女平权，女子亦服军役。就太平制度论，皆谓其男女之别甚严，虽夫妇同居亦斩。咸丰五年（1855年）正月，以旧人亦多逃，询知为不准有家故，乃许婚配。此武昌马生所谓"男女分馆不准见面"者也。其有奸掠，乃初到未禁纵掠时。分馆后则不然，此亦见纪律之严。

《传》又云：其军制，每一军领一万二千五百人，以军帅统之，总制、监军监之。其下则各辖五师帅，各分领二千五百人。每师帅辖五旅帅，各分领五百人。每旅帅辖五卒长，各分领百人。每卒长辖四两司马，每两司马领伍长五人，伍卒二十人，共二十五人。其阵法有四：曰牵阵法，凡由此至彼，必下令作牵阵行走法。每两司马执一旗，后随二十五人。百人则间卒长一旗，五百人则间旅帅一旗，二千五百人则间师帅一旗，一万二千五百人则间军帅一旗。军帅、监军、总制乘舆，马随行。一军尽，一军续进。宽路则令双行，狭路单行，鱼贯以进。凡行军乱其行列者斩。其牵线行走时，一遇敌军，首尾蟠屈钩连，顷刻垒集。败则闻敲金方退，仍牵线以行，不得斜奔旁逸。曰螃蟹阵，乃三队平列阵也。中一队人数少，两翼人数多。其法视敌军分几队，即变阵以应之。如敌军仅左右队，即以中队分益左右，亦为两队。如敌军前后各一队，则分左右翼之前锋为一队，以后半与中一队合而平列，为前队接应。如敌军左右何队兵多，则变偏左右翼以与之敌。如敌军分四五队，亦分为四五队，次第迎拒。其大阵包小阵法，或先以小队尝敌，后出大阵包之。或诈败诱敌追，伏兵四起以包敌军，穷极变化。至于损左益右，移后置前，临时指挥，操之司令。兵士悉视大旗所往而奔赴之，无敢或后。曰百鸟阵，此阵用之平原旷野。以二十五人为一小队，分百数十队，散布如星，使敌军惊疑，不知其数之多寡，敌军气馁，即合而攻之。曰伏地阵，敌兵追北，至山穷水阻之地，忽一旗偃，千旗齐偃，瞬息千里，皆伏地不见。敌军见前寂无一卒，诧异徘徊，伏半时，忽一旗立，千旗齐立，急趋扑敌，往往转败为胜。其营垒，或夹江夹河，浮筏阻山，据村市及包敌营为营，动合古法。每数营必立一望楼瞭敌，守城无布帐，每五垛，架木为板屋。木墙土墙亦环庋板屋。地当敌冲，则浚重濠，筑重墙。濠务宽深，密插竹签。重墙用双层板片，约以横木，虚其中如复壁，中填沙石砖土，筑二重墙。筑物无定，或密排树株，或积盐包、糖包及水浸棉花包，异常坚固。其攻城专恃地道，谓之鳌翻。土营而外，又有木营、金营，组织诸匠，各营以指挥统之。其总制至两司马，皆如土营之制。立水营九军，以军帅统之。但未经训练，不能作战，专以船多威敌而已。

观太平军制，亦迥非乌合之比，盖亦训练成军而后出。太平军自言其起事在丁未，应红羊劫谶，时在道光二十七年（1847年）。广西群盗方炽，而秀全辈直至三十年冬，金田始有官军接触，一战而胜，遂不可制。其部勒固已甚久矣。惟水军为虚名，恃掳掠民船，结成巨帮，便运输而壮声势。其船不能作战，确系事实。湘军水陆均练，水师一出，太平军船舰遇即被焚。后江湖之险，惟湘军利用之。此为太平军最露短之一事。初都金陵，罗大纲言之而杨秀清不用，以此驰逐于东南水乡，胜败之数亦定于是。

《传》又言：行军严抢夺之令，官军在三十里外始准掳劫。若官军在前，有取民间尺布百钱者，杀无赦。

观此则抢夺令严，专防官军利诱。去敌三十里即可掳劫，非有要结民心之术。因粮于敌之说，不可行于吊民伐罪之时。若因粮于民，即与民为敌矣。

《纪略》：贼之所至，先贴伪示，令人赀送，首重米谷，次则银钱珍宝，名曰进贡。给以字条，名曰贡单。云贴门首，则贼不敢扰，人争趋送，单贴门首为护符。殊不知后到之贼，称属别队，照单复索，累扰不已。最后则入室搜劫，罄所有而后已。更有专事搜括之贼，名曰打先锋。每至一处，即肆意掳掠，必招本地无赖为眼目。就富家大小，以次搜索。有预为埋藏者，亦十不免一。盖贼倾水于宅，遇坎即入，从而掘之。有沟渠则戽水以求，无不得者。是以逆氛所经，盖藏如洗。

太平军因粮于民，确是事实。吾幼时闻诸年稍壮长之人，无不言之凿凿，与《纪略》言合也。

当咸丰五年，胡林翼既为湖北巡抚，从上游规复武汉。时曾国藩所率水师尚困于江西，不得出湖口。而林翼急思得湘军上将为助，请调罗泽南入鄂。国藩方倚泽南军肃清江西腹地，而泽南以为武汉不急复，不足图九江，即江西之师终不得与外江合；自请行，国藩许之。会江西之义宁州被由鄂来之太平军攻陷，泽南赴剿，以七月十六日克其城，而官文、胡林翼调援武汉之檄至，遂由义宁入鄂。缘道皆太平军据地，泽南连克通山、崇阳、蒲圻、咸宁，转战至十一月而达武昌。林翼亦从上游会官文督率楚军，攻克德安府，又克汉川县，与湘军水师之在外江者杨载福、鲍超等均来会。林翼见泽南，以师礼事之极恭，事必咨而后行。罗门弟子李续宾、续宜兄弟辈，林翼与亲密如昆季，是为湘楚会攻武汉之师。

方泽南之赴剿义宁，曾军正由塔齐布筹攻九江，力辟出江之路，而塔齐布忽于七月十八日骤卒。曾军始起，称将材者以塔、罗为首，罗既入鄂，塔又不幸，年止三十九。江西部曲稍弱，又增调湖南平江勇，以李元度等为管带，由南康渡湖，攻湖口，克之，惟石钟山未下，并复昌都。是时江南、北两大营亦尚能久驻，且亦分军出剿，克复旁近郡邑，但亦旋得旋失。江中官兵亦有水营二：一为浙艇，泊焦山；一为粤艇，泊金山。然不足断江南、北太平军之联络。盖湘水师未下驶，太平军所惮之粤艇不过如是。咸丰六年（1856年）三月，扬州再陷，十余日而复。太平军于江南、北四出攻掠。江皖之间，城邑迭陷。向荣疲于援应，遂以五月失陷江南大营，赖张国梁力战，保荣突围出，退守丹阳，是为江南大营第一次败退。向荣旋卒，朝命江南提督和春代荣。而其先湘楚军力攻武昌者，以三月初乘胜薄城，罗泽南中流弹入脑，伤重，数日卒。时官至宁绍台道。其部众即由林翼派罗门弟子李续宾接统，攻武昌如故。

　　向荣之卒也以七月，由广西提督与太平军相角，虽不能全捷，而尾追出境，直至太平所定都之金陵，攻守历三年有半，使太平根本之地无一日释警。张国梁本广东高要人，少习贾于贵县。值太平军兴，已被胁附，令入向军诈降为内应。荣察知之，而重其人，感以诚，遂真服，所向立功，与荣相处如父子。荣死，以军事属之。江南大营遂能复振，和春实受成而已。太平军初闻荣已死，以为莫予毒也。杨秀清在军中揽事过秀全，凡有诰谕，首署秀字，拆为禾乃二字。其文曰："禾乃师，赎病主，左辅，正军师，东王杨。"至是，遂令其下呼以万岁。秀全惧逼，召北王韦昌辉、翼王石达开归图之。昌辉自皖先至，秀清招饮，即饮次刺秀清死，割而烹之，尽杀其党。达开自鄂后至，责昌辉处秀清太过，昌辉怒，并图之。达开夜遁，昌辉尽诛其母妻子女。秀全益惧，复与秀清党共攻杀昌辉，传其首，招达开乃返。时同起事之五王皆尽，惟达开存，终觉为秀全所猜，未久复出之皖，而国梁之师已由丹阳日逼，时在六年八月。至十一月，胡林翼偕官文以一日间同复武汉，水师乘胜下清江面，迭克兴国、大冶、蕲州、蕲水等州县。时湖南以曾国藩久困江西，由巡抚骆秉章募勇二千，遣国藩弟国荃往援。国藩诸弟国华、国葆亦先以父命乞师于林翼，林翼予以五千人，先后由湖南入江西，收复袁州并旁近诸县地，兄弟会于南昌。而上游水陆军由武汉捷后东下者，李续宾军亦自大冶、兴国入江西，克瑞州遂攻九江。南昌已无西顾忧，国藩亲至九江视师。续宾所统，即上年国藩所遣援鄂之师。转战各一年有半，至此方会。江南张国梁军亦迭胜，克江宁诸属邑。而太平军以内变后势又大蹙。七年二月，国藩丁父忧，与诸弟奔丧回。续宾浚长壕困九江，力攻又阅一年半，至八年四月乃下。

太平军既不得志于畿辅，而金陵为定都根本之地，官军留屯攻剿不绝，劲敌惟有湘楚，而长江关键，腹地门户，武汉而下，集中于九江、安庆两城。官军欲图金陵，非克此两郡城，不能固其后路。胡林翼既平武汉，专意二城。太平军亦以全力救护之。英王陈玉成率大兵屯皖、豫、鄂三省之处，结合捻匪为用，四出摧陷，冀解两城之围，尤注意武汉，将覆湘楚根本。李续宾既专攻九江，林翼亦率师出省，助之规画。守九江太平贞天侯林启荣力扼鄱阳湖口，使湘军水师入湖者数年不得出，国藩但力保南昌，分剿旁郡，以为鄂湘捍蔽。七年二月以父丧归，准假三月。国藩连疏终制，乃开兵部侍郎缺，令守礼庐候旨。杨载福接统水师，时外江内湖尚梗，湘军虽一克湖口，然石钟山太平垒仍坚踞，湖口终非官军所能守。载福总理内外水师，时官提督，以彭玉麟为协理，时官惠潮嘉道。玉麟建议，拔石钟山乃为克湖口，克湖口则九江自下。于是年九月约外江进攻，内湖冲出，陆师拔枭司李孟群一军，声言开皖北御玉成军，绕山后攻其垒，水师攻其前，太平军方悉众堵御，出不意焚其垒，遂克湖口。两军伤亡皆巨，为湘军第一血战。后国藩有《石钟山昭忠祠记》记之。克湖口之日，为七年重九节。湖口下六十里为彭泽，江中有小姑山，太平筑坚垒以守彭泽，与湖口共为九江声援。玉麟既下湖口，计非拔彭泽小姑山，不能取九江。林启荣以善守闻，陈玉成则善战，皆为国藩所极口称道，而惜其为敌。玉麟于九月二十二日再克小姑山，并破彭泽，遂赋诗自喜，所谓"彭郎取得小姑回"之作也。内外水师既合，顺流耀兵，直过安庆，至池州，破太平沿江各城垒。望江、东流、铜陵三县皆复。旬日间转战千余里，与江南水师营会。江南水师所用广东之红单船，久攻铜陵下流泥汊两垒，悬赏万六千金购之，不能克。湘军水师至，掷火弹入垒，适中储火药处，垒石迸裂，登岸剿戮殆尽。得其米六屋，悉推与红单船，奖其久屯敌境。红单船骤见湘军旗帜，正惊愕，复见立破敌垒，又得厚赠，奇咤感愧。而湘水师立回驻彭泽以攻九江，已名震各军中，知水师无能及湘楚者。而太平军之无水师，虽踞长江两岸，无奈此中流之大敌何。官军得水陆相依倚，即攻坚不难。太平军所控滨江险要，设守亦不易矣。时江南军张国梁复逼金陵，渐复向荣大营之旧。八年四月初七日，李续宾克九江，太平军毙者至一万六七千，得林启荣尸于乱尸中，寸磔枭示。江西列郡风靡。太平军退趋闽、浙。林翼指挥湘军，进规安庆。是为收复长江中游一段落。

第三节
太平军（下）

曾国藩守制不出既逾年，九江下后，闽浙告警。胡林翼趣起国藩，朝廷亦急于援浙，遂以咸丰八年（1858年）五月二十一日乙未，即家召国藩起。始命赴浙，又改命援闽。盖石达开自六年离金陵，横行皖、赣境，至是犯浙及闽。国藩候命江西，未定所向，而庐州复陷，李续宾趋救阵亡，国藩弟国华偕殉。续宾以罗泽南门人，从办团练，泽南死，代统所部，七年间克四十余城，经六百余战。至是，殁于庐州城南八十里之三河镇。庐州为安徽侨省，二年一失而江忠源殉。五年，江南军复之，复为省会。太平军以金陵敌军渐逼，急取远势解危局，以七月陷庐州。适林翼亦丁母忧去，续宾以安庆后路所在，而三河又为水陆冲途，急攻之。太平军陈玉成、李秀成、李世贤诸军皆会救，众至十余万。续宾军止五千人，被围血战竟日，力竭阵亡，国华等从死者数十员。会达开回窜江西，福建、浙江响应之太平军皆不振，官军进剿，屡有克捷，而江、皖军事转亟。朝命急起林翼,并诏国藩统筹全局,规进取形势。国藩乃于九年正月奏:"数省军务,安徽最重,江西次之,福建又次之。计惟大江两岸各置重兵,中流水师,三路鼓行东下,剿皖南以分金陵势,剿皖北以分庐州势,闽省则兵力足自了。皖、豫捻匪与太平军相结,能以马队冲锋,请调察哈尔战马三千匹,赴营调练应用。"诏允之。方部署间,达开自江西窥知湘军尽出,本省空虚,拥裹胁之众十余万,由南安道崇义,入湖南,陷桂阳、兴宁、宜章各县。巡抚骆秉章与湘绅左宗棠急召湘中假归将士久习战阵者,所在募勇设守,飞咨楚中。林翼乃分军水陆援湘,自驻黄州固守,令图皖之军不受掣扰。达开方悉锐北图犯鄂,鄂中援湘军以李续宜统之,达开方围攻宝庆,援军屡挫敌。敌势大,号众数十万,屹不为动。续宜后至,与刘长佑、刘岳昭诸将领决策大战,解宝庆围。达开南退,湘军蹑追,遂由东安、永明回桂。是时达开与金陵久隔绝,军制官名皆有不同。俘获中旗号名色,有统戎、佐旗、提审、通传等名,皆太平军向所未有。以九月犯桂林,湘军刘长佑、蒋益澧、萧启江等踵至,击走之。达开军遂盘旋于湘、粤、桂之间。时江南军屡克金陵城外要隘,太平军出袭各郡邑以图牵掣。十年二月,由广德趋安吉、武康,扑杭州,陷其城,旋退。巡抚罗遵殿等皆殉,满城未陷。盖太平军图解金陵围,非力能取江浙也。顾钦差大臣和春颇自谓克金陵在近,有骄意,援浙值敌退有功,兵分在外,饷又不继,以四十五日发一月饷,太平军骤乘之,自闰三月初七起,扑大营,张国梁拒战数日,渐不支,再退丹阳,并陷溧阳、宜兴,进围丹阳大营。国梁受伤投水死,和春走常州,再败退浒墅关,亦以伤重死。常州为总督侨驻地,总督何桂清遽率司道退苏州,巡抚徐有壬不纳,乃退常熟。士民守常州,数日城陷,苏州继之,有壬殉焉。于是由苏而浙,东南糜烂。朝命逮桂清,加国藩尚书衔,署两江总督,督办江南军务。国藩又与林翼会保左宗棠募勇赴敌。宗棠在湘居抚幕，负才气，任天下事。巡抚骆秉章倚任专，会劾罢永州总兵樊燮，燮讦控于总督官文，以绅士把持官事为罪，官文檄宗棠赴鄂质审。樊燮者，湖北钟祥人，樊增祥之父也。宗棠故高视一切，不为人下，秉章奉以宾师，不受褒奖。视湘中立功之将帅，指挥或加训迪，以诸葛孔明自居，尝称"老亮"。而郭嵩焘之弟崑焘，亦以佐理幕府，称"新亮"配之。以避督府威焰，出走至湘军诸师军中。曾、胡乃奏请给京堂职名，独当一面。是为国藩以督帅任地方，始有军饷兼理之权。宗棠出幕府，为朝官，遂为封拜之初步。而太平军事居勘定之功者，遂皆出湘军或其所提挈，无有与之同功者矣。

江南大营之陷也，在十年闰三月十五日。时宗棠已避仇入林翼军中，闻而叹曰："江南营将骞兵罢，不足资以讨贼。得此洗荡，而后来者可以措手。天意其有转机乎？"林翼亦曰："朝廷能以江南事付曾公，天下不足平也。"四月十九日癸未，朝命国藩署江督，翌日，宗棠奉赏给四品京堂，襄办国藩军务之命，促救苏、常。时国荃已由林翼遣攻安庆，议者谓国藩当撤安庆围师，先所急。国藩谓安庆关系淮南全局，即为克复金陵张本，不可动。身自渡江趋祁门，扼江西、安徽军冲。以六月十一日至祁门，二十四日奉谕实授江督，并命为钦差大臣，督办江西军务。七月，英、法兵陷天津，八月，文宗幸热河。国藩、林翼疏请入卫，会和议成，敕止北上，得专力对太平军。国藩既驻祁门，太平军在江南者，李世贤、李秀成、黄文金等，迭出江、皖之间，断祁门饷道。宗棠率鲍超、张运兰诸将转战，敌屡却仍奋进，国藩大困。盖自靖港初出时一困，鄱湖隔绝时再困，至此凡三困。咸丰十一年（1861年）四月，乃移驻东流，与水陆相依倚，全局始活。时宗棠已以功擢三品京堂，补太常卿。国藩请改宗棠为帮办军务，俾事权渐属，储为大用。而江、皖经宗棠收复郡县，太平军渐退入浙。其在江北者，陈玉成以安庆为必救，家属亦留居安庆，纠合太平诸将，从英山、霍山间道入鄂，扰安庆围师根本。林翼先遣李续宜回援，继自返赴急。国荃围安庆之师迄不令解，国藩亦身至国荃军，商撤否便宜。国荃示以必可驻攻状，日夜与太平军之来援者血战，卒不退撤。

是年七月十七日癸卯，文宗崩于热河，立穆宗。八月初一日丁巳，国荃克安庆，是为肃清东南之基。时林翼久病咯血，力疾成此胜算，至二十六日，卒于武昌军次。盖犹及见安庆之捷也。至九月，国荃军连克安庆以下沿江诸隘，骎骎直指金陵。十月十八日，朝命国藩统辖江、皖、赣三省，并浙江全省军务。所有四省巡抚、提镇以下，悉归节制。宗棠赴浙援剿，浙省提镇以下归宗棠调遣。又谕江北军将军都兴阿、皖北军钦差漕督袁甲三，遇紧要军务，均会商国藩办理。国藩力辞，并请明降谕旨，令宗棠督办浙江军务，谓宗棠前在湖南，赞助军谋，兼顾数省，实应独当一面。奉谕不允辞，惟宗棠准自行奏事。

十一月，太平军陷杭州，将军瑞昌、巡抚王有龄皆殉。先是，浙江军务犹命瑞昌为帮办，至是，专待湘军入浙，亦宗棠所谓"洗荡而后可以措手"者也。十二月，诏授宗棠浙抚，李续宜皖抚。时江浙沦陷，江苏则江北仅保扬州以东里下河，江南仅保镇江及上海。镇江依水师而存，上海依洋商开埠而太平军不愿扰。浙江则以浙西仅有湖州，为籍绅赵景贤所固守，而四面皆太平军，孤悬隔绝。浙东则衢州一线，为官军由赣进浙之路。宗棠先平江西，进趋衢州，为绰有后路之军。苏则大军尚在皖境。朝廷原意以国荃下援镇、沪，规复苏、常。国荃意金陵指日可达，攻彼都城，足致敌救，攻金陵正所以分苏、常敌势，使之易取。国藩壮之。其时，上海为退守之官、避难之绅麇聚栖托之地，群推代表举人钱鼎铭等，携公函，筹雇洋商轮船，乞师于安庆大营，即以轮船迎载。又有苏籍大学士翁心存奏言："苏常绅民，结团自保，盼曾国藩如慈父母，请饬该大臣派援。"奉旨询国藩，并询国荃"安庆克后，回湘募勇，曾否回营。着速东下"。国藩乃定留国荃攻金陵，而荐幕下延邵建道李鸿章堪膺封疆重寄，请明诏令署苏抚，赴沪图进取。鸿章以道光二十八年（1848年）丁未进士，入翰林。父文安，以刑部郎中记名御史，其通籍与国藩同岁，故鸿章早以年家子师事国藩，国藩赏之。太平军既陷金陵，各省纷起办团练，安徽以旌德籍侍郎吕贤基为团练大臣，奉命择人自助，鸿章方在籍，贤基奏留之，鸿章始从戎。未几，陈玉成攻陷院北各郡县，贤基在舒城殉，朝命江忠源抚皖，国藩以鸿章可任事告忠源，而忠源又殉于庐州，遂从新巡抚福济，建议欲复庐州先取含山、巢县，福济授以兵，遂复二县。时咸丰四年（1854年）十二月。福济将以道员疏荐，而左右忌者争挤之，遂辗转无所就。八年，国藩以夺情起，督军江西，鸿章遂入军幕，多所赞助。十一年，安庆既下，议攻金陵、援浙、援苏三大任，国荃愿任金陵，宗棠已由赣渐向浙，苏为财赋重地，亦急于收复，遂委之鸿章。疏保鸿章才大心细，可独当一面，令招淮勇七千，以淮甸人健锐，且久为太平军出入地，习攻守击刺者多。遂选乡里带勇之刘铭传等数人，并编修刘秉璋、举人潘鼎新等为将领，并综营务。弟鹤章亦从军。又于湘军中选程学启、郭松林等，用曾军编制法成军。是为淮军与湘军代兴之始。自此以国藩一身，总戡乱之成，而大功告蒇之基，悉定于是。

同治元年（1862年）正月一日，诏授国藩以江督协办大学士。初四日，又授国荃浙江按察使。倚畀之殷，加于往日。旋以军中奏报较简，谕询其故，并列款问当时要务，敕国藩及浙抚左宗棠、皖抚李续宜速奏。国藩奏言：（一）国荃募勇，二月底可抵安庆，拟令进攻巢、和、含以达金陵。杨载福回湘，因辰、沅有警，留湘防守，已催令先于二月回营。（二）鸿章新募淮勇立营，另拨湘勇数营，二月可成军，拟由陆路赴镇江。（三）攻金陵必脚根先稳。（四）颖州被围，续宜派兵赴援。（五）谋浙从衢、严入。现左宗棠屡获大胜。（六）松沪告急，拟借洋兵防守。并陈奏报甚少之故：凡谣传之言，未定之事，预计之说，皆不轻奏。嗣后拟十日奏事一次，急则加班。谕又以："各路军营，往往以游移无据之词驰奏，本属陋习，拟定十日一奏，有警加班，转觉拘滞，仍当毋失常度，力求实济。"二月，国荃抵安庆，诏授江苏布政使，并谕兄弟无庸回避。淮勇成军，本拟由巢、含绕越金陵，从扬州达镇江，而江苏绅民备银十八万两，雇轮船八艘来迎，遂以三月初八日由安庆分起开行，径抵上海。旋奉命署江苏巡抚。是月，国荃与弟贞幹，尽克皖境江北岸各隘，直破西梁山坚垒。四月，复南渡会彭玉麟水师，克太平府、金柱关、东梁山、芜湖县。于是金陵上游门户尽辟。会皖北军将军多隆阿克庐州，陈玉成走寿州投苗练沛霖，沛霖缚献胜保军前斩之。玉成号四眼狗，久踞皖北，屡突上游，为安庆解围，卒不可得。至是，为苗练所卖。苗练者，苗沛霖以练起，既拥众，反侧于官军与太平军之间，本诸生，自称老先生，诸练目皆称先生。久与玉成往来，玉成事急往投，遂为缚献，因以为胜保功，而师事胜保。胜保瞆之。为攻金陵之师去一后路患，未始非当时一功也。

五月初一日，国荃攻秣陵关，收降其守将，遂进逼大胜关。初三日，又夺大胜关，平三汊河垒。彭玉麟以水师助攻江心洲坚垒，又夺之，遂泊金陵之护城河口。国荃由陆路逼扎雨花台。是为规取金陵之始。与向荣、张国梁时故垒略同。而上游稳固，各军帅取远势相应合，则迥不侔矣。时廷旨尚盼鸿章至镇江，会江北都兴阿之军并攻金陵，命国藩量其缓急。鸿章方以太平军逼上海，军初至，装械皆远逊洋兵。洋兵守御租界者称常胜军，颇笑淮军之陋，鸿章思以战状雪之。五月初，乘洋兵小挫之后，鸿章、学启以数千人战太平军听王陈炳文、纳王郜云官之众数万，斩馘一二千，解胁从数千，夺获器械无算。洋兵大服，翕然听命。鸿章因陈洋兵助防之难恃，舍沪赴镇之非便，乃不复移师镇江。国荃独攻金陵，以雨花台为最得形势。山高可俯视城内，而中洼，且平坦，可藏兵。太平军竭全力守雨花台城，国荃累攻未克。皖南鲍超等军，累克宁国、广德等郡县，削金陵旁郡滋蔓之势。宗棠浙收衢、处、严各郡邑，将向杭州。会江南大疫，攻坚力战之兵皆病，国藩疏陈危惧，乞派在京亲信大臣来会办。奉旨温慰，且言："恐朝政多阙，上干天和，非该大臣一人之咎。"其简派大臣一节，则谕以"环顾中外，才力气量，无如国藩，非特在京无可简派而已。"盖倚任专之至矣。是时，士卒方多死亡，而太平军忠王李秀成率苏、常之众二十余万至，堵御历十五昼夜，不得休息。侍王李世贤率浙江数十万众继至。雨花台营被围四十六日，穴地轰发数次。国荃左颊中枪，将士狞目猱面，皮肉几尽。军兴以来，无此苦战。不得逞而退，遂分掠皖南、北新复之地。国荃又分兵守东、西梁山以御之。苏、浙两军迭有进取。十月，洋将美国人白齐文闭松江城索饷，遂至上海大哗，鸿章夺其兵捕治之，裁常胜军为三千人，以戈登、李恒嵩同领，而白齐文遂投太平军。久之，被获于闽，解上海讯治，覆舟，毙于水。

二年正月，宗棠肃清浙东各县，并分军会鲍超军攻剿皖南，谓不难攻取杭州，而难于杜其分窜。故先清旁邑，不急图省城。鸿章自二年克常熟，太平军力争之，累战至二月乃却。三月，诏授国荃浙抚，以宗棠为闽浙总督，兼署浙抚。四月，太平军欲解金陵围，分股一由徽、宁窥赣，一由和、含围鄂。鄂中有捻匪回窜，皖北苗沛霖亦复叛，与太平相结，气焰顿张，将围裹安庆以救金陵。赖鲍超援剿却蔽，鸿章亦克昆山逼苏州。国荃以是月克雨花台城，及聚宝门外九石垒。五月，会水师克下关、草鞋夹、燕子矶，并破九洑洲垒，长江肃清。太平军忠王李秀成率水陆号数十万，援江阴，犯常熟，鸿章军大败之。六月，鲍超军逼扎金陵北面诸门。八月，鸿章克江阴，又大捷于无锡，秀成痛哭去。失两王，船百余艘，死者万众。十月，鸿章克苏州。太平军纳王郜云官等约誓于程学启，斩慕王谭绍光首来降。旋以云官等拥众要挟，诛之。事仍为学启所主张。洋将戈登服学启勇略，交最密，至是以其杀降背誓，且设誓时己为证人，乃云官辈所取信，愤极，将与学启哄，鸿章力解之乃已。论者则以为苏城乃李秀成分地，秀成全力在焉，云官约降，学启本令图秀成、绍光自效，云官辈不忍于秀成，会秀成亦知苏不可守，与绍光泣别他去，云官等四王、四天将刺死绍光，拥精壮二十万而降。其众自歃血誓生死不相离弃。八人者要总兵、副将官，部署其众，仍屯阊、胥、盘、齐四门，云官且未薙发。学启密白鸿章，设宴邀八人，即坐伏甲骈杀之。副将郑国魁乃云官所由以通学启，先与云官誓不相负者，亦怨学启相卖，愤不食，卧三日，鸿章亦咎学启太忍。学启大怒，将引军去，鸿章慰谢之。又欲慰国魁、戈登辈，令国魁为云官设佛事，亲诣祭吊，泣数行下，众乃辑服。学启固为地方弭变，为鸿章任怨，使鸿章得以情感转旋其间，皆预定之机密也。未几，学启以苏州军收嘉兴各属邑。明年二月，攻嘉兴府城，先登中炮伤而殒，人犹有谓其应誓致殃及者。学启桐城农家子，始从太平军，为陈玉成部，玉成奇其勇，极笼络。学启雅不愿终事太平军。国荃围安庆，知其情而爱其才，地近学启故乡，求得其族媪往劝降，学启诺之而事泄，率三百人逾城出，扣国荃弟贞幹壁门，大呼："某来投诚，有追贼在后，信我纳之，不信急击我，无两败。"贞幹大惊，遽纳之。太平军杀学启妻子，悬首城上。安庆之克，学启在国荃军中功最，故鸿章援苏，国藩选良将为助，商国荃遣学启，强而后可。迨围江宁事亟，国荃又欲索学启回军，鸿章以淮勇成军，最良者推学启，不肯还国荃，彼此且有相尤相靳语。克苏州后半年，学启以伤卒。戈登自杀降后，不与想见，至其殁，乃乞得其战时大旗二，携归英国，诧示彼中人而述其战绩云。

当国荃克雨花台，鸿章规取苏州时，太平军翼王石达开为川督骆秉章所擒斩，于是太平始起之五王皆尽。达开蓄大志，能笼络其下，自离金陵，颇欲独树一帜。由皖而赣，官军苦之。达开亦转战无所就。咸丰八年，国藩夺情起，入江西督师，达开图窜浙、闽，既而变计西向，盘旋湘、桂、粤、蜀、滇、黔诸省，皆不得志。以蜀为古来据地自王之国，尤出入不舍。自咸丰十一年四月，始由黔窜蜀。时骆秉章督蜀，剿蜀匪蓝朝柱、李永和等。蜀中守备严，达开连犯不得逞。蜀匪未几悉平，达开退走黔，走滇辄复入，官军御却至五六次。至二年正月，复歼其犯宁远之中旗将赖裕新。达开犹以图蜀为志。四月，复渡金沙江走土司境，计避实而蹈其虚。秉章已策其必至，预悬重赏示土司，使抄其后。檄总兵唐友耕迎击其前。达开将渡大渡河，河水暴涨，官军复击其半渡，死亡多。达开凫涉松林小河，冀遁泸定桥入天全，复为土练所遏。土司自后偃古木塞路，粮罄路穷，奔老鸦漩，官军诱擒送成都斩之。太平军之别部，本可不与金陵同尽，乃反自趋绝地而先亡，则疆臣能事之效也。鸿章军既克嘉兴，已由苏入浙，时在三年二月。先是，宗棠亦自肃清浙东后，师入浙西，由严州进克富阳，遂薄杭州，海宁自以城降，进复桐乡，与由苏来克嘉兴之军会。杭州太平守将听王陈炳文知不能守，官军急攻之，遂与出援余杭之康王汪广洋皆弃城走德清。时为二月二十四日。三月初四五日，又克武康、德清、石门三县。同时鲍超军由东坝进克句容，旋收金坛。鸿章军由苏州进攻常州，四月六日未时克其城，与咸丰十年（1860年）失陷常州为同日同时，时以为异。自是苏、浙之间无坚城，江宁旁近诸邑迭下。国荃军苦战江宁城下，自正月二十一日克钟山石垒，即太平军所谓天保城者，城围遂合。盖天保城既克，于太平门外筑二营，与原扎洪山、北固山两路相应，堵神策门大路，城内外援应始绝。苏、浙、皖南及江南、北军复层递进逼，秀全遂以四月二十七日仰药死，埋尸宫中，秘不发丧。既而不可复秘，诸王号酋帅共立秀全子袭天王位。子年十六，本名天贵福，秀全生时即号之为幼主。其刻印称名，名下并列二小字"真主"，见者意"福瑱"二字相连为名，一时军报皆称太平幼主为洪福瑱，遂入奏牍、官书不改。后就获自供于江西，乃得其说，然洪福瑱之名犹流播也。太平军既立幼主，人心尚坚附不变。国荃仍以苦战，得于五月三十日攻克龙膊子、地保城，乃得附城穿穴，于六月十六日克江宁。李秀成掖幼主，冒官军号衣，从城坏处杂出，由别将拥之去。军中先报福瑱已死，后得秀成供，仍以为疑义。逮江西席宝田军截获之，始信城破未得幼主，因有捷报不实之议，朝廷亦不深问也。克江宁时，搜获李秀成、洪仁发，连日搜杀十余万众，及其称王、称主将、天将有名号者三千余人。大封功臣，国藩兄弟以次均得上赏。太平余党走江西者，由昭王黄文英挟幼主行，以九月二十五日为席宝田所获，并擒洪仁玕、洪仁政、黄文英等。余众窜闽窜粤，由宗棠追剿之，迭有捕斩。直至是年十二月，踞嘉应州，宗棠师至歼焉。

《平定粤匪图》

（清）佚名　收藏于中国台北故宫博物院

攻克天京（南京）之后，清廷曾特意命人绘制了12张《平定粤匪图》，将湘军的功绩彪炳史册。

1.克复岳州图

2.攻破田家镇收复蕲州图

3. 肃清浔江图

4. 克复湖北通城图

5. 克复武昌省城图

6. 克复瑞州府城图

7. 逆众图扰怀桐楚军会剿图

8. 克复安庆省城图

9. 金陵各营屡捷解围图

10. 攻克江浦浦口二城力破九洑州诸隘图

11. 克复金陵图

12. 幼逆洪福瑱就擒图

第四节
太平军成败及清之兴衰关系

　　洪秀全举事无成，既经官军戡定，一切纪述，自多丑诋。然改元易服建号定都，用兵十余省，据守百余城，南北交争，居然敌国，论者以为必有致此之道。于是求辑太平天国事实者甚夥。所得之遗文断简，乃无非浅陋之迷信，不足以自欺而偏欲欺人。孩稚学语之文，拘忌舛改之字，无有足以达政治之理想，动民众之观听者。则所谓马上得之马上治之，纵有戡乱之具，终无济治之能者也。其戡乱之具，第一能军，官书所载，反有可观，但须省其丑诋之词耳。其次以军法部勒民事，颇与三代寓兵于农暗合，但未能于民事有所究心。民政非如军政，一定制即可收效。事具本章第二节《太平军（中）》。至其颓败，则李秀成被获后之口供，颇有可采。

　　秀成亦籍粤西，与陈玉成皆为太平之后起用事者。咸丰三年（1853年），陷金陵，定为都，大封拜。时固未有秀成与玉成也。玉成有叔承镕，为金田起时旧目。玉成以幼故，未任战事。至咸丰四年，向荣军方驻攻金陵，太平诸将四出图解围，乃有玉成上犯武汉，秀成与其从弟侍贤犯江西、福建之举。是时玉成为十八指挥，秀成为二十指挥，盖偏裨耳。六年，金陵内乱，杨秀清、韦昌辉相戕俱毙，萧朝贵、冯云山、洪大全俱早被擒杀，石达开又自离，秀成与玉成始用事，支柱太平军事最勤且久。玉成尚前死于苗练，秀成则金陵破后，手携幼主出城，而后就获。盖以马与幼主，已则恃乡民相怜，匿民家图观望，为萧孚泗亲兵王三清所搜得，此亲兵旋为乡民捉而杀之，投诸水以为秀成报怨。其能结人心如是。既入囚笼，次日又擒松王陈德风，见秀成犹长跪请安，其能服将士如是。国藩因此二事，不敢解京，讯得秀成亲供四万余字，即以七月初六日斩之。当时随折奏报之亲供，相传已为国藩删削，今真本尚在曾氏后人手，未肯问世。或其中有劝国藩勿忘种族之见，乘清之无能为，为汉族谋光复耶？闻亲供原稿尚存之说甚确，今但能就已行世者节采，稍证太平军自伐自亡之故。

咸丰九年（1859年）十二月，玉成自江浦回援安庆，秀成独屯浦口。时金陵困急，援兵皆不至，秀成以玉成兵最强，请加封王号寄阃外。秀全乃封玉成英王，赐八方黄金印，便宜行事。玉成虽专阃寄，然威信远不如秀成，无遵调者。李世忠者，本天长捻首，名兆受，或作昭寿，上年以城降清，授以参将，屯近浦口，致书秀成，言："君智谋勇功，何事不如玉成？今玉成已王，君尚为将，秀全愦愦可知。吾始反正，清帝优礼有加。君雄才，胡郁郁久居人下？盍从我游。"太平朝内官兵部尚书莫仕葵，以勘军至秀成营，书落其手，大惊，示秀成，秀成曰："臣不事二君，犹女不更二夫。昭寿自为不义，乃欲陷入。"仕葵曰:"吾知公久矣。"乃代奏之。秀全命封江阻秀成兵,并遣其母妻出居北岸,止其南渡。仕葵曰:"如此则大事去矣。"偕蒙得恩、林绍璋、李春发入宫切谏曰:"昭寿为敌行间,奈何堕其计,自坏长城?京师一线之路,赖秀成障之。玉成总军数月,不能调一军,其效可睹矣。今宜优诏褒勉,以安其心。臣等愿以百口保之。"秀全遽召秀成入,慰之曰:"卿忠义,误信谣传,朕之过也。卿宜释怀,戮力王室。"即封为忠王荣千岁。太平军自杨、韦构杀,秀全以其兄弟仁发等主政,甥幼西王萧有和,尤所倚任。以一将畜秀成,不与闻大计。至是晋爵为王,以秀全任己渐专,不料其疑己也。浦口当金陵咽喉要地,迫于清军,粮援又无措,南渡时见秀全问计。秀全语以事皆天父排定,奚烦计处,但与仁发等谋。留秀成助守金陵,秀成曰:"敌以长围困我,当谋救困。俱死无益。"乃袭浙江以分江南大营力,是为明年春杭州失陷之第一次。秀成为解金陵围计,弃杭州不守,而和春果奔命,以致败死。九年之末,秀全更大封诸王。当秀全初定金陵都,一切文武之制,悉由秀清手定,规模甚盛。正殿为龙凤

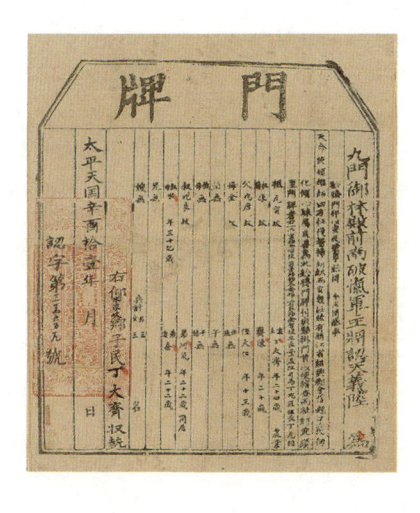

太平天国认天义陆顺得发浙江会稽县水家坳乡丁大齐门牌

收藏于南京太平天国历史博物馆

太平天国每攻下一个地方,都要设立乡官,编查户口,颁发门牌。

殿，即朝堂。有议政、议战大事，鸣钟击鼓，秀全即升座，张红幰，诸王、丞相两旁分坐，依官职顺列，诸将侍立于后。议毕，鸣钟伐鼓退朝，是为第一尊严之所。第二则说教台，每日午，秀全御此，衣黄龙袍，冠紫金冕，垂三十六旒，后有二侍者，持长旗，上书"天父、天兄、天王、太平天国"。台式圆，高五丈，阶百步。说教时，官民皆入听，有意见亦可登座陈说。文从左上，武从右上，士民由前后路直上，立有一定之位。第三则军政议事局，乃军事调遣，粮饷器械总登所。秀全自为元帅，东王为副元帅，北王、翼王为左右前军副元帅，六官左右副丞相为局中管理各科员，中分军马、军粮、军械、军衣、军帐、军船、军图、军俘、军事诸科。又有粮饷转运局、文书管理局、前锋告急局、接济局，皆属军政议事局内，以六官左右副丞相领之。其最尊者为军机会商局长，以东王领之。遇有战事，筹划一切，东王中坐，诸王、丞相、天将左右坐立，各手地图论形势，然后出师。秀清在日所定所行如此。

秀清为秀全所图，东、北两王同尽，翼王继东王领军机会商局长，翼王脱离去，秀成领之，后东入苏杭，此局遂虚设。内讧以后，人心解体已久，秀全以不次超擢，冀安诸将心，自此几无人不王，转以王号摄行丞相、天将之职，各持一军，势不相下。可以调遣诸王者，秀成分拥东下之众，其与金陵犄角者，仅玉成一人在诸将上，能呼召救急。故八年以前，太平军攻守互用，八年以后，不过用攻以救守，遂至日危，以底于亡。十年闰三月，秀成、玉成既解金陵围，声势大涨。秀全之旁，只有亲贵揽权嫉功，政事既不问，军中有功亦不及奖叙。只教人认实天情，升平自至。仁达、仁发嗾秀全下严诏饬秀成，限一月取苏、常。秀成果取之，遂以苏州为分地，不恒入朝矣。秀成踞苏，改北街吴氏复园为王府，入城十有一日，而后出示安民。后苏人习于秀成，盛称秀成不嗜杀，盖较之他被难区，尚为彼善于此。由苏入浙，势如破竹，而奉秀全命趣还江宁，令经营北路。秀成鉴林凤祥、李开芳之失，未敢轻举，而江西、湖北匪目具书来降，邀其上窜，自称有众十万备调遣。秀成允之，留陈坤书守苏州，自返江宁，请先赴上游，招集各股，再筹进止。秀全责其违令，秀成坚执不从，秀全亦无奈何，乃定取道皖南上犯江、鄂之计。方是时，秀成与江宁诸将领议曰："曾国藩善用兵，非向、张比，将来再困天京必此人。若皖省能保犹无虑，一旦有失，京城即受兵。应预谋多蓄粮为持久计。"秀全闻之，责秀成曰："尔怕死，我天生真主，不待用兵而天下一统，何过虑？"秀成叹息而出，因与蒙得恩、林绍璋等议，劝自王侯以下，凡有一命于朝者，各量力出家财，广购米谷储公仓，设官督理之，候缺乏时平价出粜，如均输故事，以为思患预防之计。洪仁发等相谓曰："此亦一权利也。"说秀全用盐引、牙帖之法，分上、中、下三等贩米，售帖即充枢府诸王禄秩，无须报解。稍提税入公，大半充洪氏诸王私橐。商贩无帖以粒米入城者，用私贩论罪。洪氏诸王擅售帖利，上帖售价贵至数千金。及贩至下关，验帖官皆仁发辈鹰犬，百端挑剔，任意勒索，商渐裹足。而异姓王侯因成本加重，米价昂，不愿多出资金，米粮反绝。秀成请废洪氏帖，秀全以诘仁发，仁发谓："恐奸商借贩米为名，私代清营传递消息。设非洪氏，谁能别其真伪？我兄弟辈苦心所以防奸，非罔利也。"秀全信之，置不问，秀成愤愤然去。及安庆围急，玉成赴救不利，分兵窜鄂，以图掣围师。秀成叹其误，谓湘军决不舍安庆，长江为官军水师所独擅，运道无梗，非后路所能牵掣，与昔时攻浙以误和春往救，遂陷江南大营者，敌之坚脆不同。后玉成卒败走死，秀成顿足叹无为助矣。金陵食粮，昔时江南、北皆有产米之地，太平军禁令严明，新得之土，民得耕种。江南米出芜湖金柱关，江北米出和州裕溪口，皆会于金陵。自湘军逼攻，耕农已废，沿江各隘复尽失，不待合围，已足制其死命。军令既弛，营垒草率，无复旧规。封王至九十余人，各争雄长，败不相救。当时知无幸，献城归降者日多。至同治二年（1863年）冬，苏州已为清军所复，秀成潜入江宁围城中，劝秀全出走，图再举。秀全侈然高座曰："我奉天父天兄命，为天下万国独立真主，天兵众多，何惧之有？"秀成又曰："粮道已绝，饿死可立待。"秀全曰："食天生甜露，自能救饥。"甜露，杂草也。秀全既恋巢，而诸王闻秀成谋回粤，后入党之湘、皖等籍者皆沮之，遂坐而待亡。城未下秀全先自尽，幼主有从亡之臣，遗臣亦多并命不悔。失国之状，似尚较清末为优。则知清代之自域于种族之见，正自绝于华夏之邦也。

太平军事以前，清廷遇任何战役，皆不使汉人专阃寄。至烧烟一案，能却敌者皆汉臣，辱国者皆旗籍，然必遣立功之汉臣，以祖旗员。西人固无意于战，以利啖之即止，此固旗人所优为也。太平军则与清无两立之势，不用汉臣，无可收拾，始犹欲以赛尚阿充数，后已知难而退，一委湘军。间有能战数旗员，皆附属于曾、胡两帅之下：若塔齐布为曾文正所手拔，固不必言；都兴阿用楚军，始能自立；多隆阿与湘军将领习处，得显其战绩；舒保为胡文忠所识拔，皆以旗员从汉将之后，乃始有功。惟官文职位较高，胡文忠极笼络之，使惟己之命是听，方不掣肘。金陵既下，文正且推使奏捷领衔，极保向来清廷重满轻汉故习，乃未几为文正弟忠襄所劾而去。文正能容此庸劣，忠襄竟不能忍，而朝命亦竟听之，尊汉卑满，前所未有。是满族气数已尽之明验也。乃事定之后，纵容旗人如故，保持旗习如故，无丝毫悔祸之心，清之亡所由不及旋踵。名为中兴，实已反满为汉。不悟则亡，其机决于此矣。